Frauen um Hitler

Frauen um Hitler

Nach Materialien
von Henriette von Schirach

Herbig

Bildnachweis

Zeitgeschichtliches Bildarchiv Heinrich Hoffmann, München: 4, 7, 8, 9, 12, 13, 14, 25, 27, 32, 33, 34, 35, 38, 39, 42; alle anderen privat.

2. Auflage 1985

Umschlaggestaltung: Christel Aumann, München
Satz: IBV-Lichtsatz, Berlin
Druck: Mohndruck Graphische Betriebe GmbH, Gütersloh
Printed in Germany
ISBN: 3-7766-0882-X

Inhalt

Einleitung

... seine Geliebte war Deutschland.

Hitler hat es oft gesagt – meine Geliebte ist Deutschland. Er sagte nicht: meine Gemahlin oder meine Gattin – ist Deutschland – das wäre komisch gewesen.

Und komisch wollte er nicht sein.

»Meine Geliebte ist Deutschland« – man hat den Satz nachgedruckt, man hat darüber gelächelt oder ihn bestaunt. Als Mussolini diesen Ausspruch hörte, sagte er: »Ich bin nicht mit Italien verheiratet, wie Herr Hitler mit Deutschland, wenn ich nach Hause komme und meinen Hut an den Haken hänge, bin ich einfach Herr Mussolini, ich kann nicht 24 Stunden lang der Duce sein.« Für seine Geliebte hat Hitler alles getan. Er hat Verträge gebrochen und Kriege begonnen, um seiner Geliebten neues Land einzubringen, er hat Freunde fallenlassen, vernichtet, verleumdet, wenn es seiner Geliebten nützte, für seine Geliebte hat er Bildersammlungen geräubert, denn seine Geliebte sollte mehr haben, mehr als alle anderen. Neben dieser Geliebten mußten wirkliche Frauen die zweite Rolle spielen, trotzdem immer noch eine wichtige, ja, eine wesentliche Rolle als Helferinnen, die Hitler in die Gesellschaft einführten; als Verehrerinnen, die an ihn glaubten; als Gesprächspartnerinnen; als Zeuginnen glanzvoller Tage; und als Schicksalsgefährtinnen, die er mit sich in den Abgrund riß.

Adolf Hitler war ein seltsamer Mensch. So hart und starrköpfig er auch sein konnte, so zeigte er sich doch auch wieder grenzenlos gutmütig. Eine Frau mußte ihn nur um etwas bitten, und wenn sie es geschickt anstellte, konnte sie ihn um den Finger wickeln.

Hitler hielt Frauen für bessere Wesen und ist auch nie von einer Frau enttäuscht worden. Er hielt sie für instinktsicherer als Männer, da sie »den Ursprüngen des Lebens näher« waren. »Der Mann vollbringt wohl Spitzenleistungen: Jagd, Erfindung, Kampf – auch die Zeugung ist ja quasi eine Spitzenleistung – aber ein Kind aufziehen, das tut, das kann nur nur die Frau.«

Er hat oft gesagt: die wirkliche Optimistin, die Heldin des Lebens ist die Frau. Und es waren auch Frauen, die noch während seiner letzten Stunden bei ihm blieben: die *Sekretärinnen,* seine Diätköchin *Constanze Manzialy* – und *Magda,* die sechs Kinder und *Eva* starben mit ihm.

Hitler ist allen Arten von Frauen begegnet, er war ein guter Beobachter und er vergaß nichts.

Von organisierten Frauen hielt Hitler nichts.

> 1932, am Reichsjugendtag in Potsdam marschierten zum erstenmal 10000 Hitlerjungen an Hitler und Schirach vorbei. An die Jungen schlossen sich Tausende von Mädchen an – Mädchen in Dirndlkleidern, in Rock und Bluse, in Phantasieuniformen. »Schirach, was haben Sie mir angetan«, sagte Hitler nach der Parade zum Jugendführer, – ein Zug von Mädchen war nicht vorgesehen gewesen. Aber Schirach hatte keine Schuld, die Mädchen waren von selbst gekommen, ließen sich nicht abweisen, hatten sich den Jungen angereiht. Aus ganz Deutschland waren sie herbeigekommen, so entstand der BdM.
>
> Hitler selbst wollte keine organisierten Frauen, keinen Bund deutscher Mädel, keine Frauenschaft.

Ich erinnere mich an drei Frauen, die ihn persönlich kannten und ihm mit Feindschaft begegneten:

Frau *Mathilde Ludendorff,* die Gattin des Generals; die amerikanische Journalistin *Dorothy Thompson,* die ein Interview mit Hitler (das durch Hanfstaengl zustande kam) entstellt wiedergab und damit das Verhältnis zwischen Deutschland und Amerika noch mehr belastete, und schließlich die italienische Botschafterin *Cerruti,* die den »Proleten aus Linz« demütigen wollte, indem sie ihm bei einem Essen Kartoffeln mit Butter vorsetzen ließ. Hitler reagierte überraschend: »Was für ein wunderbares Essen, Frau Botschafterin«, sagte er. »So etwas bekomme ich in meiner Reichskanzlei nie!«

Hitler spielte für viele Frauen die erste Rolle in ihrem Leben, und manche scheiterten an ihm.
Ich habe sie alle gekannt: Geli, Unity, Magda, Eva, die Mädchen und Frauen um Hitler, die sich, beeinflußt von ihm, von seinen Ideen, selbst das Leben genommen haben. Wir wurden im Glauben an den Mann – damals im Glauben an Hitler – erzogen. Als der Glaube enttäuscht wurde, zerstörte dies die lebensfrohen, ganz dem Dasein zugewandten Frauen. Ihr Idol Hitler hatte ihre Sinne verwirrt, eigenes Denken gelähmt. Ihr Todesentschluß entsprang nicht bewußter Überlegung, sondern geschah unter einem heute unerklärbaren Zwang. Ohne Hitler erschien ihnen das Leben sinnlos. Der Blick auf den Reichtum und die Schönheit der Welt war verstellt. Sie starrten in den leeren Abgrund und stürzten ab.
Die Frauen hatten eigenes Denken verlernt, ihre angeborenen Fähigkeiten vergessen, sie waren ganz zu Geschöpfen ihrer Männer geworden.
Als die Männer sich in ihrer Idee tödlich verrannt hatten und keinen Ausweg mehr wußten, blieben die Frauen rettungslos allein.
Ich habe hier versucht, Leben und Schicksale aufzuzeigen, um begreiflich zu machen, warum sich Frauen, von denen Hitler einst gesagt hat, sie seien optimistischer, klüger, tapferer als Männer, das Leben nahmen.

I

Die Jugend

1. Die Mutter

... Adolf Hitler wurde am 20. April 1889 als Sohn des Zollbeamten Alois Hitler und dessen um mehr als zwanzig Jahre jüngeren Nichte Klara, geborene Pölzl, um 18.30 Uhr in Braunau am Inn in Österreich geboren.
Braunau am Inn, nahe der deutschen Grenze, war ehemals eine bayerische Stadt, erst im Jahre 1779 wurde sie an Österreich abgegeben.

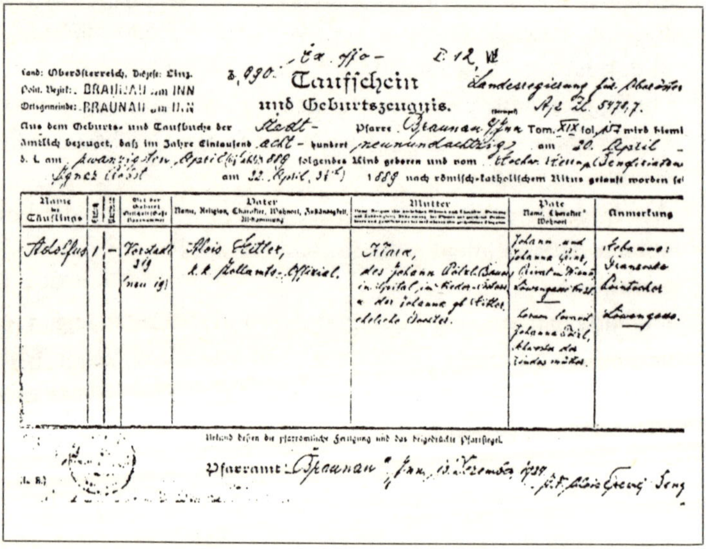

Land: Oberösterreich, Diözese: Linz.
Polit. Bezirk: BRAUNAU am INN
Ortsgemeinde: BRAUNAU am INN

Taufschein
und Geburtszeugnis.

Aus dem Geburts- und Taufbuche der Stadt- Pfarre Braunau a/Inn Tom. XIX fol. wird hiemit amtlich bezeuget, daß im Jahre Eintausend acht- hundert neunundachtzig am 20. April d. J. am zwanzigsten April folgendes Kind geboren und vom ... am 22. April 1889 nach römisch-katholischem Ritus getauft worden sei

Name des Täuflings			Ort der Geburt	Vater Name, Religion, Charakter, Wohnort, Zuständigkeit	Mutter	Pate Name, Charakter, Wohnort	Anmerkung
Adolfus	1	–	Vorstadt 219	Alois Hitler, k.k. Zollamts-Official.	Klara, des Johann Pölzl ...	Johann und Johanna ...	...

Urkund dessen die pfarrämtliche Fertigung und das beigedrückte Pfarrsiegel.

(L. S.) Pfarramt: Braunau a/Inn, ...

Hitlers Geburtshaus ist eines der schönen alten Bürgerhäuser in der »Salzburger Vorstadt«, damals das »Gasthaus zum Pommer«. Am 22. April um 15.15 Uhr wurde das Kind vom Benefiziaten Ignaz Probst in der altehrwürdigen katholischen Pfarrkirche auf den Namen Adolfus getauft. Als Taufpate sind Johanna und Johann Prinz aus Wien, Löwengasse 28, eingetragen.

Die Verheiratung der Eltern hat eine Vorgeschichte: Klara war eine nahe Verwandte ihres Mannes. Zur Eheschließung war also eine kirchliche Dispens nötig, ein Gesuch wurde gestellt, es liegt noch heute im bischöflichen Ordinariat in Linz:
Ansuchen Alois Hitlers und seiner Braut Klara Pölzl um Ehebewilligung.
Hochwürdiges Bischöfliches Ordinariat!
Die in tiefster Ehrfurcht Gefertigten sind entschlossen, sich zu ehelichen. Es steht aber denselben laut beiliegendem Stammbaum das kanonische Hindernis der Seitenverwandtschaft im dritten Grad berührend den zweiten entgegen. Deshalb stellen dieselben die demütige Bitte, das hochwürdige Ordinariat wolle ihnen gnädigst die Dispens erwirken, und zwar aus folgenden Gründen:
Der Bräutigam ist laut Totenschein seit 10. August dieses Jahres Witwer und Vater von zwei unmündigen Kindern, eines Knaben von zweieinhalb Jahren (Alois) und eines Mädchens von einem Jahre und zwei Monaten (Angela), für welche er notwendig einer Pflegerin bedarf, um so mehr, da er als Zollbeamter den ganzen Tag, oft auch nachts, vom Hause abwesend ist und daher die Erziehung und Pflege der Kinder nur wenig überwachen kann. Die Braut hat die Pflege der Kinder bereits nach dem Tode der Mutter übernommen und sind ihr selbe sehr zugetan, so daß sich mit Grund voraussetzen läßt, es würde die Erziehung derselben gedeihen und die Ehe eine glückliche werden. Überdies hat die Braut kein Vermögen und dürfte ihr deshalb nicht so leicht eine

andere Gelegenheit zu einer anständigen Verehelichung geboten werden.

Auf diese Gründe gestützt, wiederholen die Gefertigten ihre demütige Bitte um gnädige Erwirkung der Dispens vom genannten Hindernis der Verwandtschaft.

Braunau, den 27. Oktober 1884

Alois Hitler, Bräutigam
Klara Pölzl, Braut

Der Stammbaum, der dem Dispensgesuch beigelegt wurde, zeigt folgende Aufstellung:

Johann Georg Hiedler — *Johann Nepomuk Hiedler*

Alois Hitler	*Johanna Hiedler, verehelichte Pölzl*
	Klara Pölzl

Das bischöfliche Ordinariat in Linz erklärte, zur Erteilung dieser Dispens nicht ermächtigt zu sein, und leitete das Ansuchen nach Rom weiter, von wo es durch ein päpstliches Schreiben bewilligt wurde.

Hitler war das alles bekannt. Als 1931 seine Nichte Geli bei ihm in der Prinzregentenstraße wohnte, befand er sich in einer ähnlichen Situation wie einst sein Vater. Auch er verliebte sich in seine um 20 Jahre jüngere Nichte.

Adolf war Klaras viertes Kind. Drei ältere Geschwister waren gestorben, dieses Kind wollte sie behalten und wandte ihm ihre ganze Liebe zu.

Kindersterblichkeit war in jener Zeit zwar nichts Ungewöhnliches, vielleicht aber war in diesem Fall die Widerstandskraft der Kinder geschwächt durch Inzucht, die Hitler verachtete. Nach Adolf wurde noch ein Sohn, Edmund, geboren, der auch früh starb, als sechstes Kind die Schwester Paula, die Hitler überlebte.

	Geboren	Gestorben	Alter zur Zeit des Todes
1. Gustav (Diphtherie)	17. 5. 1885	8. 12. 1887	2 Jahre, 7 Monate
2. Ida (Diphtherie)	23. 9. 1886	2. 1. 1888	1 Jahr, 4 Monate
3. Otto (Diphtherie)	1887	1887	ungefähr drei Tage
4. Adolf	20. 4. 1889		
5. Edmund (Masern)	24. 3. 1894	2. 2. 1900	fast 6 Jahre
6. Paula	21. 1. 1896		

Die Lebensstationen von Hitlers Vater sind bekannt, man weiß jedoch nicht genau, wer sein Großvater war.

Als unehelicher Sohn der Dienstmagd Maria Anna Schicklgruber 1837 in Graz geboren, hieß Hitlers Vater bis dreizehn Jahre vor der Geburt seines Sohnes Adolf Alois Schicklgruber. 1876 ließ er seinen Namen in Hitler umwandeln.

Die Mutter Alois Hitlers, Maria Anna Schicklgruber, heiratete fünf Jahre nach der Geburt ihres Sohnes, 1842, Johann Georg Hiedler. Erst neunzehn Jahre nach dessen Tod, 1876, wurde aufgrund von Aussagen dreier Zeugen der Name Schicklgruber in Hitler, nicht in Hiedler, umgeändert.

Hitler wußte von den seltsamen Umständen, die ihm seinen Nachnamen einbrachten. Er legte schon als Junge großen Wert auf die von seinem Vater festgesetzte Schreibweise. Den Namen Schicklgruber bezeichnete er selbst als entsetzlich und komisch zugleich.

Hitler bekannte, daß er seine Mutter geliebt habe. Mein Vater fragte ihn einmal, ob er ein Bild seiner Mutter habe. »Es gibt nur eines von ihr«, erwiderte er und zog aus einer Ledermappe, die in der Brusttasche steckte, eine kleine auf Karton geklebte verblassende Photographie einer jungen ernsten Frau. Meinem Vater gefiel das Bild. »Kann ich es reproduzieren lassen?« fragte er. »Wenn es schnell zu machen ist, meinetwegen«, entgegnete Hitler, »ich brauche es wieder, es ist mein Talisman, ich hatte es wäh-

rend des ganzen Krieges bei mir.« So fertigte mein Vater schnell eine Reproduktion des Bildchens, und es wurde weltbekannt.
Am 2. Mai 1895 wurde Adolf Hitler eingeschult. Da der Schulweg nach Lambach zu weit gewesen wäre, besuchte er die nähergelegene Schule in Fischlham, eine kleine Volksschule mit einem kahlen Raum mit Bänken und Tischen, einem eisernen Ofen, dessen langes Ofenrohr durch das ganze Zimmer ging. Das Schulhäuschen war 1783 errichtet worden, und alle drei Jahrgänge wurden von einem Lehrer in einem Klassenzimmer unterrichtet. Der alte Lehrer Karl Mittermaier erinnerte sich noch gut, wie der kleine Adolf im blauen Matrosenanzug mit schwarzer Schultasche an der Hand der Schwester Angela in die Schule eintrat. Er suchte sich sofort seinen Platz, den Eckplatz in der zweiten Reihe auf der Knabenseite. Er war aufgeweckt, lebhaft, immer sauber gekleidet, und, wie sein Lehrer als alter Mann bestätigte, »seine Schulsachen waren immer in musterhafter Ordnung«.

Während seiner Österreichreise im Jahre 1938 besuchte Hitler auch seine alte Volksschule und versuchte, sich in die abgewetzte Schulbank hineinzuzwängen. Er beschloß wie immer, alles Vorhandene zu ändern und zu verbessern, deshalb kaufte er das alte Gebäude und veranlaßte den Bau einer modernen Schule. Die Lehrerin lud er zusammen mit ihrer Schulklasse auf den Obersalzberg ein.

Seit 1899 lebte die Familie Hitler in Leonding. Der Vater war pensioniert. Der kleine Bruder Edmund starb im Jahre 1900 in Leonding.
Adolf Hitler war dort Meßdiener, ministrierte im weißen Spitzenchorrock und sang bei der Mozartmesse mit. Mit seinen Gefährten schwamm er in der Donau oder ließ farbige, selbstgemachte Papierdrachen vom Hausdach herabgleiten. Das Haus hatte noch kein elektrisches Licht.
Hitler schrieb einen Essay »Die Kunst des Lesens« und überwand die Einsamkeit durch Lesen. Damals war es ziemlich ungewöhn-

lich, daß sich Frauen mit Büchern befaßten, Hitler jedoch gab der Mutter seine Schulbücher und schließlich alles, was ihn selbst interessierte, zum Lesen. Er verschlang, was die Linzer Bibliotheken hergaben. Außer seinem Schlafraum bewohnte er ein kleines Zimmer, das er sein »Lesekabinett« nannte, hier stapelten sich die Bücher. Mit der Mutter konnte er glücklicherweise manche Gedanken über die gemeinsame Lektüre austauschen.

In der damaligen Zeit verbrachten die Männer die Abende in den gemütlichen Wirtschaften bei Bier und spielten Karten. Sie rauchten die langen Pfeifen mit den buntbemalten Pfeifenköpfen und politisierten. Keine Frau hätte gewagt, ihren Mann ins Wirtshaus zu begleiten. Sie blieben zu Hause und warteten. Anders Hitlers Mutter. Sie las. Sie war vierundzwanzig Jahre jünger als der Vater, eine intelligente junge Frau, und Adolf war sich ihrer Einsamkeit bewußt. Später erzählte er von dieser Zeit: »Was ich las, das hat sie gelesen – nur den Karl May hat sie abgelehnt.« (Noch als erwachsener Mann konnte er den Zungenbrecher auswendig: Hadschi Halef Omar Ben Hadschi Abul Abbas Ibn Hadschi Dawud al Gossarah.) Wenn Hitler in der frühen Zeit von seiner Jugend berichtete, war er viel ehrlicher als später bei Interviews.

In seinem Vaterhaus wurde viel musiziert, und wenn Hitlers Freunde zu Besuch kamen, brachte jeder ein Instrument mit; die kleine Schwester tanzte. Um 11 Uhr mußte Adolf den Vater vom Wirtshaus abholen. Er wartete so lange, bis der Alte bereit war zu gehen, nahm ihn bei der Hand und zerrte den schweren Mann nach Hause. Nicht selten fühlte sich der Vater gedemütigt und ließ den Jungen seinen Zorn spüren. Dann prügelte er auf ihn ein, nicht nur mit den Händen, sondern mit einem dreikantigen Holzscheit. Die Mutter und die beiden Schwestern stellten sich schützend vor den Buben.

So müssen Hitler Frauen und Mädchen schon in früher Zeit als rettende Engel erschienen sein. Später bezeichnete er seinen Vater als gerechtes Familienoberhaupt, seine Schwester Angela jedoch erinnerte ihn daran, wie der Vater wirklich war.

In der Linzer Realschule erreichte Hitler das Klassenziel nicht. Es gab nur die eine Möglichkeit für ihn, in Steyr weiterzulernen, und es war nur die Liebe zur Mutter, die ihn veranlaßte, weiter zur Schule zu gehen.
In Steyr wohnte er bei dem Gerichtsbeamten Edler von Cichini am Grünmarkt 19. Er las zu jener Zeit Dantes »Göttliche Komödie« und bezeichnete die dortige Schule als »Ort der Verdammten«. Seine Zeugnisse waren schlecht, in Mathematik »nicht genügend«, und auch in »darstellender Geometrie« bekam er die schlechteste Note. Die Mutter weinte: »Was soll aus diesem Jungen werden?«
Einmal, vor dem Krieg, habe ich ihn gefragt: »Was würde Ihre Mutter heute zu Ihnen sagen?«
»Sie hatte Angst um mich«, sagte er, »sie hatte immer Angst um mich.«
Der junge Hitler war gesundheitlich gefährdet. Zur Zeit des Hitlerprozesses wurden die Lehrer über ihn befragt. Professor Gissinger gab sein Urteil ab: »Seine Gestalt war schlank und aufrecht, sein Gesicht meist blaß und sehr mager, beinahe wie das eines Lungenkranken, sein Blick ungeheuer offen, die Augen leuchtend.«
Am 3. Januar 1903 starb Alois Hitler plötzlich im Gasthof Wiesinger. Wie Hitler später vermutete, war die Todesursache Bluthochdruck, hervorgerufen durch Alkohol und Nikotinmißbrauch; vielleicht liegt hier der Ursprung von Hitlers Abstinenzlertum.
Die *Freisinnige Zeitung* in Linz brachte am 8. Januar 1903 einen Nachruf auf Alois Hitler: »Wir haben einen guten Mann begraben. Hitler war ein durch und durch fortschrittlich gesinnter Mann und als solcher ein warmer Freund der freien Schule. Er war stets heiter, ja, von geradezu jugendlichem Frohsinn. Fiel auch ab und zu ein schroffes Wort aus seinem Munde, unter einer rauhen Hülle barg sich ein gutes Herz. Für Recht und Redlichkeit trat er jederzeit mit aller Energie ein. In allen Dingen unterrichtet, konnte er überall ein entscheidendes Wort mitsprechen. Ein Freund des Gesanges, fühlte er sich glücklich inmitten sangesfroher Brüder. Auf dem Gebiet der Bienenzucht war er eine Autorität.«

Adolf war noch nicht vierzehn Jahre alt, als der Vater starb.
Nach dem Tod Alois Hitlers verkaufte die Mutter das Anwesen in Leonding und zog mit den Kindern Angela, Adolf und Paula nach Linz in die Humboldtstraße.
Der Vater hatte autoritär und selbstherrlich den Lebensweg des Jungen bestimmen wollen: Er sollte Staatsbeamter werden. Kurz vor seinem Tod hatte er den Dreizehnjährigen in das Linzer Hauptzollamt geführt, um ihm seinen künftigen Wirkungskreis zu zeigen. Beamter wolle er auf keinen Fall werden, hatte Adolf erklärt. Die Mutter, 24 Jahre jünger als der Vater, konnte den Willen des Sohnes nicht beeinflussen. Er wollte sich das, was er zum Leben brauchte, durch Selbststudium beibringen. Vor allem aber interessierte ihn die Kunst. Im Jahre 1905 lieh er sich von der Familie Geld, um in Graz die Aufführung der »Salome« zu erleben. Viele Jahrzehnte später erzählte er Richard Strauss von diesem Erlebnis.
Nun kaufte ihm die Mutter ein Klavier und ließ ihm Klavierunterricht geben. Ein Jahr lang unterrichtete ihn der Klavierlehrer Prewetzky. Die Mutter merkte, daß in dem Buben »etwas aus der Art Geschlagenes steckt«, das ihr selbst unheimlich war.
1906 reiste der junge Hitler zum erstenmal für vier Wochen nach Wien. Die Erbschaft des Vaters ermöglichte ihm diesen Aufenthalt. Er schrieb:
»... ich fuhr hin, um die Gemäldegalerie des Hofmuseums zu studieren, hatte aber fast nur Augen für das Museum selber. Ich lief die Tage vom frühen Morgen bis in die späte Nacht von einer Sehenswürdigkeit zur anderen, allein, es waren immer nur Bauten, die mich in erster Linie fesselten.
Stundenlang konnte ich so vor der Oper stehen, stundenlang das Parlament bewundern, die ganze Ringstraße wirkte auf mich wie ein Zauber aus Tausendundeiner Nacht.«
Wien war die alles versprechende, die lockende Stadt für Hitler »Himmel und Hölle« zugleich. Nur hier konnte aus ihm etwas werden. Linz war zu provinziell. Er brauchte die Auseinanderset-

zung, Konflikte, Unruhe, Chancen, wollte leidenschaftlich Anteil nehmen, diskutieren, gefordert werden. Es war eine hellwache Zeit. Auf den Wiener Bühnen wurden Wedekind, Ibsen, Halbe, Strindberg, Shaw aufgeführt. Die Großen, mit denen Hitler in einer viel späteren Phase seines Lebens zusammentraf, waren noch jung: Hauptmann, Hamsun, Strauss, Pfitzner, Lehár.
Im Herbst 1907 zwang er der Mutter die Erlaubnis ab, nach Wien übersiedeln zu dürfen. Mit dem kleinen Erbteil, das ihm zustand und das vom Vormund verwaltet wurde, konnte er sich ein Jahr lang durchbringen.
Mit einem Koffer voller Zeichnungen und Bücher fuhr er nach Wien, suchte sich eine Kammer im 6. Bezirk in der Stumpergasse 29, zweite Stiege, zweiter Stock, Tür 17, bei Frau Zakreys – eine elende Kammer mit Blick auf Hinterhof und Wohnungselend.
In der Linzer Realschule war er der beste Zeichner gewesen. Er hoffte, die Aufnahmeprüfung in die Kunstakademie spielend bestehen zu können, doch ein Lehrer bedeutete ihm, daß aus den mitgebrachten Zeichnungen klar seine Nichteignung als Kunstmaler hervorgehe. Man verwies ihn an die Architekturschule der Akademie. Aber dazu hätte er den Abschluß der Realschule benötigt. Nun rächte es sich bitter, daß er die Schulausbildung auf die leichte Schulter genommen hatte.
Niedergeschlagen verließ er den Prachtbau am Schillerplatz. Trotzdem setzte sich sein jugendlicher Optimismus ein Ziel. Er wollte Baumeister werden und sich das nötige Wissen durch Selbststudium aneignen.
Er verschwieg der Mutter die Absage.
Während Adolf in Wien war, wurde die Mutter krank. Schon zu Beginn des Jahres 1907 wurde sie operiert, lag bei den Barmherzigen Schwestern im Krankenhaus in der Herrengasse. Sie hatte Brustkrebs. Adolf kehrte nach Linz zurück. Er führte den Haushalt, d. h. er kochte für die Mutter, die kleine Schwester und sich. Die große Schwester Angela war mit dem Beamten Raubal verheiratet und erwartete ihr zweites Kind.

Schon damals, sagte Hitler, sei ihm klar geworden, daß der Mensch sich ganz einfach, ganz im Sinne Kneipps ernähren sollte. Wenn in seinen Reichskanzlerjahren jemand von einem besonders üppigen Gericht schwärmte, sagte er: »Wissen Sie, wie Löwenzahnsalat schmeckt oder Brennesselgemüse oder Sauerampfersuppe? Das sind die wirklich kostbaren Mahlzeiten.«

Als er in Berchtesgaden am Obersalzberg lebte, ließ er sich von Professor Zabel eine ausgewogene Diät zusammenstellen.

In Erinnerung an seine Mutter forderte Hitler später die Forschung zur Krebsfrüherkennung auf. Das Thema Krebsvorsorge besprach er mit seinen Militärärzten.

Die Mutter war unheilbar krank. Hitler dachte: »Unheilbar, das heißt doch nur, daß die Ärzte noch nicht wissen, wie man heilen kann. In einer späteren Epoche wird man sie heilen können.«

Das Leben der Mutter war nicht zu retten. Sie starb. Der Sohn erlebte den Tod bis in die letzte Phase mit. Der jüdische Arzt Dr. Eduard Bloch, der Hitlers Mutter behandelt hatte, erklärte im Jahre 1938: »Ich habe in meiner beinahe vierzigjährigen Praxis nie einen Menschen so schmerzgebrochen und leiderfüllt gesehen, wie es der junge Hitler beim Tod seiner Mutter war.« Dr. Bloch erwarb Aquarelle vom jungen Hitler, die er in Wien hergestellt hat, die »Karlskirche« und den »Ratzenstadl«.

Hitler war auf seine schöne Mutter stolz; ihr Tod stieß ihn in endlose Verlassenheit. Auf sie hatte sich seine Liebe konzentriert, und sie hatte diese Liebe vollkommen erwidert. Die Tote wurde in der Wohnung aufgebahrt, die Beerdigung für den 23. Dezember vormittags, neun Uhr, angesetzt. Es war ein düsteres Bild voll Wehmut und Trauer. Adolf ging hinter dem Sarg im schwarzen langen Winterrock, schwarze Handschuhe in der Hand und, wie es damals üblich war, mit schwarzem Zylinderhut, neben ihm der Schwager Raubal, in der Mitte die elfjährige Paula. Angela, die ältere Schwester, in gesegneten Umständen, folgte im geschlossenen Einspänner.

Das Kind, das Hitlers Stiefschwester Angela am 6. Juni 1908 in

Linz auf die Welt brachte, erhielt auch den Namen Angela. Es war die Nichte Geli, die sich 23 Jahre später in Hitlers Wohnung mit seiner Pistole aus nie geklärten Gründen erschoß.
Den Weihnachtsabend verlebte Adolf allein, die kleine Schwester war bei Verwandten. Bekannte, Freunde hatte er nicht, so ging er in dieser Weihnachtsnacht stundenlang durch Linz. Erst gegen morgen ging er nach Hause und schlief.
Der Haushalt wurde aufgelöst, die Waisenrente überließ Adolf der kleinen Schwester. Der junge Mann übersiedelte nach Wien.
Was hatte er gelernt? Nichts! Er konnte zeichnen, zeichnete auf Postkarten die berühmten Bauten Wiens, kolorierte sie und ging mehr bettelnd als anbietend in Gasthäusern von Tisch zu Tisch, um die Bildchen zu verkaufen. Vom Erlös lebte er. Wenn er etwas Geld übrig hatte, kaufte er sich Karten für Oper und Theater. Er lebte von 1907 bis 1913 in Wien. 1909 zog er in das Männerheim in der Meldemannstraße.
In seinem Buch »Mein Kampf« beschrieb er seine damalige Situation: »Indem mich die Göttin der Not in die Arme nahm und mich so oft zu zerbrechen drohte, wuchs der Wille zum Widerstand, und endlich blieb der Wille Sieger.«
Er nahm Enttäuschungen hin, ja, sie spornten ihn an, sein Lebensziel trotzdem zu erreichen. Sie veränderten ihn. Die Unbeugsamkeit des späteren Hitler hatte hier ihre Wurzeln.
In dieser aussichtslosen Zeit, noch in Linz, traf den jungen Hitler die erste Liebe wie ein Blitzschlag.
Die Linzer pflegten einen altgewohnten, südlichen Brauch: Sie bummelten an den milden Frühlingsabenden über die Donaubrücke, die ganze Stadt schien unterwegs zu sein – die Mütter mit den schönen Töchtern am Arm, die feschen jungen Offiziere in den farbigen Uniformen der Donaumonarchie. Am Schmiedthoreck, an der Donaubrücke, standen zwei junge Männer, hochaufgeschossene Burschen, Schüler, der junge Gustl Kubizek und der sechzehnjährige Adolf Hitler. Adolf suchte mit den Augen nach einem Gesicht in der Menge und fand das Mädchen, dessentwegen

er täglich an diesem Platz stand, hier mußte sie vorbeikommen, wenn sie von Urfahr nach Linz wollte. Adolf faßte den Freund Gustl heftig am Arm: »Gefällt dir das Mädchen? Ich liebe sie nämlich!«

Stefanie hieß die Schlanke mit den hellen Augen.

Alle Frauen, die Hitler später lieben oder verehren sollte, hatten die gleiche ovale Gesichtsform, die weit auseinanderstehenden Augen, die Lippen mit dem Amorbogen.

Wie sollte er mit dem Mädchen bekannt werden? Das Mädchen, das den sechzehnjährigen Jungen bezauberte, mochte etwas älter als Adolf sein. Sie war nach der Mode der Zeit gekleidet, das Haar hatte sie aufgesteckt – und sie blickte ihm ganz offen ins Gesicht. Sie ging nie allein spazieren, immer am Arm der Mutter, einer Offizierswitwe. Die Freunde fanden heraus, wie sie hieß, wo sie wohnte. Eines Tages tauchte ein junger Mann beim Nachmittagsbummel an ihrer Seite auf. Adolf erfuhr, daß er ihr Bruder war, der in Wien Jura studierte, und war beruhigt. Als er sie mit den jungen Offizieren lachen und flirten sah, verachtete er gleich den ganzen Stand, nannte die jungen Offiziere eitel, behauptete, daß sie Korsetts trügen und sich parfümierten. Der junge Hitler war Gegner aller Uniformträger.

Für Stefanie war er einer ihrer jungen Verehrer, manchmal schenkte sie ihm ein Lächeln, dann beruhigte sich sein Gemüt, die Welt war wieder wohlgeordnet und das Leben war sinnvoll und schön; er befand sich dann in einem Glückszustand, der wieder zerstört wurde, wenn sie ihn nicht mehr beachtete.

Der Freund Gustl brachte in Erfahrung, daß das Mädchen gern tanzte. Das wäre doch eine Möglichkeit, sie kennenzulernen. Aber Tanzen war für Adolf etwas ganz und gar Unmögliches. Es widersprach seiner Natur ebenso wie Rauchen oder Trinken, obwohl sein Vater ein lebenslustiger Mann gewesen war und niemand ihn zur Askese anhielt.

Ein Mädchen, dem man nicht vorgestellt worden war, durfte man nicht ansprechen, nicht einmal grüßen. Aber ein Blick kann sprechen, und ein Lächeln kann die Antwort sein. Ein Mädchenlächeln kann verwandeln. Der junge Adolf war durch ein Lächeln verzaubert, wie sein Freund sagte: »Nicht wiederzuerkennen!« Wenn ihn Gustl wieder auf die Erde zurückholen wollte, indem er sagte: »Aber du hast doch gar nicht mit ihr gesprochen, wie kannst du glauben, daß du ihr etwas bedeutest?« antwortete Adolf: »Außergewöhnliche Menschen verstehen sich geistig mit Hilfe der Intuition, aber was weißt du schon von außerordentlicher Liebe!«

Nun riet der Freund: »Wenn du Stefanie kennenlernen willst, Adolf, mußt du tanzen lernen.« Aber Adolf hielt Menschen, die tanzten, für verrückt und Menschen, die sich in einem überfüllten Ballsaal sinnlos herumdrehten, für total verrückt. Aber spielte er auf dem Klavier nicht selbst Walzer, und hatte er nicht selbst gesagt, daß der oberösterreichische Landler über die Weindörfer der Wiener Umgebung in die Stadt gedrungen war und, hier von den Meistern verwandelt und als Walzer in höhere künstlerische Sphären entrückt, wieder zurückgekehrt war? Und besorgte er sich nicht Noten, um den Salome-Walzer von Richard Strauss zu spielen? Und mußte man zu einem Walzer nicht tanzen?

Er würde nicht wegen dieses Mädchens tanzen, er würde nie in seinem Leben tanzen.

Fünfundzwanzig Jahre später wurde noch einmal der Versuch unternommen, Hitler zum privaten Tanzunterricht zu animieren, aber auch die schöne Frau Hanfstaengl hatte mit ihrem Vorschlag kein Glück. Hanfstaengl meinte, ein musikalisch so begabter Mensch wie Hitler würde durch einen Walzer an innerer Harmonie gewinnen. Aber Hitler war eigensinnig: »Tanzen ist für einen Staatsmann eine unwürdige Beschäftigung!« Hanfstaengl jedoch hatte auch einen bayrischen Dickkopf: »Herr Hitler«, sagte er, »vergessen Sie doch nicht, daß Friedrich der Große und Washington ausgezeichnete Tänzer waren.« Aber auch dieser Vergleich nutzte nichts. Tanzen – das war für ihn eine Sache für elfenhafte

Tänzerinnen. Die Ausdruckstänze der Palucca sah er sich nachts im Olympia Stadion an. Sie waren ihm zu streng. »Tanzende Philosophen« nannte er sie. Die amerikanischen Tänzerinnen hielt er für besser als die deutschen. Es war besonders Myrian Verne, die ihn faszinierte. Sie war im Metropoltheater in Berlin aufgetreten. Er hatte sie gesehen und zu einem Bühnenfest in die Reichskanzlei eingeladen. Sie kam, und er wollte sie ganz für Deutschland gewinnen, aber dieser Plan scheiterte.
Der graziöse Tanz erfreute ihn mehr als der akrobatische. Auch Marian Daniels, die er in der Berliner »Scala« und später in München im Gärtnerplatztheater gesehen hatte, bezeichnete er als bewunderungswürdig. Er lernte Magda, Romy Schneiders Mutter, als Tänzerin kennen.
Oft sah er sich im Gärtnerplatztheater Franz Lehárs »Lustige Witwe« an. Johannes Heesters war sein Lieblingssänger, und Hitler hörte entzückt zu, wenn er sang: »Heut' geh' ich ins Maxim ...« Nach der Vorstellung lud er Marian Daniels ein. Wegen der phantastischen Tillergirls ging er ins Cabaret. Er sah die Vorstellungen im Berliner Wintergarten.
»Die Tanzkunst ist mit der Musik zusammen die primärste Äußerung der Kultur eines Volkes.«
Als er die Geschwister Höpfner Wiener Walzer tanzen sah, meinte er, sie zeigten Figuren, wie man sie auf alten griechischen Vasen nicht schöner sehen könnte, ja, er bestimmte, daß jede tänzerische Vorstellung, die er seinen Gästen zeigen wollte, ihm vorher vorgeführt werden sollte.
Myrian Verne aber war für ihn die Vollendung. Er sagte, sie tanze, als ob sie schwebe, berührte mit den Füßen kaum den Boden und zeige, daß der Tanz eine Kunst sei und Kunst primär von Können komme. Auch Leni Riefenstahl sah er als Tänzerin.

Dieses Linzer Mädchen Stefanie prägte Hitlers Frauenbild.
Nun hatte er ein Wesen, von dem er träumen konnte und dem er auch in Wirklichkeit begegnen konnte. Bald erfuhr er eine greif-

bare Gunstbezeugung: Zur Marschmusik des Hessenregiments bewegte sich ein Blumenkorso durch Linz. Wieder standen die beiden Freunde am Schmiedthoreck. Die blumengeschmückten Wagen fuhren dicht an den Bürgersteig heran, in einem Wagen saß Stefanie mit ihrer Mutter. Das Mädchen hielt einen Strauß mit Mohn, Margeriten und Kornblumen in der Hand. Sie lächelte ihren ewigen Bewunderer an und warf ihm eine Blume zu. Für ihn war das die Bestätigung, daß sie ihm zugetan war. In einem Medaillon trug er von nun an die Blume bei sich. Er war glücklich, er liebte und wurde wiedergeliebt.

Nach dem Zweiten Weltkrieg, als man Hitlers Jugend zu durchforschen begann, suchte man – angeregt durch August Kubizeks Aufzeichnungen – jene Stefanie. Sie war einige Jahre älter als Adolf, heiratete 1908 einen Hauptmann des Linzer Leibregiments – die Hessen –, folgte ihm später in dessen Garnison, dem galizischen Przemysl, und lebte dann nach dem Zweiten Weltkrieg als Offizierswitwe in Wien.

Sie konnte sich an den Brief des schüchternen Jungen erinnern. »Ich habe damals mit der Post einen Brief bekommen«, erzählte sie, »die Mama hat ihn aufgemacht. Er schrieb mir, er gehe jetzt auf die Kunstakademie, ich solle warten, er werde eines Tages wiederkommen und mich heiraten. Die Mama gab mir den Brief, und wir lachten.«

Auch Hitler hatte die Stefanie nicht vergessen. In den zwanziger Jahren, als das Caféhaus eine wichtige Rolle in Hitlers Leben spielte, besuchte er häufig das »Wiener Café Stefanie«, Ecke Amalien-Theresienstraße in München. In der oberen Etage hatte Hoffmann seine Werkstätte. Das »Café Stefanie« war eines jener sagenhaften Wiener Caféhäuser mit der unvergleichlichen Duftmischung aus Kaffee, Vanille, Zigarren. Hier lagen alle frischen Tageszeitungen aus. Es war ein Treffpunkt für »geistige Reifeprozesse«. Man nannte es »Café Größenwahn«, weil sich hier echte und vermutliche Genies trafen, die Dichter und Maler der Jahrhundertwende hatten hier verkehrt, dann die Revoluzzer von 1918, und nun saßen Hitler und seine Leute in den rotsamtenen Separées. Als ihm der Name Stefanie wieder begegnete, erinnerte er sich: »Gesprochen habe ich sie nie, die Stefanie von Linz, aber ich verdanke ihr den reinsten Traum meines Lebens.«

2. Die Wiener Dirnengasse

Im Jahre 1906 reiste der siebzehnjährige Hitler nach Wien. Er wollte die Oper, das Burgtheater, die Ringstraße und die Museen sehen. Die ihm zustehende Erbschaft ermöglichte ihm die Reise. Seine Eindrücke teilte er dem Freund mit. Auf eine Karte, die eine Ansicht der Hofoper wiedergab, schrieb er:

»Es zieht mich doch wieder zurück, nach meinem lieben Linz und Urfahr. Will oder muß den Benkiser wiedersehen. Was er wohl macht? [Benkiser ist der Tarnname für die angebetete Stefanie]. Also ich komme Donnerstag um 3.55 in Linz an. Wenn du Zeit hast und darfst, hole mich ab. Einen Gruß Deinen werten Eltern.

Dein Freund Adolf Hitler«

Dazu ist noch gekritzelt:

»Heute 7 – 1/2 12 Tristan!!«

Das Traumbild Stefanie begleitete ihn bis nach Wien, doch er wollte Stefanie entfliehen. Ein Kennenlernen wäre wohl das Ende eines Traums gewesen, und eigentlich wollte er frei sein. Auch von der mütterlichen Fürsorge wollte er frei sein. Er liebte die Mutter, aber er ertrug ihre dauernde Fürsorge nicht. Er suchte die Einsamkeit.

Mit dem Freund Gustl lebte er in Wien. Zu zweit bewohnten sie das elende Zimmer bei der Witwe Zakrey in der Stumpergasse. Den meisten Platz im Zimmer nahm ein Flügel ein, denn Musik bedeutete sehr viel für die zwei jungen Männer. Ganz im Bann Richard Wagners beschlossen sie: »Wir schreiben eine Oper.« Adolf

begeisterte den Freund, der am Konservatorium Musik studierte und skeptisch war. »Ja, meinst du denn, wir können das?«
»Ich kann alles, was ich will«, triumphierte Hitler, und in drei Nächten entstand das Vorspiel zu einer nie vollendeten Oper »Wieland, der Schmied«. Wunderbare Frauen kamen in der Oper vor, fliegende Walküren, die die germanischen Helden liebten.
Hitler wurde an der Kunsthochschule nicht angenommen. Lange verheimlichte er dem Freund die Absage. Tagelang trieb er sich in der Millionenstadt herum.
Als der Freund ihn fragte: »Adolf, was treibst du eigentlich?«, entgegnete er: »Ich studiere das Leben, ich schaue mir die Bauten an, ich kenne die Oper auswendig, ich weiß jetzt, wie ich einmal bauen werde.«
»Du – bauen?« Der Freund lächelte über so viel Zuversicht.
Hitler war genau über die Baugeschichte Wiens informiert. Die Strudlhofstiege war ihm ebenso vertraut wie »Maria am Gestade«, er kannte jedes Detail der Oper, des Burgtheaters. Als er zwei Jahre vor seinem Tod noch einmal Wien besuchte, wußte er genau, wo die Kostbarkeiten des Kunsthistorischen Museums gestanden hatten, wo das Salzfaß des Benvenuto Cellini zu sehen war, das nun, im Krieg, in einem Schloß bei Wien vor Luftangriffen geborgen war.

Einmal besuchten die Freunde eine Aufführung von Wedekinds »Frühlingserwachen«, und weil sie sich nicht vom Theater trennen konnten, blieben sie auch beim letzten Akt. Das bedeutete, daß sie das »Sperrzehnerl« zahlen mußten, eine Strafe, weil zu später Stunde der Hausmeister geweckt werden mußte.
»Jetzt können wir noch einmal bummeln«, meinte Adolf, »und uns einmal Wien bei Nacht ansehen, weißt du, den Pfuhl des Lasters, die Dirnengasse.«
Sie schlenderten über den Ring und bogen in die Siebensterngasse ein, und von da war es nur ein Schritt zur schlechtbeleuchteten Spittelbergstraße. Interessiert flanierten die jungen Männer an

den niederen Häusern vorbei. Die Fenster lagen zu ebener Erde und waren beleuchtet, so daß man unmittelbar von der Straße in die hellen Zimmer sehen konnte. In den geöffneten Fenstern saßen die Mädchen, manche noch auffallend jung, die anderen früh gealtert und verblüht. Mit entblößtem Busen saßen sie da und ließen die vorbeipromenierenden Männer nicht aus den Augen. Hastig geflüsterte Gespräche entspannen sich, das Geschäft wurde perfekt gemacht. Dann wurde das Licht ausgedreht. Hitler beobachtete das alles voller Interesse, dann ging er noch einmal zurück, als wolle er sich die Bilder einprägen. Rief ihn eine an, wandte er nicht den Kopf. Dann zog er den Gustl wieder in die belebte Hauptstraße. »Jetzt haben wir den Markt der käuflichen Liebe kennengelernt«, sagte er zum Freund. »Aber das kann doch nicht die Liebe sein. Diese Mädchen sind doch nicht zur Liebe fähig. In ihnen ist doch die Flamme des Lebens längst erloschen! Frauen und Liebe, das muß etwas ganz anderes sein.«
Hitler lernte in Wien noch den letzten Hauch einer zu Ende gehenden Epoche kennen: Er sah noch Kainz und Rose Albach am Burgtheater in Shakespeares »Romeo und Julia« auf der Bühne stehen, er sah die glitzernden, selbstbewußten Frauen, die Makart, die Klimt gemalt hat, er beobachtete die Wienerinnen, die anmutigsten, raffiniertesten Frauen der Welt, wie sie nach dem Besuch der Oper in die Kutschen stiegen. Und viele Jahrzehnte später, in seinem Hauptquartier in Ostpreußen, sagte er: »Was habe ich für schöne Frauen in Wien gesehen!«

1913 zog Hitler nach München.
In der Schleißheimer Straße 34 beim Schneidermeister Popp hatte er als Untermieter ein Mansardenzimmer gefunden. Er teilte die Kammer mit einem Arbeiter, doch Hitlers nächtliches Leben störte den anderen jungen Mann. Er zog aus, und Hitler bewohnte die Kammer allein.
In der Küche der Familie durfte er sich Tee zubereiten, und mit dem Schneidermeister Popp konnte er sich unterhalten. Wäh-

rend Popp nähte, saß Hitler an der Ecke des langen Schneidertisches.
Als Kanzler ließ er sich aus Treue bei Popp Anzüge machen.
Die kleine Tochter Lenerl holte ihm von der gegenüberliegenden Bäckerei Nußhörnchen zum Tee.
Vielleicht hatte auch Lenin in dieser Bäckerei sein Brot gekauft, als er in München in der Kaiserstraße wohnte.
Nach dem Zweiten Weltkrieg besuchte der englische Journalist Sefton Delmer, der als Gast während Hitlers Wahlreisen auf den Flügen mitflog, jenes Lenerl, das inzwischen die Taxifahrerin Steindl geworden war.
Delmer fragte sie: »Hat Hitler Straßenmädchen mit nach Hause gebracht?«
»Nie«, sagte sie.
»Aber denken Sie doch nach«, insistierte Delmer.
»Nein«, sagte Frau Steindl, »keine Mädchen, aber viele Bücher.«
Am 5. Februar 1914 war Hitler zur Musterung nach Salzburg gefahren. Am 16. August trat er in das Reserveregiment Nr. 16 (Die Lister) ein, am 8. Oktober wurde er auf den König von Bayern und den Kaiser Franz Joseph vereidigt. Wenig später kam er an die Front nach Belgien.
In der Wohnung Popp ließ er einen Koffer zurück mit Anzug, Zeichnungen, Büchern, mit der Bitte, man solle den Koffer seiner Schwester Angela aushändigen, falls er fallen würde.
In den Jahren nach dem Ersten Weltkrieg lebte Adolf Hitler wieder in München. Durch Dietrich Eckart kam er nach Berchtesgaden, lernte die siebzehnjährige Mimi Reiter kennen. Die Liebesbriefe an das Mädchen sind erhalten, er schrieb: »Mein liebes Kind...«. Er schenkte ihr Bücher (Nietzsche, Hörbigers Welteislehre), damit sie ihn besser verstehe. Als er merkte, daß aus der Liebesgeschichte eine Ehe werden sollte, brach er die Beziehung ab, er wollte nicht heiraten. »Liebe soll ein Geschenk sein, ohne spekulative Nebenabsichten.« Viele Mädchen gefielen ihm, wirkliche Freundschaften entstanden nur zu Frauen.

II.

Helferinnen der ersten Stunde

Immer waren es Frauen, die Hitler den Weg ebneten, die ihn erzogen, ihm Mut machten, ihm wichtige Kontakte verschafften.

Frau Helene Bechstein und ihre Tochter Lotte aus der Familie des Klavierfabrikanten Bechstein ermöglichten ihm, das kleine Haus Wachenfeld auf dem Obersalzberg zu kaufen, das später zum »Berghof« wurde. Frau Bechstein gab in Berlin große Gesellschaften. Als Hitler 1921 in Berlin war, wohnte er bei den Bechsteins.
In Gesellschaft von Frauen fühlte er sich wohl, hatte er eine Dame als Tischnachbarin, gab er sich gut gelaunt.
Ein Bonmot sagt, es sei ein Vorteil der Münchner Gesellschaft, daß es sie nicht gibt. Aber damals gab es »Kreise« und »geistige Zirkel« und vor allem »Salons«, zwanglose Treffpunkte von Politikern, Künstlern und Gelehrten. Ein Salon wurde natürlich von einer Frau geführt, sie lud interessante Gäste ein und sorgte für eine gemischte Gesprächsrunde.
Der junge Hitler, dessen Zeitung man heftig diskutierte, dessen Versammlungen die Menschen magisch anzogen und von dem man eigentlich so wenig wußte, wurde bald ein gern gesehener Gast, man riß sich um seine Gesellschaft.

In München lebte das Ehepaar Bruckmann, der Eigentümer des Bruckmann Verlages Hugo Bruckmann und seine Frau Elsa, eine geborene rumänische Prinzessin Cantacuccene. Sie waren ein hochangesehenes Paar. Im offenen weißen Mercedes fuhren sie langsam durch die Ludwigstraße. Hugo Bruckmann trug einen kurz geschnittenen Bart und meist einen Panamahut; Elsa Bruckmann, klein und graziös, führte einen berühmten Salon in dem hohen Haus Leopoldstraße 10, eine Art Kaufmannsresidenz mit weiten Räumen, die mit Kunstwerken geschmückt und sehr geschmackvoll eingerichtet waren. Die Hausherrin war mit Hugo von Hofmannsthal ebenso befreundet wie mit Rilke. Sie las die Korrekturen zu Hitlers »Mein Kampf«. Als Kind hatte die charmante Frau Pocken, deshalb war ihr Gesicht durch Narben entstellt. Aus diesem Grunde begannen ihre Einladungen erst in der Dämmerung, meist am Donnerstag um fünf Uhr, dabei saß die Gastgeberin meist neben abgedunkelten Lampen. Hitler war der Meinung, daß ihr Verstand und ihre Liebenswürdigkeit die Narben vergessen ließen.

Bei einer Bruckmannschen Gesellschaft traf Hitler mit Oswald Spengler, der eben den »Untergang des Abendlandes« schrieb, zusammen, die beiden Männer unterhielten sich zwei Stunden, fanden aber einander nicht sympathisch. Auch Prinzhorn, der das erste Buch über die »Kunst der Geisteskranken« schrieb, war Hitler hier begegnet; Frau Bruckmann machte ihn mit dem Werk von Ludwig Klages bekannt und weckte sein Interesse für Graphologie, er ließ seine Schrift von der Graphologin Elsbeth Ebertin deuten.

Die Verlegersgattin besorgte Hitler die originalen hellen englischen Offiziersmäntel, die zu einer Art Uniform für ihn wurden. Auch die Nilpferdpeitsche, die, mit einem Karabinerhaken versehen, als kurze Hundeleine diente, stammte von Elsa Bruckmann; in den silbernen Knopf war EB graviert. Oft rieb Hitler den Silberknopf in seiner Handfläche.

Im Haus Leopoldstraße 10 befand sich auch die weltberühmte Kunstsammlung des Marczell von Nemesz. Frau Bruckmann führte Hitler durch die Räume mit den echten, unverfälschten Möbeln aus der italienischen Renaissance. Das war genau nach seinem Geschmack.

Auf Elsa Bruckmanns Briefpapier entwarf er das Hoheitsabzei-

chen der Partei, den schlanken Adler, der in seinen Fängen das Hakenkreuz hält. Das kleine silberne Abzeichen, das Hitler nur einigen wenigen zuerkannte, in Handarbeit von Goldschmiedmeister Gehr hergestellt, wurde wie ein Freimaurerabzeichen im linken Eck des Jackettrevers getragen.
Elsa Bruckmann versorgte Hitler mit Lesestoff, meist las er ein Buch in einer Nacht durch.
Im Bruckmannschen Salon hatte Hitler die Möglichkeit, geistige Größen von Schwabing zu treffen, Dichter und Denker um Stefan George; vor allem hatte Alfred Schuler hier verkehrt. Er hielt Vorträge, bei denen er für seine Freunde römische Feste der Antike wieder auferstehen ließ. Er beschwor das römische Kaiserreich mit seinen Geheimnissen und Rätseln in phantastischer Farbenpracht herauf. Noch Jahrzehnte später im Exil in Neuseeland erinnerte sich Karl Wolfskehl an den Freund, der, »während Schinkensemmeln gereicht wurden«, seine Freunde vom Wesen des römischen Reiches und vom Zauber der Ewigen Stadt durchfluten und verwandeln ließ.
Schuler hoffte, die tödliche, seelische Erkrankung Nietzsches durch ein phantastisches Fest, durch eine orgiastische Raserei mit Tänzen in kupfernen Rüstungen, durch eine alles verändernde Freude heilen zu können.
Daß das Fest nicht stattfand, lag daran, daß man die Kupferrüstungen nicht beschaffen konnte. Als Schuler starb, wurde er in Cäsarentracht mit dem goldenen Lorbeer auf der Stirn in den Sarg gelegt, auf dem die Worte standen: Ultima Lux.
Es ist nicht bekannt, ob Hitler Schulers Vorträge im Salon Bruckmann noch gehört hat, aber er wußte davon und hat Schulers römische Träume mitgeträumt. Damals entwarf er Standarten, die genau den römischen Feldzeichen nachgebildet waren, nur stand der Name einer deutschen Stadt anstatt des SPQR darauf.
Als Hitler Bruckmanns kennenlernte, wohnte das Verlegerehepaar noch am Karolinenplatz. Von dem Balkon des Hauses aus sah Hitler auf den Königsplatz, der damals noch nicht gepflastert,

sondern eine Wiese mit Löwenzahnblumen war. Er konnte auch das feine kleine Palais Barlow an der Brienner Straße 45 sehen, vormals war es Sitz russischer und italienischer Gesandter, um 1870 hatte hier eine Tanzschule bestanden – hier hatten der kleine Richard Strauss und seine Schwester Hannerl das Tanzen erlernt –, aber nun gehörte es schon seit Jahren einem in München lebenden Engländer, eben jenem Herrn von Barlow, mit dem Hitler durch Frau Bruckmann bekannt wurde.

Hitler wollte das Palais erwerben.

Im Mai 1930 fanden die Verkaufsverhandlungen statt, und Hitler schwärmte: »Ein Besitz in der würdigsten Lage der Stadt, ein geräumiges altes Palazzo, das nunmehr schon über hundert Jahre steht, und ein Grundstück, das jede Vergrößerung im weitesten Sinne zuläßt.«

Aber der Kaufpreis war sehr hoch: 1,5 Millionen Reichsmark. Rudolf Heß sammelte bei der westdeutschen Schwerindustrie. Fritz Thyssen Vorsitzender des Aufsichtsrates der Vereinigten Stahlwerke, erklärte sich bereit, einen holländischen Kredit in Höhe von 300000 Reichsmark zu beschaffen und für die Rückzahlung zu bürgen. Hitler rief am 28. Mai alle Nationalsozialisten auf, für den Erwerb der neuen Parteizentrale pro Kopf zwei Mark zu stiften, als Gegenleistung gab es eine Bronzeplakette, auf die das Braune Haus geprägt war. Am 5. Juli 1930 wurde das Haus erworben. Hitler ließ es nach Plänen seines Architekten Paul Ludwig Troost umbauen, Detailzeichnungen und Möbelentwürfe fertigte er selbst an. Gern besuchte er Troost in seinem Architekturbüro in der Theresienstraße, und bei seinen Plänen beeinflußte ihn wieder eine Frau. Die Gattin des Architekten, Frau Gerdy Troost, Innenarchitektin, wurde Hitlers Beraterin und nach Troosts Tod auch seine Mitarbeiterin. Hitler ließ das »Palais Barlow« vereinfachen. Von der Innenausstattung blieb nur die Decke, der ganze überladene Wandschmuck, teils geschnitzt, teils aus Gips, wurde entfernt. Nur die Renaissance-Schnitzereien aus den achtziger Jahren blieben erhalten. Die prunkvollen Lüster wurden beseitigt und

alte, einfache, die sich im Speicher des Hauses fanden, wieder aufgehängt. Die übergroße Höhe der Räume wurde durch einfache, eingezogene weiße Decken vermindert. Hitler war in dieser Münchner Zeit täglich bei den Bauarbeiten. Ein großer Saal wurde zum »Senatorensaal«. Allerdings hat er nie »Senatoren« ernannt, nie wurden die roten Ledersessel benutzt, und ebensowenig fand je eine Zusammenkunft im Mosaiksaal statt. In der Halle wurde eine Bismarckbüste aufgestellt, um sie herum wurden die Fahnen, in der Mitte die Blutfahne mit den dunkelroten Blutflekken der Toten des 9. November 1923 drapiert. In seinem Arbeitszimmer hing ein Bild des preußischen Königs Friedrich II., gemalt von dem zeitgenössischen Künstler Graff. Hitler nahm es, als er in die Berliner Reichskanzlei umzog, mit, auch in den Bunker tief unten in Berlin begleitete es ihn. Kurz vor seinem Tod übergab er es seinem Piloten Hans Baur, um es zu bergen. Nach Baurs Verwundung und Gefangenschaft ging es verloren. Fridericus Rex, das war Hitlers Idol. Er kannte Sanssouci, wo sich Friedrich mit Voltaire unterhalten hatte; die Fahnen der Partei wurden an Friedrichs Sarg in der Potsdamer Garnisonkirche geweiht, und am liebsten hätte Hitler Friedrichs Wunsch erfüllt und die sterblichen Überreste des Königs in der Nähe des Schlosses Sanssouci bei seinem Windspiel Biche beisetzen lassen.
Wenn Hitler sich in den frühen Jahren in Berlin verabredete, hieß es, wie es Putzi Hanfstaengl notierte: »Also Treffpunkt morgen um zehn Uhr im Zeughaus, im ersten Stock an der Glasvitrine mit dem Uniformrock Friedrichs des Großen.«

Am 25. Januar 1942 befand sich Hitler in seinem Hauptquartier »Wolfsschanze« nahe Rastenburg in Ostpreußen. Es war winterlich, und er haßte den Schnee. Bei der abendlichen Tafelrunde mit seinen Männern wurde er gesprächig, und wie er es wollte, wurden seine »Tischgespräche« mitstenografiert. Die meisten dieser Aufzeichnungen gingen in den Kriegswirren verloren, aber die Gespräche eines gutes Jahres, die sich »um Gott und die Welt« drehten, sind erhalten und bilden ein historisches Dokument. Hitler erinnerte sich in diesen dunklen Winternächten an das Schöne, Leuchtende aus seinem Leben. So ist es notiert: »Im ›Bayrischen Hof‹ [Münchner Hotel] war ich einmal bei einer Festlichkeit, der viele schöne Frauen Glanz gaben. Da trat eine Frau herein, so schön, daß neben ihr alles verschwand. Schmuck trug sie nicht. Es war Frau Helen Hanfstaengl. Bei Erna Hanfstaengl habe ich sie dann mit Mary Stuck zusammen gesehen.

Drei Frauen, eine schöner als die andere – das war ein Bild! Auch in meiner Zeit in Wien habe ich viele schöne Frauen gesehen!«

Helen Hanfstaengl war die junge amerikanische Frau des Pressechefs Ernst Sedquick Hanfstaengl, Tochter des Bremer Kaufmanns Niemeyer.

Hitler gab seinen Mitarbeitern oft andere Namen. So nannte er Hanfstaengl – Dr. Pienzenauer, weil er in der Pienzenauerstraße wohnte, oder einfach Hanf.

Die zweite der schönen Frauen, an die sich Hitler erinnerte, war Erna Hanfstaengl, die Schwester Ernst Hanfstaengls. Eine wirkliche Grande Dame, originell, großzügig. Schon als Fünfjährige war sie eine Schönheit, wurde von Lenbach, Kaulbach, Defregger gemalt, einmal sogar nackt, in Anwesenheit der Gouvernante. Ihre Kinderkleider kamen aus Paris, sogar die weißen Schürzchen, die kleine Mädchen damals tragen mußten. Sie war eine der ersten emanzipierten Frauen, radelte in weißen Kniehosen durch die Stadt und fuhr eines der ersten Autos. 1923 lernte sie Hitler kennen. Sie kam aus Amerika. Inmitten New Yorks hatte der Kunstsalon Hanfstaengl seinen Platz, und es gab kaum einen weltberühmten Menschen, mit dem sie nicht zusammengetroffen war. Sie hatte in den USA für karitative Zwecke Geld gesammelt, kannte den reichen James Löw, hatte mit Pierpont Morgan in der Loge der Metropolitan Opera gesessen. Auch mit Churchill war sie befreundet ebenso wie mit Emil Nolde und Max Beckmann.

Um die Jahrhundertwende war das Haus Hanfstaengl einer der glänzendsten gesellschaftlichen Mittelpunkte Münchens. Von Richard Strauss bis Thomas Mann, von Franz von Stuck bis Arturo Caruso traf sich hier alles bei festlichen Soireen. Aber kurz nach dem Ersten Weltkrieg gab es kein Gesellschaftsleben mehr, und der liebenswürdige Charme Münchens wurde abgelöst von einer grauen Öde, die nichts von der Heiterkeit verriet, die hier die Menschen beflügelt hatte.

Da kam 1921 Putzi Hanfstaengl mit seiner Frau Helen und dem kleinen Sohn Egon in das schöne Haus an der Pienzenauerstraße und brachte neues Leben mit.

Durch amerikanische Journalisten wurde Hanfstaengl auf Hitler aufmerksam, sie wollten ein Interview. Hitler hatte, wie Hanfstaengl es nannte, »die richtige Melodie auf der Zunge«, die die hungrigen Deutschen 1921 hören wollten. National und sozial! So kam Hitler in das Haus Hanfstaengl.

Die junge Frau faszinierte ihn, er nannte sie die schöne Helena, spielte mit dem kleinen Sohn und genoß die Gastfreundschaft im Haus Tiefland. Hanfstaengl war ein begnadeter Pianist. Wenn Hitler schlechte Laune hatte, spielte er ihm vor. Zu zweit konnten sie das Vorspiel zu Wagners »Meistersingern« pfeifen, und beide hatten Spaß an dem Duett. Hanfstaengl traf immer Hitlers musikalischen Nerv. Er wußte, wie man Hitler beruhigen konnte, durch Musik, er war dann strahlend optimistisch und sagte: »Sie sind das reinste Orchester, Hanfstaengl!« Hitler hörte zu, wenn Hanfstaengl die amerikanischen Sousa-Märsche spielte; Putzi spielte den Marsch der Universität Harvard und erzählte, wie die Zuschauer zu Tausenden rhythmisch im Chor »Harvard, Harvard, Harvard – rah, rah, rah« dazu brüllten, um die anderen anzufeuern. Hitler war beeindruckt von Hanfstaengls Vortrag und rief begeistert aus: »Das ist ja genau, was wir brauchen!« So wurde aus dem Harvard Ruf das »Sieg Heil, Sieg Heil, Sieg Heil!«, und es war ein von Putzi komponierter Marsch, mit dem die Braunhemden zehn Jahre später siegreich durchs Brandenburger Tor marschierten.

Aber noch war Kampfzeit. Hitler beobachtete andere Staatsmänner. Kemal Atatürk war die politische Erneuerung 1920 gelungen,

Mussolinis Marsch auf Rom am 28. Oktober 1922 war ein Erfolg geworden, nun wollte Hitler die Macht an sich reißen. Am 9. November 1923 marschierte er mit seinen Kampfgenossen, mit Göring und General Ludendorff und einem Fahnenträger an der Spitze zum Marienplatz. Überall wurde der Zug mit Jubel begrüßt, der Marienplatz war voller Menschen, die vaterländische Lieder sangen, vom Rathaus wehte das Hakenkreuzbanner, der Zug bog zur Dienerstraße ein, und als die Marschierer die Stelle zwischen Feldherrnhalle und Residenz erreicht hatten, kam es zu dem Massaker. Die Landespolizei hatte sich postiert, um den Zug zu stoppen. Ulrich Graf, der neben Hitler ging, rief: »Ihr werdet doch nicht auf General Ludendorff schießen!« (Eben jener Ulrich Graf wurde bei der Schießerei schwer verwundet, später war er der Ausbilder von Hitlers Schäferhunden.) Für den Bruchteil einer Sekunde waren alle wie erstarrt, aber dann löste ein Pistolenschuß eine Salve aus, die Hitlertruppen erwiderten das Feuer, und es entspann sich ein heftiger Feuerkampf. So endete dieser Marsch mit einem Fiasko. Menschen lagen in ihrem Blut, Herr von Scheubner-Richter, der Hitler untergehakt hatte, war tödlich getroffen und riß Hitler im Sturz mit sich. Nur Ludendorff schritt, als wäre er unverwundbar, geradeaus. Er war voll Zorn, man hatte auf ihn, den Feldherrn, geschossen. Hitler lag zwischen den Toten, sein Arm war ausgerenkt, sein Schlüsselbein gebrochen. Christian Weber und der Arzt Dr. Schultze brachten ihn in Sicherheit, sie fuhren mit ihm aufs Land, nach Uffing am Staffelsee, in das Haus Hanfstaengl. Und wieder war es eine Frau, die Hitler half: Frau Hanfstaengl. Er erhielt Unterkunft und Hilfe. Aber man suchte Hitler. Zwei Tage später klopfte Oberleutnant Belleville am Hanfstaenglhaus in Uffing, eine Dame öffnete ihm. Belleville stellte sich vor, er war in Polizeibegleitung. Frau Hanfstaengl bat ihn, erst allein einzutreten. Nun hätte der Oberleutnant Belleville wohl der Meinung sein können, in eine Falle geraten zu sein, aber er kam der Aufforderung nach. Frau Hanfstaengl führte ihn wortlos zu einer Tür, blieb dann einen Augenblick stehen und sah

Belleville an, dann öffnete sie die Tür und sagte: »Bitte!« In dem Zimmer stand in einem weißen Pyjama Hitler mit dem bandagierten Arm. Es fiel Belleville schwer, Hitler zu verhaften, er hatte seit 1920 mit ihm zusammengearbeitet. Hitler starrte ihn wie geistesabwesend an. Auf die Ankündigung Bellevilles, daß er gekommen sei, um ihn zu verhaften, streckte ihm Hitler die Hand entgegen und stellte sich zur Verfügung. Belleville half ihm beim Ankleiden. Sie stiegen in den LKW, der sie in die Haftanstalt, in die Festung Landsberg am Lech, brachte.

Die dritte der schönen Frauen, an die sich Hitler im FHQ erinnerte, war Mary Stuck, die Tochter des Malers Franz von Stuck. Im Jahre 1928 war der Maler Franz von Stuck gestorben. Er war der letzte der drei berühmten Malerfürsten – Kaulbach – Lenbach – Stuck –, die München zur Kunststadt machten und in ihren selbstgebauten Palästen residierten. Im Maleratelier der berühmten Stuckvilla wurde er in »antiker, römischer Gewandung« aufgebahrt. Im Schwabinger Friedhof nahm man Abschied vom letzten Künstler aus Münchens großen Tagen. Zwanzig Kunststudenten hielten Wache mit brennenden Fackeln. Der Trauermarsch aus der »Götterdämmerung« wurde gespielt.
In der »Römischen Villa« wohnte nun Mary. Das Haus an sich ist ein Kunstwerk und eine ganz eigene Schöpfung Stucks. Gerne hätte Hitler dieses Gebäude gekauft, es war ein Haus nach seinem Geschmack, wenn er von der Innenstadt in seine Wohnung am Prinzregentenplatz fuhr, führte ihn der Weg an der Villa vorbei. Studenten hatten zu Stucks 50. Geburtstag einen Fackelzug veranstaltet, und Stuck hatte auf dem Balkon die Ehrung entgegengenommen. Hitler kannte das leuchtende Bild, das von der nächtlichen Szene existiert. Gerade der Balkon reizte ihn, er wäre für seine Zwecke geeignet gewesen.
Durch Heinrich Hoffmann lernte er Mary kennen. Hoffmann hatte Stuck schon 1911 fotografiert. Er lehrte auch Stuck das Fotografieren, denn Stuck fotografierte seine Modelle. Er war, wie mancher

Maler seiner Zeit, auch ein bedeutender Fotograf. Hitler war oft Gast in der Stuckvilla. Aber Mary wollte das Haus nicht verkaufen. Auch den letzten Abend, ehe Hitler zum Polenfeldzug aufbrach, verbrachte er im Musiksalon des Hauses. In dem gewaltigen Raum mit den Gobelins sang Viorica Ursuleac, die berühmte Marschallin aus dem Rosenkavalier, Lieder von Richard Strauss, Clemens Krauß begleitete sie am Flügel. Im großen Saal standen Stucks Meisterwerke – »Der Wächter des Paradieses«, Mary als Torero, Mary im Roten Stuhl und die wirklich lebende Mary.
Die Zeit Hitlers war nicht so sehr die Zeit der hübschen Mädchen, es war die Zeit der schönen Frauen.

Als Hitler mit Putzi Hanfstaengl und Dietrich Eckart von Berlin nach München fuhr, stattete er Bayreuth einen Besuch ab, um die Familie Wagner kennenzulernen. Aber Siegfried und Winifred waren verreist. Putzi machte den Vorschlag, wenigstens das Festspielhaus zu besichtigen. Auf der Bühne stand noch immer die Dekoration zum »Fliegenden Holländer« so, wie sie bei Kriegsausbruch 1914 stehengeblieben war. Hier fand Hanfstaengl in Hitler einen aufmerksamen, dankbaren Zuhörer, der das Wissen, das er ihm mitteilte, ehrfürchtig in sich aufnahm.
Bald darauf lernte Hitler Siegfried und Winifred kennen. Für Hitler war Richard Wagners Musik Trost und Zuflucht. Daß er nun mit den Nachkommen Wagners zusammenkam, war die Erfüllung eines Jugendtraumes.
Auch den erblindeten und fast gelähmten Kulturphilosophen Houston Stewart Chamberlain traf er im Haus Wahnfried, und er las Chamberlains Buch »Die Grundlagen des XX. Jahrhunderts«. Der zarte alte Mann, der seit Jahren nicht mehr schlafen konnte, erzählte, daß er nach einem langen Gespräch mit Hitler zum erstenmal wieder tief geschlafen habe. Chamberlains Wort »... daß Deutschland in seiner tiefsten Not einen Hitler gebiert, bezeugt seine Lebendigkeit«, wurde oft gebraucht und zitiert.
Auch die »Herrin von Bayreuth«, die Witwe Richard Wagners,

Cosima, lernte Hitler kennen. »Hitler nahm mich damals als Kind mit – und ich hörte die Musik und ging auch im weißen Kleid unter den festlichen Menschen, am Grünen Hügel. Hitler liebte die vier Kinder Winifreds. Er bat meinen Vater, die Mädchen zu fotografieren, er sagte, sie seien schön wie die Profile auf antiken griechischen Münzen.«

Als Hitler mit Winifred bekannt wurde, war sie 27 Jahre alt. Sie vereinigte in sich alle Vorzüge, die er an einer Frau schätzte.

Sie war eine geborene Engländerin und Adoptivtochter von Karl Klindworth. 1914 kam sie kurz vor Kriegsausbruch nach Bayreuth und heiratete Siegfried Wagner.

Wenige Monate nach Hitlers Besuch in Bayreuth erfuhr man von Hitlers mißglücktem Putsch in München. Viele seiner Freunde rückten von ihm ab, aber Winifred bekannte in einem »offenen Brief«: »Ganz Bayreuth weiß, daß wir in freundschaftlichem Verhältnis zu Hitler stehen.«

Als Hitler gefangen in der Festung Landsberg saß, schickte sie ihm Pakete, und nach seiner Freilassung besuchte sie ihn in München. Er mußte seinen Kampf von neuem beginnen. Immer waren es die Frauen, die ihm aufs neue Mut machten. Die Beziehungen zum Haus Wahnfried wurden enger. Nun übernachtete er dort, und im Sommer 1925 besuchte er die Festspiele. Noch war er nichts weiter als ein revolutionärer Politiker, er spurte, daß seine Anwesenheit eine Belastung für Wagners Werk und die Familie darstellte, und beschloß: »Erst, wenn ich wirklich in der Lage bin, dem Werk Richard Wagners zu helfen, werde ich wieder nach Bayreuth kommen.«

Er hielt sein Versprechen. Acht Jahre lang, bis er Reichskanzler wurde, erschien er nicht mehr bei den Festspielen. Für die Kinder Wolfgang, Wieland, Friedelind und Verena war er dennoch »Onkel Alf«. Winifred und Siegfried besuchten ihn in seiner Münchner Wohnung.

1930 starb Siegfried Wagner. Als Hitler von seinem Tod erfuhr, telefonierte er sofort mit Winifred, um ihr sein Mitgefühl auszusprechen. In seinem Testament hatte Siegfried Wagner verfügt, daß seine Frau Winifred die Leitung der Festspiele übernehmen sollte, aber er stellte eine Bedingung: Sie durfte nicht wieder heiraten. Niemand weiß, ob hinter dieser Bedingung nicht die Angst vor einer Ehe Winifreds mit Hitler stand.

Winifred hatte nun eine enorme Aufgabe zu bewältigen: Sie mußte die Festspiele auf internationaler Höhe halten. Zwei weltberühmte Künstler standen ihr zur Verfügung: Arturo Toscanini und Wilhelm Furtwängler!

In diesen Jahren wechselten Hitler und Winifred Wagner viele Briefe. Sie wußte von seinen Niederlagen und Verzweiflungsstunden. Er war über ihre finanziellen Schwierigkeiten, mit denen das Haus Wahnfried immer zu kämpfen hatte, informiert.

Als Hitler 1933 Reichskanzler wurde, schienen alle Sorgen gebannt. Winifred gratulierte ihm persönlich und besuchte ihn in der Reichskanzlei in Berlin. Sie setzte durch, daß weiterhin jüdische Sänger in Bayreuth singen durften. Ja, sie meinte ihn erziehen zu können und wollte verhindern, daß er Fehler beging.

Hitler machte einen Gegenbesuch in Bayreuth.

> Winifred empfing ihn auf der Treppe vor dem Haupteingang der Villa. Sie gingen ins Innere des Hauses. In der Bibliothek, die er zehn Jahre vorher still und andachtsvoll durchwanderte, blickte er strahlend auf Winifred Wagner und sagte laut und aufgeräumt: »Hier haben Sie mich vor genau zehn Jahren zum erstenmal empfangen. Damals hatte ich nicht geahnt, daß es noch so lange dauern würde, bis ich zur Macht käme. Wäre der Putsch im November 1923 nicht mißlungen, wäre alles anders. Ich stand damals im richtigen Alter. Jetzt bin ich zu alt. Ich habe zuviel Zeit verloren. Nun muß ich mit doppelter Geschwindigkeit arbeiten.
>
> Ich werde zweiundzwanzig Jahre an der Macht bleiben«, fuhr er fort, »dann werde ich mich zurückziehen können. Aber erst muß ich mehr Macht in die Hand bekommen, damit ich mich nicht von meinem Kabinett stören lassen muß.«

Am Nachmittag besuchte man die Eröffnungsvorstellung der diesjährigen Saison. »Die Meistersinger« unter der Stabführung von Karl Elmendorff wurden aufgeführt, und Richard Strauss dirigierte den »Parsifal« als Ersatz für Arturo Toscanini, der abgesagt hatte.

Am 24. Juli spielte man »Das Rheingold«. Diese verhältnismäßig kurze Oper endete schon gegen halb acht Uhr, und deswegen fand der traditionelle Künstlerempfang immer an einem »Rheingold-Abend« statt. Um die neunte Stunde war dann zum zweitenmal »Große Auffahrt«, nur diesmal nicht zum Festspielhaus, sondern zur Villa Wahnfried. Gastgeberin war Winifred Wagner. Sie hatte auch das Büfett und die Getränke besorgt, die Einladungen verschickt und empfing nun – zusammen mit dem Goebbelsschen Ehepaar – die Gäste.

Es gab große Schwierigkeiten in Bayreuth: Arturo Toscanini wollte, solange Hitler an der Macht war, nicht mehr in Bayreuth dirigieren. Für die Welt war Wagnermusik gleichbedeutend mit Hitlerpolitik.

Wenn der Reichskanzler Hitler nach Bayreuth kam, glich seine Fahrt zum Festspielhaus einem Triumphzug, zu Tausenden warteten die Menschen auf den Straßen. Die Wochenschauen hielten die Szenen im Film fest. Hitler verbot sich Ovationen in Bayreuth. Auf Visitenkarten-Format ließ er folgende Mitteilung verteilen:

»POLITISCHE OVATIONEN GEHÖREN NICHT INS THEATER! 1934«

In Bayreuth wurde an die Teilnehmer der Vorstellungen, denen der Reichskanzler beiwohnte, folgende Mitteilung verteilt:

»Im Auftrag des Kanzlers!

Der Führer bittet, am Schluß der Vorstellungen von dem Gesang des Deutschland- oder Horst-Wessel-Liedes und politischen Kundgebungen absehen zu wollen. Es gibt keine deutlichere Äußerung des deutschen Geistes, als die unsterblichen Werke des Meisters selbst.

Gruppenführer Brückner, Adjutant des Führers«

Des weiteren stand stets auf dem Theaterzettel folgender Satz: »Auf ausdrücklichen Wunsch des Herrn Reichskanzlers wird gebeten, innerhalb des Festspielhauses von Kundgebungen, die nicht dem Werke Richard Wagners gelten, abzusehen! Diese Anordnung des Führers gilt selbstverständlich sinngemäß auch für die anderen Theater und verdient deshalb genaueste Beachtung. Diese klare Bekanntgabe der Stellungnahme des Reichskanzlers war um so notwendiger, als noch vor ganz kurzer Zeit die Leitung eines anderen großen Theaters selbst in dieser Frage durchaus anderer Meinung gewesen zu sein schien und der Leiter dieses Theaters selbst am Schluß einer großen Wagner-Vorstellung eine Ovation für den Führer veranlaßte.«

(*Lübecker Generalanzeiger,* 11. August 1934)

Hitler bat Winifred, ihn bei einer außenpolitischen Aktion zu unterstützen. Er holte sie – die geborene Engländerin – in die Reichskanzlei, anläßlich eines Besuches des englischen Außenministers Sir John Simon sowie des Lordsiegelbewahrers Eden. Er wollte den Engländern zeigen, daß er kein wilder Diktator war, sondern ein Politiker, mit dem eine weltgewandte überlegene Frau befreundet war.

Hitler versuchte, Winifred für seinen Plan zu gewinnen: Als Krönungsgeschenk für König Eduard wollte er in London vom Bayreuther Ensemble den »Lohengrin« aufführen lassen. Nur mit Mühe konnte sie ihn von diesem Vorhaben abbringen. Als Mussolini und sein Schwiegersohn Graf Ciano am 25. September 1937 nach München kamen, machte Hitler im Haus der Kunst Winifred mit Benito Mussolini bekannt, sie empfand sofort Sympathie für den italienischen Staatsmann.

Nach Kriegsbeginn bemühte sich Hitler, die Festspiele weiter stattfinden zu lassen. Er bestimmte, daß nun verwundete Frontsoldaten vom General bis zum Grenadier die feudalen Gäste der Friedenszeit ersetzten.

Friedelind Wagner ging ins Ausland, schrieb ein Buch, in dem sie ihre Mutter Winifred und ihre Freundschaft zu Hitler angriff, das

Buch hieß »Nacht über Bayreuth«. Immer schon hatte Hitler die graziöse schöne Verena der egozentrischen Friedelind vorgezogen, nun nahm sie Rache.
Noch einmal kam Hitler nach Bayreuth. 1939 auf der Rückreise vom Frankreichfeldzug machte sein Sonderzug überraschend in Bayreuth halt. Der Kanzler wollte noch einmal die verehrte Frau sehen, noch einmal die »Götterdämmerung« hören. Es war ein Abschied für immer.
Nach der Meldung von Hitlers Tod im Radio ertönte der letzte Akt der »Götterdämmerung«.

III.

Geli

Im Jahr 1928 mietete Hitler die große, neun Zimmer umfassende Wohnung in München am Prinzregentenplatz 16. Ein diskretes kleines Messingschild war an der Wohnungstür: Adolf Hitler. Das große graue, immer im Schatten hoher Bäume stehende Eckhaus war ganz in der Nähe des Prinzregententheaters, das er oft besuchte. Wenn er zu Fuß nach Hause ging, kam er am Denkmal Richard Wagners vorbei.
Er engagierte das Dienerehepaar Winter. Winter war ein ehemaliger Unteroffizier, der im Haushalt des bayrischen Generals Franz Ritter von Epp beschäftigt gewesen war, jenes Generals von Epp, der mit seinen Oberlandlertruppen 1919 hoch zu Roß am Münchner Stachus erschienen war und die Räteherrschaft beendete. In meiner Erinnerung ist Epp ein fröhlicher Mann mit sonnengebräuntem Bergsteigergesicht und immer tadellos weißen Glacéhandschuhen. Frau Winter war eine ehemalige Zofe der Gräfin Törring, außerdem eine ausgezeichnete Köchin. Wenn ein größeres Essen stattfand, kochte Frau Winter, Kammerdiener Winter servierte auch. Als Winifred und Siegfried Wagner Hitler in seiner Wohnung besuchten, bewunderten sie den tadellos funktionierenden Haushalt; sogar mein Hochzeitsessen fand in dieser Wohnung statt, und viel später, als Hitler Daladier, Chamberlain und Mussolini das historische Frühstück gab, bediente Winter.
Seine frühere Vermieterin, Frau Reichardt, und deren Mutter, Frau Dachs, hatte Hitler auch zu sich genommen, so daß er sich von nun an um »seine Familie« kümmern konnte.
Zu dieser Familie gehörte zuallererst seine Stiefschwester Angela,

die ihn als kleinen Buben zur Volksschule nach Fischlham begleitet hatte. Angela war mit dem Beamten Raubal verheiratet gewesen, der früh starb. Sie lebte mit ihren drei Kindern in Linz: einem Sohn, der nach dem beliebten österreichischen Schutzpatron Leo benannt wurde, einer kleinen, schüchternen Tochter, Friedl, und einer älteren, Angela, die von allen Geli genannt wurde. Leo befand sich in der Ausbildung, er sollte Lehrer werden. Die Schwester Angela zog auf Hitlers Wunsch ins Haus Wachenfeld (das später zum Berghof ausgebaut wurde), um dort den Haushalt zu führen. Die neunzehnjährige Geli kam zum Onkel nach München.

Die Möbel in Hitlers Wohnung am Prinzregentenplatz waren groß, dunkel und streng, vom Architekten Troost entworfen und von den Vereinigten Werkstätten hergestellt. Große Stehlampen mit seidenbespannten Lampenschirmen im Geschmack der Zeit schmückten die Räume, im Vorplatz hingen in dunklen Rahmen Stiche des Italieners Piranesi, romantische Ruinen mit weidendem Vieh davor, Stiche nach Bauten des Palladio. Er war einer der Baumeister der italienischen Renaissance, die sich Hitler für viele seiner Bauten zum Vorbild nahm. Im Zimmer hingen Bilder der »Münchner Schule«, kleine, liebevoll gemalte bayrische Voralpenlandschaften, Bilder von Löwith, Grützner und Heinrich Zügel. Ein Bild zeigte ein Kellergewölbe mit Mönchen bei einer Weinprobe, ein Mönch, gekleidet wie Falstaff, hielt ein Glas mit goldfunkelndem Wein dem Beschauer entgegen.

Die Wand in Hitlers Arbeitszimmer, dicht bei seinem Schreibtisch, zierte eine Kostbarkeit, ein ganz deutsches Bild: ein früher Kupferstich von Albrecht Dürer: Ritter, Tod und Teufel. Ein ernster Ritter in Eisen reitet durch einen Wald, ein Hündchen springt neben ihm, ein schrecklicher Teufel, ein grinsender Tod wollen den Reiter ablenken, aber er läßt sich nicht beirren, er hat ein Ziel. Hitler sagte einmal, daß ihm das Bild Mut mache. In Nietzsches Schlafzimmer hing der gleiche Kupferstich.

Weitere beeindruckende Bilder in der Wohnung waren: Lenbachs »Bismarck in Kürassieruniform«; eine Version von Stucks

»Sünde«; Anselm Feuerbachs »Parklandschaft« und eine Radierung von Menzel »Friedrich der Große in der Garnisonkirche in Potsdam, mit blaugetupftem Taschentuch«.
In dieser perfekten Wohnung gab es Regale aus feinen Hölzern mit Büchern. Die Wohnung war düster, aber die Räume waren groß und hoch, und das gefiel Hitler. Er sagte, daß er sein bisheriges Leben nur in Schützengräben, in Kasernenstuben und engen Kammern verbracht habe, in denen er nicht einmal habe herumgehen können, er meinte, daß der Mensch, um sich entfalten zu können, Platz brauche.
»Man stelle sich nur Cäsar in einer engen, muffigen Stube vor: lächerlich!«
Alles, was Hitler später baute, war großzügig, große Räume waren durch Stufen unterteilt, um dem Menschen Gelegenheit zu geben, sich zu bewegen. Ja, er meinte, in großen Räumen würde der Mensch schöner, er bekäme einen anderen Blick.
Ein Zimmer der Wohnung aber war hell, mit ganz modernen Möbeln. Das war Gelis Zimmer.
Das Mädchen war groß, heiter und selbstbewußt. Ihr Reiz war nicht fotografierbar, keines der Bilder, die mein Vater von ihr gemacht hat, gab ihn wieder. Sie hatte, was Hitler an Frauen schätzte: Mut und Verstand – und, wie Hitler erkannte, den Gesichtsausdruck der »Sphinxen vom Oberen Belvedere zu Wien«: heitere Entschlossenheit. Weinen durften wir nie; ich bekam mein erstes Fahrrad nur unter der Bedingung: Nicht heulen, wenn du damit hinfliegst!
So ziemlich alle Biografen Hitlers schreiben, wenn sie das tragische Schicksal Gelis behandeln, sie sei »ein üppiges oberösterreichisches Landmädchen gewesen«, aber keiner dieser Männer hat sie gekannt. Sie war Linzerin, und die Frauen von der oberen Donau – die oberösterreichischen Mädchen – sind wegen ihrer Schönheit berühmt.
Hitler sagte, es hätten sich nordwärts ziehende Griechen schon vor Jahrtausenden hier niedergelassen, denn nur in Oberöster-

reich fände man das griechische Profil, die oberösterreichische Physiognomie habe sich hier am reinsten erhalten. Die Linzerin sei sanfter, feiner, zarter als die Wienerin.
Mein Vater hat einmal alle Lobpreisungen der Linzer Frauen in seiner Zeitschrift veröffentlicht, um Hitler damit zu erfreuen, und ich gebe sie hier wieder:
»Schon in den Reisebeschreibungen von 1515 wurden die Frauen an der oberen Donau wegen ihrer Schönheit und reizvollen Tracht gepriesen. Das Frauen verehrende 18. Jahrhundert führt 1758 den Schriftsteller Weckherlin nach Linz, und er erkennt: ›Der glückliche Himmel ists, unter dem die schönen Linzerinnen wachsen, sie haben das griechische Profil...‹
Im Jahr 1781 kam der Berliner Friedrich Nicolai nach Linz, und auch er zerschmolz vor dem Liebreiz der Linzerinnen: ›Ich habe nirgends so wie hier lauter schön gewachsene Frauenzimmer ohne Ausnahme gesehen.‹ 1778 hat einen Sachsen namens Dreißig die Linzerin entzückt: ›Die Umrisse des Körpers sind durchgehend so voll und sanft ineinanderfließend, Fuß und Hand so völlig mit dem übrigen Körper. Seit ich die Linzerinnen gesehen habe, finde ich in meinem Leben wenig mehr, das ich schön nennen möchte! Und 1794 wird die griechische Schönheit von Joachim Schulz beschworen: ›Das Linzer Blut ist berühmt, nicht ohne Grund, man findet häufig ganz griechische Umrisse‹, und so geht es weiter, der Dichter Schütze aus Weimar stimmt 1817 das schönste Preislied auf die Linzerin an: ›Noch nie hatte ich so reizend schlanke, so zauberisch schöne, königlich aufstrebende, in der süßesten Anmut regsame Gestalten gesehen, in den Straßen, in den Gasthöfen. Der schöne Wuchs ist ein Erzeugnis des Klimas, der Luft.‹ ›Der Himmel um Linz ist so mild, die Gegend so himmlisch, daß das Einfluß haben muß auf die Bildung der Linzerin, ich habe sie nicht nur im Vorübergehen kennengelernt, sie sind mit Recht berühmt.‹
Auch der gewaltige Bismarck konnte sich dem Reiz der Linzerin nicht entziehen, in seinen Erinnerungen schreibt er, daß sie größer und schlanker sei als die Friesin

Der größte von allen aber, der dem Zauber der Linzerin erlegen ist, war Goethe. Auf dem Gipfel des Ruhms, von Frauen umschwärmt, hat er sein Herz der Linzerin Marianne von Willemer zugewandt. Goethe war nie in Linz, aber die Verse der Linzerin gingen in sein Werk ein.«

Geli konnte etwas. Geli konnte singen. Das ist in Österreich selbstverständlich, man singt, wenn man abends zusammenkommt; viele können ein Instrument spielen. Geli aber hatte »eine Stimme«, eine Stimme, die man ausbilden konnte. Sie erkannte die Chance, einen so berühmten Onkel zu haben, der sie nicht nur vergötterte, sondern auch die Mittel hatte, sie lernen zu lassen. Eine Ausbildung wäre mit der kleinen Rente der Mutter unmöglich gewesen. Was lag also näher, als daß der Onkel, der ohnehin besessen war von Musik, der jede Gelegenheit nutzte, eine Opernaufführung zu hören, der mit der Familie Wagner in Bayreuth befreundet war, der als junger Bursch in Wien mit seinem Freund eine Oper zu schreiben begann, daß dieser Onkel seine Nichte zur Sängerin ausbilden ließ! Der berühmte Kapellmeister Vogel gab ihr Unterricht, auch Hans Streck, ehemaliger Adjutant Ludendorffs, war einer ihrer Lehrer.

Hitlers Wohnung war wie geschaffen für eine übende Sängerin, diese Wohnung war so still, so stumm, Geli konnte richtig oder falsch singen, die Türen waren so dicht, die Mauern so dick, es störte niemanden.

»Willst du wirklich eine Sängerin werden?« fragte ich sie, »so auf der Bühne stehen und jede Note auswendig können und dann so tun, als ob man stirbt, und wenn dann der Vorhang fällt, wieder herauskommen und sich verbeugen, wenn die Leute klatschen?«

»Sicher«, erwiderte sie, »das ist doch wunderbar, wenn man so viele Leben leben kann, man kann Salome sein und den Kopf des Jochanaan fordern auf einer silbernen Schüssel, nur, weil man den Mund des Jochanaan küssen will, oder man kann Walküre sein, auf dem brennenden Felsen, oder Isolde, die aus Liebe stirbt.«

Nun also, 1928, führte Hitlers Schwester Angela Raubal den Haushalt auf Haus Wachenfeld, und wenn Hitler von München aus mit einem Wagen voller Gäste zum Obersalzberg fuhr, rief er sie vorher an, so daß, wenn er mit seinem Troß ankam, ein wunderbares Essen fertig war. Auf dem Bauerntisch lagen Decken aus weißem Leinen mit gestickten doppelköpfigen roten Adlern darauf, auch die Servietten waren aus Leinen, alles war blank und behaglich. So glücklich hatte er noch nie gelebt.

Angela war eine gütige, sympathische Frau, eine Meisterin im Herstellen von österreichischen Spezialitäten. Sie konnte den ganz luftigen, leichten Blätterteig herstellen, die zimtbestreuten Zwetschgenbavesen, den lockeren Mohnstrudel, die duftenden Vanillekipferl, alle verführerischen Sachen, die ihr Bruder so gern aß, und von denen ich auch, sicher undankbar, mitgenoß.

Das kleine Haus Wachenfeld hatte eine Holzveranda, auf der gefrühstückt wurde. Blieben Brösel auf dem Tisch zurück, kamen große, schwarze Bergdohlen und pickten sie auf. Mit Pinienkernen lockten wir die Dohlen ins Zimmer. Einmal kam eine Dohle mit gebrochenem Flügel. Sie blieb und wurde von Geli dressiert. Sie brachte ihr bei, ein kleines rotes Tuch, das sie sichtbar zwischen die Bücherwand geklemmt hatte, auf einen Lockruf hin mit dem Schnabel herauszuziehen und ihr zu bringen. Die Dohle trug also das rote Stückchen Stoff im Schnabel und flatterte damit auf den Tisch, hüpfte in kleinen Sprüngen auf Geli zu und legte es vor sie hin. Dann spitzte die Dresseurin den Mund und gab der Dohle einen Kuß, soweit man eben eine Dohle küssen kann. Es gibt auch ein Foto aus jener Zeit, da sitzt die Dohle auf Gelis Knie.

Hitlers Vater war Bienenzüchter, und schon in den frühen Jahren standen im Wald hinter dem Haus Wachenfeld Hitlers Bienenstöcke. Zum Honigschleudern kam ein Imker aus Berchtesgaden, dann ging Hitler in die Küche und sah sich die großen, mit dunklem Bergblütenhonig gefüllten Gläser an. Bienen spielten in unserem Leben auf dem Obersalzberg eine große Rolle. Waldemar Bonsels' »Die Biene Maja« wurde meisterhaft verfilmt, Wilhelm Buschs

»Schnurrdiburr die Bienen« gehörten zu Hitlers Lieblingslektüre. Frischs Erkenntnisse der Bienensprache durch den Bienentanz war ein beliebtes Gesprächsthema. Hitler hielt die Biene für ein kluges und segensreiches Tierchen, um so mehr haßte er die Wespen. Er sagte, sie könnten keine richtigen Waben bauen, sie wären die Feinde der Bienen, sie plünderten Bienenstöcke aus. Wußte er um ein Wespennest, so ließ er es mit dem Gartenschlauch oder Petroleum vernichten. Wenn wir nachmittags zum Tee Honigbrote aßen, lockte der Honig die Wespen an. Da ließ er hohe Flaschen mit Zukkerwasser aufstellen. Die Wespen krochen gierig in die Flaschen, fielen ins Wasser und waren gefangen. »Bienen sind zu intelligent, um in solche Fallen zu gehen«, meinte Hitler.

Einmal beobachtete Rudolf Heß eine solche Wespenvernichtungsaktion, er hatte Mitleid mit einer Wespe und angelte sie wieder aus der Flasche heraus. Das gerettete Insekt flog ihm direkt in den Mund und stach ihn in die Zunge. Die Zunge schwoll an, Heß bekam keine Luft mehr und drohte zu ersticken. Er mußte sofort ins Berchtesgadener Krankenhaus gebracht werden, dort wurde ein Luftröhrenschnitt gemacht. Hitler war besorgt, aber auch amüsiert. »Heß ist einfach zu gutmütig«, stellte er fest, »man sieht ja, was dabei herauskommt.«

Hitler besuchte in der frühen Zeit alle interessanten Kaffeehäuser von Schwabing und den Viktualienmarkt. Es war aber ungewöhnlich, daß an seinem reservierten Tisch Frauen saßen. Meist führte ein intimer Zirkel von Männern politische Gespräche. Als aber Geli 1928 nach München kam, änderte sich das, er nahm sie mit, und sie gewann sofort alle Sympathien. Nun war nicht mehr er der Mittelpunkt, sondern Geli. Sie brachte schlagfertig und mit Witz einen ganz anderen Geist in die einseitige Männerunterhaltung. Sie war eine Zauberin, sie verwandelte Hitler. Als Goebbels nach München kam, schrieb er in sein Tagebuch: »Noch in München, in der köstlichen Stadt. Gestern traf ich Hitler, er lud mich gleich zum Abendessen ein, eine liebliche junge Dame war dabei...« Das war Geli.

Hitler kaufte in diesen Jahren selbst Bücher, er ging gern in Läden, und es zog ihn wie meinen Vater zu den kleinen Antiquitätenhändlern, um nach verborgenen Bilderschätzen zu suchen, ich erinnere mich, daß sie einmal ein altes, verdunkeltes Blumenstilleben fanden. Zu Hause entfernte mein Vater die oberste Farbschicht. Nun kamen die zarten Umrisse von Schmetterlingen hervor, und als er eine weitere Schicht löste, war der ganze Hintergrund voller strahlend bunter Falter. Jeder Kenner weiß, daß ein solcher Zufallsfund der Traum eines jeden Sammlers ist.
Nun aber begleitete Hitler Geli bei ihren Einkäufen. Er folgte ihr in einen Hutladen und sah geduldig zu, wenn sie alle Hüte durchprobierte und sich dann für eine Baskenmütze entschied. Er schnupperte an den raffinierten französischen Parfums, die sie in einem Laden in der Theatinerstraße ausprobierte, und wenn sie in einem Geschäft nicht das richtige fand, trabte er – wie mein Vater es nannte – wie ein geduldiges Lamm hinter ihr drein. Sie übte die süße Tyrannei der Jugend aus, und es gefiel ihm, er wurde froher, glücklicher.

Hitler besuchte mit Geli jede neue Operninszenierung, anschließend traf er sich mit anderen in der Osteria.
Die »Osteria« ist ein feines, kleines Weinhaus in der Münchner Schellingstraße. Es ist um die Jahrhundertwende entstanden, als die Münchner Künstler Italien als zweite Heimat erkannten und auch in München ein Stück Italien haben wollten. Damals hieß sie Osteria Bavaria. Das Lokal sieht heute noch wie eine der italienischen Osterias aus. Auf einem Tisch ist ein riesiger Parmaschinken, Artischocken, ein angeschnittener Gorgonzola und alle Arten von strohumwundenen Weinflaschen zur Schau gestellt. Auf den Tischen stehen heute noch wie in früher Zeit die Grissinistäbchen, das lockere, in Stücke geschnittene Weißbrot. Hier kocht man die Spaghetti, wie Hitler sagte, »genau richtig, nicht zu weich und nicht zu hart«, hier gibt es den roten und weißen Wein, und wie seit Jahrzehnten stehen die Fässer im Keller. In den zwanziger

Jahren kostete der Schoppen, also ein Viertel Wein 33 Pfennig, mein Vater hatte herausgefunden, daß es der reinste und bekömmlichste Wein war, die ganze Tischrunde seiner Freunde bestellte den Wein um 33 Pfennig, und deshalb nannte man sie den Klub der 33. Unsere Wohnung war drei Minuten entfernt, mein Vater führte Hitler in dieses Lokal, und schließlich wurde es Hitlers Lieblingslokal.

Obwohl im Zweiten Weltkrieg unsere kostbarsten Bauten zerstört wurden, Residenz, Oper und Dom ausbrannten – die kleine Osteria blieb bestehen, sogar die Lampe an der Eingangstür, eine große lilablaue Traube, die man von innen her beleuchten kann, um Zecher anzulocken, blieb unversehrt. An den mit dunklem Holz getäfelten Wänden sind Borde, auf denen die großen Vasen aus Gubbio oder Faenza stehen und die riesigen Teller mit den Renaissanceköpfen. Es gibt noch die gleichen Schränkchen, in denen das Besteck aufbewahrt wird, an einer Wand hängt noch immer die Fotografie des Geigers Paganini, die nun schon langsam verblaßt, wie das farbige hölzerne Wappen des Hauses Savoyen, alles ist noch am gleichen Platz.

In einem der Räume befindet sich das altmodische romantische Bild, das den Golf von Neapel zeigt, mit der berühmten Pinie davor, inzwischen mußte die echte Pinie gefällt werden, aber hier, in der Osteria, steht sie immer noch unverwelkt.

Immer noch besteht das winzige Gärtchen, das eigentlich ein Hinterhof war, ein Hof mit rotem Ziegelboden, mit pompejanisch bemalten Wänden. Steinerne Göttinnen und Zentauren, aus Italien mitgebracht, sind in die Wände eingelassen, und hier war »der Tempel«, der eigentlich nur eine Ecke war mit einer umlaufenden Bank und einem runden Tisch in der Mitte und zwei dorischen, rotbemalten Säulen davor. Dies war an Sommerabenden Hitlers Lieblingsplatz, und wen er aufforderte, hier zu sitzen, war sein Gast.

Nur eines fehlt heute im Gärtchen: Ein kleiner roter Marmorlöwe, wie ihn die Italiener gern an die Eingänge ihrer Häuser postieren.

Der kleine Löwe war die Krönung eines Brunnens, der Mittelpunkt des Gartens war. Der Löwe saß in einem Wasserbecken. Im Maul hatte er ein Röhrchen, aus dem ein Wasserstrahl sprang, und das plätschernde Wassergeräusch, das Lachen und Reden der Gäste vereinigte sich zu einem reizenden Lärm, der wilde Wein, der an den Hauswänden emporwuchs, verstärkte die Illusion, in einem wirklichen Garten zu sein; schaute man hoch, sah man die Balkone der Schwabinger Mietshäuser, oft hing die Wäsche an der Leine.

In der Osteria gab es immer reservierte Stammtische. Ein ungeschriebenes Gesetz war, daß man sich wohl kannte und grüßte, aber jeden Stammtisch respektierte. Schon vor dem Ersten Weltkrieg trafen sich hier die Redaktionsmitglieder der besten satirischen Zeitung – des Simplicissimus. Hier saß der Verleger Albert Langen, durch den Knut Hamsun in Deutschland bekannt wurde, neben Ludwig Thoma und Th. Th. Heine, dessen Karikaturen Hitler oft im Simplicissimus sah; es entstanden die witzigen Zeichnungen von Karl Arnold »Wie sieht Adolf wirklich aus?«, und um die Jahrhundertwende saß in diesem Restaurant Otto Julius Bierbaum, dessen Lieder Richard Strauss vertonte, und daneben der wunderlich märchenhafte Rolf von Horschelmann und Wilhelm Busch, und beide haben sich gegenseitig karikiert.

Und von allen, die hier zusammengesessen sind, auch Joachim Ringelnatz, Graf Keyserling, Carl Zuckmayer und Richard Billinger, ist eine geistige Spur zurückgeblieben.

Damals also, in den »Zwanziger Jahren« war der lange Ecktisch im linken Hinterzimmer Hitlers reservierter Tisch. Er hielt »offene Tafel«, und es war immer interessant. Einmal stöberte mein Vater einen handgeschriebenen Brief Ludwigs II. in einem Antiquariat auf. Er legte den Brief – auf knisterndes kostbares Bütten geschrieben – so auf Hitlers Teller, daß man Ludwigs Handschrift erkennen konnte. An diesem Abend kam auch Putzi Hanfstaengl. Er war einer der amüsantesten, gescheitesten Männer an der Tafel. Putzi warf einen Blick auf den Brief und sagte sofort: »Da hat

Ihnen ja der König einen Brief geschrieben.« Hitler las den Brief der ganzen Tischrunde vor.

Im allgemeinen traf man sich eigentlich nach dem Theater. Es war die Zeit der großen Inszenierungen der Münchner Kammerspiele. Wenn Hitler in München war, besuchte er jeden Abend Oper oder Schauspiel, immer Reihe 6 Mitte. Es war aber auch die Zeit der großen Filme, und oft wurde ich ins Kino mitgenmmen.

Einmal, nach einem Western, gingen wir alle noch in die Osteria, an den reservierten Tisch im Hof, um über den Film zu diskutieren. Geli hatte der Hauptdarsteller nicht gefallen.

»Wie soll der Mann aussehen, der dir gefällt?« fragte Hitler, »vielleicht so?« Er ließ sich von Brückner eines der weißen Kartonblättchen geben, die dieser immer bei sich hatte, denn Hitler hatte nie Bleistift oder Geldbörse bei sich, und zeichnete darauf ein Männerprofil, dann schob er die Zeichnung Geli zu. Geli schüttelte den Kopf. Nun entwarf er ein anderes Profil, wieder mißfiel es ihr, schließlich bot er ihr Männer mit Vollbart an, aber immer verneinte sie. »Wie soll denn der ausschauen, den du möchtest?«

Sie sagte: »Das ist doch das Wunderbare, daß man es nicht weiß, wie er aussehen wird, der, den man lieben wird!«

Solche Antworten beunruhigten ihn.

Geli interessierte sich nicht für Politik. Einmal besuchte ich mit ihr eine der großen Versammlungen Hitlers im Circus Krone. Sie betrachtete das phantastische Schauspiel, den Einmarsch, die Standarten mit goldenen Adlern darauf, hörte die Lieder und Jubelstürme der Menschen, als ihr Onkel im dunkelblauen Anzug das Rednerpult betrat. Aber es war doch eine ferne Welt, die ihr da begegnete – fern und fremd. Sie trug kein Abzeichen. Sie wollte leben und froh sein. Vielleicht wurde ihr der Onkel unheimlich.

Einmal gab er ihr einen Rat. Er wollte alle Mitarbeiter und Freunde zu einer großen Schiffsreise einladen, »dann kann man ungestört tagelang zusammen sein«, sagte er. Geli hörte sich das an, dann entgegnete sie – Hitler war immer von Attentaten bedroht –, »und wenn einer eine Höllenmaschine an Bord bringt und

du fliegst mit allen deinen Männern in die Luft, dann ist deine ganze Idee ausgelöscht!« Er dachte nach und befand: »Sie hat recht.« Die Schiffsreise fand nicht statt.
Geli besaß keinen Schmuck, sie trug wie ich eine einfache Kette um den Hals mit einem goldenen Kreuz daran. An meiner Kette hing ein rundes Medaillon mit einem Engel, der ein Kind über einen geländerlosen Steg über einen Abgrund führt.
Auch einen Pelzmantel besaß Geli nicht. Hitler sagte, die schönsten Tiere würden durch die Habgier der Pelzhändler ausgerottet, außerdem habe er als Nichtraucher eine so feine Nase, er könne den Geruch der Pelze nicht ausstehen, und er könne sich nicht mit einer Frau sehen lassen, die einen teuren Pelzmantel trage.
Als ich Geli kennenlernte, war ich ein Kind, aber ich würde ihre Stimme wiedererkennen, und während ich dies schreibe, sehe ich sie, wie sie mit verführerischem Lachen die Arme um Hitlers Hals legt und sagt: »Onkel Alf, fahren wir doch zum Picknick an den Chiemsee«, und meistens erlag er ihren Wünschen.
Unsere Picknicks waren auch wirklich etwas Besonderes.
Damals fuhr meistens Emil Maurice den offenen schwarzen, komfortablen Mercedes. Vorne neben Maurice saß immer Hitler. Oft trugen sie Lederhosen, weiße Leinenhemden und ausgeblichene hellblaue Leinenjanker mit Hirschhornknöpfen.
Auf den mittleren Autositzen, die man herausklappen konnte, saßen mein Vater und Wilhelm Brückner. Brückner war Hitlers Adjutant, ehemaliger Offizier, er war schon mit ihm auf der Festung Landsberg gewesen. Nach dem Krieg war er Vertreter für Sportartikel. Gelis und mein Tennisschläger stammten aus seinen Beständen. Brückner war 1,90 groß und jammerte, daß er nicht wüßte, wie er seine langen Beine unterbringen solle, und Hitler erwiderte, er könne nicht wegen Brückners Überlänge einen Extra-Wagen konstruieren lassen. Wenn Hitlers Pressechef Putzi Hanfstaengl mitfuhr, bekam er den Platz auf den bequemen Rücksitzen, denn auch er war länger als alle anderen.
Meist saßen auf den Rücksitzen wir Mädchen. Geli, Christa

Schroeder, die Sekretärin, Lotte oder Else oder Sofie oder Anni Rehborn, die Meisterschwimmerin, oder ich. Gegen den Wind schützten wir uns mit eng an den Kopf anliegenden Kappen. Im Sommer waren die Kappen aus weißem Leinen, im Winter aus braunem Leder, mit einem kleinen Riemen konnte man sie unter dem Kinn verschließen, wir sahen darin wie Mitglieder einer Expedition aus. Die Kappen wurden von Hitler im Handschuhkasten am Armaturenbrett verstaut. Dort lagen auch Pfefferminz, saure Drops, und in der blau-weiß-roten Packung Bahlsenkeks. Wer darum bat, bekam Drops und Keks.

Hitlers Mäntel aus beigem Wildleder wurden von der Firma van Hees in der Brienner Straße nach Maß hergestellt. Aber immer noch ließ er seine Anzüge beim Schneidermeister Popp in der Schleißheimer Straße 34 machen, dort hatte er 1912 gewohnt. Wenn er sich etwas kaufte, mußte es von bester Qualität sein.

Damals bestand die Autobahn nur als Hitlers Plan (Fritz Todt, der Erbauer der Autobahn, gehörte schon seit 1922 zu Hitlers Mitarbeitern), auch der Volkswagen war als Idee schon in der Festung Landsberg entstanden. Wir fuhren die alte Straße am Chiemseeufer entlang, die uralte Straße, auf der vor Jahrtausenden der Reichtum des Salzburger Landes, das Salz, von den Kelten nordwärts befördert wurde. Hier marschierten die Soldaten des römischen Imperiums, hier haben sich römische Rosse getummelt, vom Süden zum Norden rumpelten die römischen Reisewagen, brachten die ersten Weinstöcke, die ersten Kirschbäume. Ja, die ganze Kultur des Mittelmeerraumes ist über diese alten Straßen gekommen. An die Hauswand des alten Gasthofes in Lambach war die wechselvolle Geschichte dieser Straße gemalt und geschrieben. Gerne kehrten wir hier ein, aber schon in diesen Jahren war Hitler zu populär, um sich oft in den von ihm geschätzten Bauernwirtschaften zu zeigen. Die Menschen kannten seinen Wagen, sie wollten diesen Mann sehen, über den sie täglich in der Zeitung lasen, sie wollten mit ihm sprechen. Das wiederum wollte Hitler nicht, er wollte »ausspannen«, und aus diesem Grund wurden die

Picknicks veranstaltet. Wir hatten mehrere karierte Wolldecken und eine weiße Tischdecke, die auf dem Waldboden ausgebreitet wurde, dabei. In geflochtene, mit Deckeln versehene Körbe hatte Frau Winter alles verpackt, was man zu einem Picknick brauchte: Thermosflaschen mit heißem Kaffee und Tee, gebratene Hühner, sauber in Portionen mit Butterbrotpapier verpackt, Sandwiches mit Käse für Hitler, Sandwiches mit Salami für uns, Apollinaris-Wasser für Hitler und einen großen frischen Apfelkuchen für alle. Vor allem hatten wir einen versteckten Picknickplatz zwischen Wald und See.

Hitler schwamm nie. Er lag im Wald und las. Er sagte, er sei als Junge in Urfahr in der Donau geschwommen, sei aber zu dürr gewesen, um es lang im Fluß auszuhalten, außerdem hätte das Bild Eberts in der Badehose wenig zu dessen Popularität beigetragen. Er zog Schuhe und Strümpfe aus und spazierte mit seinen weißen Füßen im seichten Wasser herum. Dabei suchte er nach flachen, runden Steinen, die er in gebückter Haltung, wie einen kleinen Diskus, schräg übers Wasser warf, so daß sie mit einem scharfen Knall immer wieder auf der glatten Wasseroberfläche aufschlugen und ein Kranz von glitzernden Wassertropfen aufspritzte. Manchmal gelang es ihm, einen Stein zehn- bis zwölfmal aufschlagen zu lassen. »Sicher ist es ein Spiel aus Ur-Zeiten«, meinte er. Einmal fand er einen Stein mit einem versteinerten Vogelfederchen und schenkte ihn mir.

Wenn er seiner Begleitung einen Bauplan erläutern wollte, nahm er einen Zweig und ritzte seinen Grundriß in den feinen weißen Sand.

Wenn er sagte, er würde, wenn er an der Macht wäre, als erstes eine Autobahn von München nach Salzburg bauen, fanden wir das selbstverständlich. Er beschrieb das große Rasthaus, das sein bayrischer Architekt, Degano, hier am Ufer bauen würde. Wenn er mit seinem Zweig die Umrisse einer ganz modernen Universität in den Boden ritzte, hier das geheizte Schwimmbad, hier die Segelschule, hier die Sportanlagen, fanden wir das ausgezeichnet, und

wenn er sagte, in wenigen Jahren würden wir zum Mond fliegen in einer Rakete, die von Hermann Oberth und Max Valier schon geplant sei, zweifelten wir nicht daran. In meinem Jugendbuch war die ganze Rakete, so wie sie heute ist, schon abgebildet.
Wenn ich mir heute eine der alten Fotografien ansehe, wie wir da alle im Wald sitzen, rund um das weiße Tischtuch mit den Thermosflaschen und Bechern, dann erinnere ich mich, wie Maurice seine Gitarre aus dem Kofferraum holte, sich auf den Waldboden setzte und angelehnt an einen Baumstamm die irischen Volkslieder sang und wie wir mitsummten. Dann ersteht diese frühe glückliche Zeit wie eine grüne Zauberinsel aus dem Meer des Vergessens wieder vor mir.
Einmal baute Maurice am Seeufer einen Grill. Ein Fischer in der Nähe hatte frischgefangene Fische angeboten, und wir grillten sie. Wenn Putzi mitfuhr, hatte er dicke Bündel ausländischer Zeitschriften dabei, die wichtigsten Artikel übersetzte er und las sie Hitler vor. Mein Vater schleppte alle frischen deutschen Zeitschriften mit, jeder hatte Lesestoff, und nach dem Essen suchte sich jeder einen Fleck, an dem er schmökern konnte. Hitler las alles, was in sein Programm paßte, auch Leo Trotzkis Lebensbeschreibung, und er fand sie brillant geschrieben. Er sagte, daß er von Trotzki mehr gelernt habe für seine Entwicklung als von irgendeinem anderen.
Wir Mädchen entfernten uns zu einem hinter Büschen versteckten Badeplatz, wir hingen unsere Kleider auf den Schlehenbusch und gingen durch den weichen Sand ins milde Chiemseewasser. Wir schwammen nackt und ließen uns von der Sonne trocknen; wir hatten den Ehrgeiz, ganz braun zu werden. Einmal setzte sich ein Schwarm von Schmetterlingen auf die nackte Geli.
Wir machten uns Kränze aus Erdbeerblättern und setzten sie auf. Für uns war die Welt ein Garten, eine Waldwiese, auf der im Mondschein Feen tanzten und bocksfüßige Faune Musik machten. Wir hielten das Leben für ein Fest, das eben begann. Wir wußten noch nicht, daß die Waldwiese ein Kampfplatz ist, den

man meist als Geschlagener verläßt, wir wußten noch nicht, daß die Welt roh ist, gemein und dumm. Hitler wußte es.

Manchmal fuhren wir im offenen Wagen durch die Sommernächte. Im Dahinsausen sahen wir Sternschnuppen durchs Lilablau zischen. Nur auf Hitlers Wunsch schaltete Maurice den Kompressor ein, dann heulte der Motor auf, und der Wagen wurde ausgefahren. Aber meistens glitten wir dahin, man sah Rehe und Hasen, vor einem Igel wurde angehalten, ein Bussard auf einem Baumstumpf war Grund genug, ganz langsam zu fahren. Oft drehte sich Hitler zu uns um und sagte: »Redet oder singt, damit der Fahrer nicht einschläft.« Heute schaltet man das Autoradio ein, und es fällt niemandem ein, im Auto zu singen. Damals aber sangen wir alles, was uns in den Sinn kam, die modernen Schlager und die alten Volkslieder, oder Geli sang Wiener Komödienlieder aus der Raimundzeit. Hitler sang nie mit.

Einmal sahen wir während des Fahrens ein großes Feuer. Erst dachten wir, es sei ein brennendes Haus und fuhren darauf zu, aber als wir näher kamen erkannten wir, daß es ein Johannisfeuer war. Es war der 21. Juni, der längste Tag mit der kürzesten Nacht des Jahres. Das Johannisfeuer ist ein uralter Brauch: Auf den Berggipfeln oder auf weiten Wiesen wird Holz zusammengetragen, so daß es einen hohen Scheiterhaufen gibt; wenn die Sonne untergegangen ist, zündet man ihn an und freut sich am Feuerschein. Alle Burschen und Mädchen sitzen herum, singen und warten, bis der Scheiterhaufen so weit heruntergebrannt ist, daß man mit einem kühnen Sprung drüberspringen kann. Die Burschen fassen die Mädchen bei der Hand, sie rennen los und springen mit einem Juchzer übers Feuer. Man muß wirklich hoch springen, sonst erfaßt das Feuer die Röcke. Es ist eine Mutprobe und eine Art Liebesspiel.

Hitler ließ den Wagen abseits halten, und wir gingen zum Feuer und gesellten uns zu den Burschen und Mädchen, die in weitem Kreis ums Feuer saßen. Die Männer blieben im Hintergrund, und Hitler ging um das ganze Rund. Die Arme hielt er verschränkt wie immer, wenn er etwas beobachtete. Brennendes Holz duftete und knisterte, Funken flogen. Da nahm einer der Burschen Gelis Hand und forderte sie mit einem Blick auf, mit ihm übers Feuer zu springen. Sie überlegte keinen Augenblick, nahm seine Hand, sie traten ein paar Schritte zurück, nahmen Anlauf und sprangen hoch über die Flammen mit diesem urzeitlichen Freudenschrei.

Wir wären gerne geblieben und hätten gewartet, bis das Feuer ganz heruntergebrannt war. Aber nun hatte Hitler genug von dieser Vorstellung. Es wurde zweimal kurz gehupt, das war das ausgemachte Signal, das jeder von uns kannte, und wir mußten sofort zum Wagen zurückgehen.

Einmal erlebten wir auf einer Nachtfahrt etwas Wunderbares, und wie die allerschönsten Dinge auf dieser Welt war es umsonst: Wir hörten eine Nachtigall. Ich hätte es vergessen, wenn ich nicht die Fabel gelesen hätte, die mich daran erinnerte: Einem Mann wurde geraten, sich einen Stimmenimitator anzuhören, der den Gesang einer Nachtigall so täuschend nachahmen könne, daß man meinte, eine echte zu hören. Aber der Mann sagte, er habe einmal eine wirkliche Nachtigall singen hören, und deshalb bedeute es ihm nichts, eine Imitation zu hören, sei sie auch noch so perfekt.

Eine Nachtigall singt meist um Mitternacht und nie auf einem Tannenbaum, sondern immer im Busch. Sie sieht auch, wenn man ihr am Tag begegnet, so klein, rotbraun und unscheinbar aus, daß man ihr nichts Ungewöhnliches zutraut.

Hitler konnte Vogelstimmen unterscheiden. Als wir die Chiemseestraße entlangfuhren, sagte er: »Halt, da singt eine Nachtigall.« Der Wagen hielt, und wir stiegen aus. Wir lagerten am Waldrand, jeder auf einem anderen Fleck, und hörten zu. Man kann das Lied einer Nachtigall nicht beschreiben, es ist voller Süße und Wehmut, und wer es einmal gehört hat, vergißt es nicht mehr. Wenn die Nachtigall ihr Lied zu Ende gesungen hat, beginnt sie kein neues. Als die Nachtigall ihren wunderbaren Gesang beendet hatte, sagte Hitler, was er immer sagte, wenn er weiter wollte: »Los Kinder, auf geht's!«

Ich glaube, das war in Gelis letztem Sommer.
In diesem Sommer fuhr ich mit Studenten und Studentinnen nach Tirol, wir machten unsere Bergtouren im Kaisergebirge, schliefen in den Berghütten und rechneten uns aus, wieviel vom Roten wir in Kufstein trinken dürften, damit das Geld noch zum Trambahnfahren vom Münchner Bahnhof aus langte.
Im Winter waren wir am Tegernsee und jagten am Sonntagabend auf windigen Brettln mit Haselnußstecken den Wallberg hinunter zwischen den Bäumen hindurch.
Alles das durfte Geli nicht – Geli war eine Kostbarkeit.
Sie war die Dame in Hitlers Schachspiel, sein Wertobjekt. Sie würde eine Sängerin werden, bejubelt, begehrt an allen Opernbühnen, vielleicht würde sie sogar bei den Festspielen in Bayreuth singen, oder aber der Onkel würde sie eines Tages mit einem außerordentlichen Mann verheiraten, einem Künstler oder besser noch, mit einem bedeutenden Staatsmann, dann würde das historische Wort »tu felix Austria nube« – einen neuen Sinn bekommen.
Für Hitler war Geli ein Bild von einer jungen Frau. Frisch, schön, wohlgestalt und unverdorben.
Aber seine Fürsorge wurde Reglement und Zwang, er wußte, daß sie unter der Isolierung litt, aber seine Angst, sie zu verlieren, wurde immer größer, so daß er immer weitere Fehler machte. Mein Vater erzählte es so: »Eines Tages kam mein Freund Emil Maurice zu mir – eben jener Maurice, der Hitlers Wagen fuhr und einer seiner frühesten Freunde war –, Maurice war jetzt fahl und stand noch ganz unter dem Eindruck eines entsetzlichen Erlebnisses.
Maurice ging in Hitlers Wohnung ein und aus, er hatte Geli unangemeldet besucht, es war irgendein Scherz, der beide zum Lachen brachte. Plötzlich stand Hitler im Zimmer. »Nie habe ich ihn in so einem Zustand gesehen«, sagte Maurice später, »er griff mich an ohne jeden Grund, ich glaube ernstlich, er wollte mich in diesem Augenblick erschießen.«

Geli hatte die Szene schweigend mit angesehen, Maurice und den Onkel, der sich wie ein tobender Othello aufspielte. Diese Szene hat ihr die Augen geöffnet und die eigene Ohnmacht gezeigt.

Hitler behauptete, er habe einen sechsten Sinn, mit dem er die Beziehungen zwischen Männern und Frauen erkenne.

Vielleicht hatte Geli Maurice wirklich gern, kein Wunder, er war ein sensibler Mensch, kein ehrgeiziger Kämpfer, seine Freundlichkeit war verhüllte Zärtlichkeit.

Vielleicht hat Hitler, als er die beiden so lachend zusammen sah, blitzartig erkannt, daß er selbst rettungslos in das Mädchen verliebt war. Denn nun lebte sie ja schon jahrelang bei ihm, aus dem fröhlichen Backfisch war eine selbstbewußte junge Frau geworden, er hatte sich an sie gewöhnt, aber Geli hatte sich von ihm fortentwickelt. Sicher ahnte sie nicht, daß sie der Mittelpunkt seines Lebens war, daß er sie zutiefst liebte, sie wußte nicht, daß es eine Liebe war, die wie manche große Liebe egoistisch war.

Es dauerte lange, bis Maurice wieder in unserem Kreis erschien, aber es war nicht mehr die alte Herzlichkeit, der Zornesausbruch Hitlers hatte Gefühle aufgedeckt, die nun nicht mehr zu verstekken waren. Hitler nahm sich von da an einen anderen Fahrer, Julius Schreck.

Der Münchner Fasching ist ein großes Ereignis. Gleich nach dem Heilige-Drei-Königs-Tag tritt er seine Herrschaft an. Es sind unsere Saturnalien, es ist die Freude, daß die Tage länger werden, die Sonne steigt.

Am Faschingsdienstag tanzen die Menschen auf den geschmückten Plätzen der Stadt, es herrscht ein Wille zur Fröhlichkeit, der alle mitreißt.

Es gab die großen Bälle für die sogenannte feine Gesellschaft, in Schwabing aber, das hinter dem Siegestor beginnt, feierte man die phantastischsten Feste in den Malerateliers.

Aus nichts entstand eine ganz andere Welt: Grüne Schleiergassen mit versteckten Lichtquellen wurden gebaut, aus Matratzen und Kissen wurden assyrische Höhlen errichtet, bis man schließlich im blutroten Thronsaal der Herodias bei Weißwürsten und Pschorrbräu landete. Die Gäste waren international. Junge Amerikanerinnen waren da, unentbehrlich wegen ihres Heißhungers nach festlichen Rauschstunden, schrecklich dämonische Serben, schweigsame Bauernsöhne aus Ansbach oder Ingolstadt, viele blonde, rosige junge Mädchen, die an der Akademie studierten, und viele junge Studenten im Russenkittel, dem billigsten und einfachsten Faschingsanzug.

So ein bacchantisches Fest wollte auch Geli erleben.

Zuerst hörte Hitler gar nicht zu, als sie ihn um Erlaubnis bat, aber schließlich bedrängte sie ihn so, eines dieser sagenhaften Feste erleben zu dürfen, daß er ihr erlaubte, einen Ball zu besuchen, kein Fest, sondern einen Ball im Deutschen Theater, allerdings nicht allein, sondern in Begleitung zweier alter Freunde.

Meinem Vater tat Geli leid. Er wollte, daß sie wenigstens für diesen Ball ein außergewöhnliches Kostüm bekäme.

Er war mit dem Bühnenbildner Ingo Schröder befreundet. Dieser Ingo, der schon mich in eine indische Prinzessin mit grünseidenen Kniehosen verwandelt hatte, entwarf ein phantastisches Kostüm für Geli, ein Kostüm wie aus Tausendundeiner Nacht mit einem kühnen weißen Turban. Vater zeigte die farbige Zeichnung Hitler. Er fand sie exzellent und dekorativ, aber zu auffällig. So ging Geli im weißen Abendkleid, von der Firma Auracher in der Theatinerstraße hergestellt, zu dem Ball. Nur ein silbernes Stirnband mit einem weißen Reiherbusch wurde ihr zugebilligt.

Flankiert von ihren beiden Bewachern im Frack saß sie also in der Loge des Deutschen Theaters und schaute in wogendes, buntstrahlendes Gedränge.

Sie tanzte mit ihren beiden alten Bekannten, und wenn sie ein Fremder zum Tanzen holte, wurde sie mit Blicken verfolgt. Kein Kuß, keine Zärtlichkeit, nichts, was den Fasching zum Fasching macht. Sie trank Sekt und blieb ganz ernst.

Der Theaterfotograf machte eine Aufnahme von dem Trio. Nicht etwa wie sie mit überschäumenden Sektkelchen ausgelassen in der Loge saßen – das wäre zu verwegen gewesen –, nein, ein strenges, förmliches Foto. In der Mitte stand Geli, und rechts und links von ihr die beiden alten Wachhunde, Max Amann und Heinrich Hoffmann. Am nächsten Tag zeigte Geli ordnungsgemäß dem Onkel das Foto. Mein Vater sagte Hitler immer, was er dachte, er sagte: »Herr Hitler, Geli lebt so unfrei, sie leidet unter der dauernden Beaufsichtigung, sie ist tief unglücklich, ich habe es auf dem Ball bemerkt, es hat ihr kein Vergnügen gemacht, es hat ihr nur gezeigt, wie unerträglich das Leben ohne Freiheit, ohne die Möglichkeit, eigene Entscheidungen zu treffen, ist. Wollen Sie denn, daß sie so einsam, so isoliert von ihrer Generation lebt?« Hitler hörte ihm zu. Er war betroffen. Dann erwiderte er: »Gelis Zukunft liegt mir so sehr am Herzen, das wissen Sie, sie ist das Kostbarste und Liebste, das ich habe, ich sehe meine Aufgabe darin, sie zu beschützen, ich nehme für mich das Recht in Anspruch, auf sie aufzupassen, und die Bekannten für sie auszusuchen. Was Geli für Einschränkung hält, ist weise Überlegung. Ich möchte nicht, daß sie in die Fänge eines Abenteurers gerät.«

Geli konnte nicht »ihr Herz ausschütten«, aber zu meinem Vater war sie ganz ehrlich. Sie vertraute ihm an, was sie Hitler nie gestanden hätte: Sie liebte einen jungen Mann in Wien, einen Mann ohne Geld. Einmal fragte ich Geli: »Was wäre dir lieber – lieben, oder geliebt werden?« Ohne zu überlegen sagte sie: »Aber selbstverständlich will *ich* lieben. Geliebt werden, das ist uninteressant, aber einen Menschen lieben, weißt du, *lieben* – das ist der Sinn des Lebens. Und wenn man dann dazu noch geliebt wird, ist das ein paradiesischer Zustand.«

Aber nur selten war Geli so offen, so ehrlich.

Sie wurde in den Jahren, die sie so nah bei Hitler lebte, verschlossen, sie wurde ernst. Sie wollte gar nicht beschützt sein, sie war bereit, Neues aufzunehmen, sie war hungrig nach Erlebnissen. Hitlers politischer Kampf war für sie nicht wichtig. Sie hatte kein In-

1 *Hitlers Mutter Klara Hitler, geb. Pölzl* (oben).

2 *Hitlers Halbschwester Angela (Hochzeitsbild mit Raubal). Später führte sie seinen Haushalt am Obersalzberg. Sie ist die Mutter jener Geli, die sich 1931 in Hitlers Wohnung erschoß.*

3 *Hitlers Pennälerschwarm: Stephanie, ein Mädchen aus einer wohlhabenden Linzer Familie, dem er sich nie zu nähern wagte.*

Der sechzehnjährige Hitler nach einer Zeich-
ung seines Mitschülers Sturmlechner, 4. Klasse
ealschule in Steyr.

5 Mary Stuck, im Altmünchner Kostüm auf ei-
nem Schwabinger Künstlerfest.

Hitler mit Gerdy Troost im Atelier von
rof. Wackerle.

7 *Franz von Papen, Winifred Wagner, Wieland Wagner, Adolf Hitler.*

8 *Hitler in Bayreuth mit Verena und Friedelind, den Enkelinnen Richard Wagners.*

teresse an der Politik, und ich glaube nicht, daß sie Hitlers Buch gelesen hat. Jedenfalls nicht mehr davon als die ersten Seiten, in denen er von seiner Jugend und Heimat erzählt.

Im Herbst 1931 lud Hitler meinen Vater ein, ihn auf einer längeren Reise nach Norddeutschland zu begleiten. Es war die Zeit seiner vielen Reisen kreuz und quer durch Deutschland. Wenn er zwischendurch nach München zurückkam, bereitete er eine neue Reise für den nächsten Tag vor. Aber wenn er auch nur für ein paar Stunden hier war, schickte er einen Wagen zum Obersalzberg und ließ Geli oder ihre Mutter holen, um sie zu sehen.
Am 17. September 1931 startete Hitler zu einer Reise nach Norddeutschland. Wir wohnten zu dieser Zeit in der Trogerstraße, und ich half meinem Vater die Koffer zu packen, dann holte ihn der Wagen mit Julius Schreck am Steuer ab, es waren nur wenige Minuten zu Hitlers Wohnung. Hier half Geli ihrem Onkel beim Kofferpacken. Mein Vater ging in die Wohnung. Als die beiden Männer die Treppe hinuntergingen und Schreck die Koffer im Wagen verstaute, beugte sich Geli über das Treppengeländer und rief: »Wiedersehen, Onkel Alf, Wiedersehen, Herr Hoffmann...« Hitler schaute hinauf, dann lief er die Treppen noch einmal zurück zu Geli, während mein Vater zur Haustür ging. Kurz darauf kam Hitler herunter. Schweigend gingen sie zum Wagen und fuhren in Richtung Nürnberg durch die Stadt.
Als sie durch das Siegesteor kamen, wendete sich Hitler um und sagte: »Ich weiß nicht warum, ich bin so bedrückt, ich habe ein ungutes Gefühl.«
»Das ist der Föhn«, erwiderte mein Vater, »der so bedrückend ist.« Es war wirklich ein heißer Herbsttag mit azurblauem Himmel, über die Alpen kam der Südwind, der die Glücklichen noch glücklicher macht und die Verzweifelten noch hoffnungsloser. Jeder, der in München lebt, kennt dieses Singen hoch oben in der Luft.
Hitler schwieg.

Im »Deutschen Hof« in Nürnberg übernachteten sie. Am nächsten Morgen verließen sie Nürnberg und fuhren in Richtung Bayreuth. Da beobachtet Hitler im Rückspiegel des Autos, daß sich ihnen ein Wagen nähert. Aus Sicherheitsgründen will er sich nicht überholen lassen und gibt Julius Schreck den Befehl, schneller zu fahren, doch erkennt er, daß das schnell sich nähernde Auto ein Taxi ist und daß neben dem Fahrer der Hotelpage sitzt und Zeichen gibt, Hitlers Wagen möge anhalten. Schreck hält.

Der Junge aus dem anderen Wagen läuft aufgeregt zu Hitler und sagt, Herr Heß habe aus München angerufen, er müsse Hitler dringend sprechen.

Schreck wendet den Wagen und rast zurück ins Hotel »Deutscher Hof«. Bevor der Wagen ganz hält, reißt Hitler schon die Tür auf, springt heraus und rennt ins Hotel, mein Vater folgt ihm. Hitler öffnet die Tür zum Telefonhäuschen, nimmt den Hörer – er schließt die Tür nicht, so daß man jedes Wort, das er spricht, verstehen kann: »Hitler hier – was ist passiert?« Seine Stimme ist heiser – vor Erregung. »O Gott«, schreit er – und dann nach einer kurzen Pause mit verzweifelter Stimme: »Heß, antworten Sie doch, ja oder nein, lebt sie noch? Heß, auf Ihr Offiziersehrenwort, sagen Sie die Wahrheit – lebt sie oder ist sie tot! Heß, Heß –« seine Stimme ist nur noch ein Schrei.

Er bekommt keine Antwort mehr. Vielleicht ist das Gespräch unterbrochen oder Heß will nicht mehr antworten. Hitler rennt aus dem Hotel, sein Haar ist wirr, in seinen Augen steht die reine Verzweiflung.

Er wendet sich an Schreck: »Es ist etwas mit Geli geschehen, wir fahren sofort nach München zurück, fahren Sie, was der Wagen hergibt, ich muß sie lebend wiedersehen.«

Niemand wagt zu fragen, jeder weiß, daß etwas Schreckliches geschehen ist. Hitlers Angst teilt sich allen mit.

Im Rückspiegel sah Vater den Ausdruck in Hitlers Gesicht. Er saß da, mit zusammengepreßten Lippen und starrte durch die Windschutzscheibe. Kein Wort wurde auf der ganzen Fahrt gesprochen.

Jeder war bedrückt von seinen eigenen dunklen Ahnungen. Als sie endlich am Prinzregentenplatz ankamen, erfuhren sie die schreckliche Wahrheit. Geli war seit vierundzwanzig Stunden tot. Hitler sah die tote Geli nicht mehr. Sie war ins gerichtsmedizinische Institut gebracht worden. Sie hatte sich in die Herzgegend geschossen. Hätte man sie sofort operiert, dann wäre sie vielleicht gerettet worden, so war sie verblutet.
In der Wohnung befanden sich nun die weinende Mutter, Reichsschatzminister Schwarz und Frau Winter. Frau Winter berichtete, was nach der Abreise Hitlers geschehen war: Hitler war also beim Abschied noch einmal die Treppe hinaufgelaufen, um sich von Geli ein zweites Mal zu verabschieden. Zärtlich hatte er ihr die Wange gestreichelt und ihr Worte ins Ohr geflüstert, aber Geli hatte abwehrend und ärgerlich reagiert. Mit Frau Winter betrat sie dann die Wohnung und schloß die Haustür, dann sagte sie, und es waren ihre letzten Worte: »Wirklich, mit meinem Onkel verbindet mich nichts mehr.« Sie sagte Frau Winter, daß sie mit Freunden ausgehe, sie möge kein Abendessen für sie zubereiten. So war Frau Winter ohne Sorge, als sie Geli am Abend nicht mehr sah.
Ehe Geli in ihr Zimmer ging, nahm sie aus Hitlers Schreibtischschublade eine Pistole, eine Walther 6,35, die er für Notfälle bereithielt – er hatte viele Attentatsdrohungen erhalten, seinen Schäferhund hatte man vergiftet. Seine Begleitung war auch mit Pistolen ausgestattet, Geli und ich konnten auch mit Pistolen umgehen. Auf einem Schießplatz in der Nähe Münchens lernten wir das, wir konnten die kleine Waltherpistole auseinandernehmen, putzen, wieder zusammensetzen, laden und entsichern. Es machte uns Spaß, wie eine Szene aus einem Tom-Mix-Film.
Nun war Ernst daraus geworden.
Geli ging mit der Pistole in ihr Zimmer und sperrte ab, so daß der Schlüssel von innen steckte – kein rettender Telefonanruf, keine Aufforderung, mit ins Kino zu gehen – sie war allein, einsam, sie hatte ein Problem, das sie nicht lösen konnte, sie hatte keinen Menschen, der sie ins Leben zurückriß.

Sie begann einen Brief an den Gesangslehrer in Wien zu schreiben, sie dankte ihm für die Mühe, die er sich mit ihr gemacht hatte, aber sie vollendete den Brief nicht. Kein erklärendes Wort an die Mutter. Sie wollte tief verletzen – er, den sie mit diesem Tod treffen wollte, würde schon wissen, warum sie es tat. Sie wußte, daß Kopfschüsse nicht immer tödlich sein mußten, und wollte das, was sie tat, ganz tun. Sie preßte die Pistole auf ihr Herz, dann drückte sie ab. Niemand hörte einen Schuß. Die Wohnung verschluckte alle Geräusche. Die einzig Anwesende, Frau Dachs, war taub. Geli trug ein ganz kurzes, ärmelloses Kleid. So lag sie die ganze Nacht.

Als sie am nächsten Morgen nicht zum gewohnten Frühstück erschien, war Frau Winter beunruhigt, sie klopfte an die Tür, und als sie keine Antwort bekam, schaute sie durchs Schlüsselloch, aber der Schlüssel steckte von innen, sie konnte nichts erkennen. Voller Angst alarmierte sie ihren Mann, er brach die Tür auf, und sie standen vor einem entsetzlichen Bild.

Geli lag in einer Blutlache am Boden, beim Sturz hatte sie sich das Nasenbein zertrümmert, die Pistole war in die Ecke des Sofas geflogen. Frau Winter rief sofort Gelis Mutter am Obersalzberg an, dann verständigte sie Rudolf Heß und Franz Xaver Schwarz.

Auf Wunsch ihrer Mutter wurde Geli nach Wien überführt. Auf dem Zentralfriedhof hatte sie ein Grab; sie wurde nach streng katholischem Ritus beerdigt, ein geschmiedetes Grabkreuz stand da. (Nach dem Zusammenbruch 1945 hat man die Heckenrosen, die das Kreuz umschlungen haben, ausgerissen und das Kreuz umgeworfen.)

In Gelis Zimmer wurde nichts verändert, nur das Blut wurde vom Boden gewaschen. Alle Kleider mußten im Schrank bleiben – so wollte es Hitler –, alles was sie besaß, die Schallplatten, die Noten, die Textbücher zu allen Opern, die sie gesehen hat, blieben an ihrem Platz. Frische Blumen wurden immer ins Zimmer gestellt. Den Zimmerschlüssel hatte Hitler bei sich.

Nun nahm sich die Presse des rätselhaften Todes an. Hitler gab

eine Erklärung zum Selbstmord seiner Nichte ab. Aber wußte er eigentlich selbst, warum sie das getan hatte?
Hatte ihn etwas gewarnt, als er unterm Siegestor zu meinem Vater sagte: »Ich habe ein ungutes Gefühl...«
Wollte sie fort, nach Wien, und hatte nicht das Geld dazu? Waren ihr seine Liebeserklärungen, seine Fürsorge eine Qual? Daß Hitler Geli heiraten wollte, ist absurd, er wußte, daß sein Vater seine um vierundzwanzig Jahre jüngere Verwandte geheiratet hatte und daß vier seiner Geschwister als kleine Kinder gestorben waren. Er kannte die tragischen Ergebnisse der Inzucht in seiner Familie. Er selbst liebte seine um sechzehn Jahre jüngere Nichte – ein Teufelskreis.
Zwei Charaktere prallten aufeinander. Einer wollte dem anderen weh tun, jeder wollte recht haben, um jeden Preis.
Vielleicht war es die gleiche Hybris, die Geli in den Tod trieb, und die vierzehn Jahre später Hitler zum Selbstmord trieb, als er keinen Ausweg mehr sah. Geli schoß sich ins Herz, Hitler schoß sich in den Mund. Ob er in den letzten verzweifelten Stunden im Reichskanzlerbunker an das stolze Mädchen dachte?
Immer wieder wurde behauptet, Hitler habe Geli erschossen. Aber alle, die mit der Tragödie zu tun hatten, wußten, daß es nicht sein konnte. Aber man braucht keine Pistole, um einen Menschen umzubringen. Manchmal genügt ein Wort.
Zwei Tage lang sah mein Vater Hitler nicht. Er kannte seine Natur so gut, er wußte, daß er in der schrecklichen Zeit allein sein wollte. Er näherte sich ihm nicht.
Plötzlich, um Mitternacht, schrillte unser Telefon. Verschlafen antwortete mein Vater.
»Hoffmann, sind Sie wach? Könnten Sie für ein paar Minuten zu mir kommen?« Es war Hitlers Stimme, aber fremd und ungewöhnlich, verzweifelt, müde, apathisch.
Eine Viertelstunde später war mein Vater bei ihm. Hitler öffnete ihm selbst die Tür, er sah grau und verzweifelt aus und gab ihm stumm die Hand.

»Hoffmann«, sagte er, »wollen Sie mir einen großen Gefallen tun? Ich kann jetzt nicht in dem Haus bleiben, in dem meine Geli gestorben ist. Adolf Müller hat mir sein Haus in St. Quirin angeboten, wollen Sie mit mir kommen? Ich möchte ein paar Tage dort bleiben, bis Geli begraben ist, dann will ich zu ihrem Grab fahren. Müller hat mir versprochen, daß er seinem Personal freigeben wird. Ich muß allein sein, nur Sie sollen bei mir sein. Wollen Sie mir diesen großen Gefallen tun?«

Seine Stimme war so bittend, so drängend, daß mein Vater zustimmte. Am nächsten Tag fuhren sie ab.

In St. Quirin gab der Hausmeister die Schlüssel des Hauses meinem Vater, mit erstaunten und bedauernden Blicken auf Hitler, der aussah wie ein gebrochener, zerstörter Mensch.

Auch Schreck, der Fahrer, wurde weggeschickt. Er konnte meinem Vater noch zuflüstern, daß er Hitlers Revolver an sich genommen habe. Schreck hatte Angst, Hitler würde sich etwas antun. So blieben also Hitler und mein Vater allein im Haus, Hitler in einem Zimmer im ersten Stock, mein Vater in dem großen Bauernzimmer darunter.

Das Haus liegt am Ufer des Tegernsees und gehörte damals dem Besitzer des Bayrischen Buchgewerbehauses, Adolf Müller. Es ist gebaut wie ein bayrisches Bauernhaus, aber mit allem Komfort ausgestattet. Adolf Müller hatte zwei schöne Töchter, Lotte und Else, die mit Geli und mir befreundet waren.

Viele wunderbare Wochenenden haben wir alle mit Hitler dort verbracht. Das Haus hatte der Architekt Degano gebaut, der später auch Hitlers Berghof ausbaute. Das Haus duftete nach Zirbelholz, die großen, lederbezogenen Stühle, die Eckbank, der große, runde Tisch, die handgewebten Fleckerlteppiche in den feinen Farben, die gewundene Treppe – alles ergab eine Ludwig-Thoma-Atmosphäre. Diesen urbayerischen Platz schätzte Hitler sehr.

Dort also wollte er wieder zu sich selbst kommen. Er nahm kein Beruhigungsmittel, keine Droge.

Hitler verschränkte seine Hände hinter dem Nacken und begann in dem großen Raum hin- und herzugehen. Vater fragte ihn, ob er etwas essen wolle, aber er schüttelte nur den Kopf, er stellte ein Glas Milch und ein paar Biskuits neben ihn hin, dann verließ er ihn. In seinem Zimmer stand mein Vater dann am Fenster, schaute auf den Tegernsee hinaus und hörte den dumpfen Rhythmus der Schritte über sich.

Stunde um Stunde, ohne Pause, unaufhörlich. Die Nacht kam, und mein Vater hörte immer noch Hitler auf- und abgehen, immer wieder die Schritte – hin und her.

Eingelullt von dem monotonen Geräusch war Vater in dem großen Armsessel eingeschlafen. Plötzlich schnellte er hoch, war völlig wach. Das Gehen hatte aufgehört, ein tödliches Schweigen folgte. Vater sprang auf –. Er horchte, und nun hörte er die Schritte aufs neue, Stunde um Stunde durchwanderte Hitler so die endlos lange Nacht in dem großen Raum. Hier hatten einst die Musikanten des Tegernseer Tals musiziert, hier las man am Weihnachstabend Thomas »Heilige Nacht«.

Vater wußte, daß sein Freund im tiefsten seiner Seele getroffen war. Was dachte Hitler? Hatte er Schuldgefühle, erinnerte er sich an die Warnungen meines Vaters, Geli würde ein Leben in Unfreiheit nicht ertragen, erkannte er die schreckliche Gewißheit, daß er Schuld hatte an Gelis Tod – nicht direkt, aber doch...?

Sicher hämmerten diese Gedanken durch Hitlers Kopf, und sicher fand er keine Antwort.

Die Morgendämmerung kam. Vater ging hinauf zu Hitlers Zimmer und klopfte – keine Antwort. Da öffnete er die Tür, aber Hitler hatte wohl Vaters Anwesenheit im Haus ganz vergessen, er starrte ihn an, seine Augen schauten durch ihn hindurch, und wieder begann er den endlosen Marsch. Hitlers Gesicht war grau von Qual und Müdigkeit, sein Haar wirr, die Augen eingefallen. Milch und Biskuit waren unberührt. Ob er nicht doch etwas essen wolle, fragte mein Vater, aber Hitler schüttelte nur den Kopf.

Er muß etwas essen, dachte Vater, sonst klappt er zusammen, ich werde ihm sein Lieblingsessen machen.

Vater rief bei uns zu Hause an und fragte unsere Köchin, wie man Spaghetti zubereitet. Er ließ sich genaue Anweisungen geben und hielt sich daran. Er versuchte sich zum erstenmal als Koch und war mit dem Ergebnis seiner Kochkunst sehr zufrieden, die Spaghetti waren nicht zu hart und nicht zu weich, mit einem Hauch von Muskat darüber. Aber er hatte keinen Erfolg damit, obwohl er seine Spaghetti über alles anpries und Hitler bat, sie doch wenigstens zu kosten. Hitler hörte ihm gar nicht zu. So verging wieder ein Tag, und die Nacht kam, noch schrecklicher als die Nacht zuvor. Mein Vater war mit seiner Geduld am Ende, er konnte nicht mehr wach bleiben, und doch trommelten die Schritte auf seinen Schädel, die Unruhe in Hitler war qualvoll, nichts machte ihn müde.

Wieder kam ein Morgen, Vater tat alles nur mechanisch und instinktiv, und die Schritte waren immer zu hören.

Spät am Abend erhielten sie Nachricht, daß Gelis Beerdigung vorüber war, die ungewöhnliche Erlaubnis zur Ausreise nach Österreich war erteilt. So stand Hitlers Pilgerfahrt nach Wien nichts mehr im Wege. Sie verließen das Haus in derselben Nacht. Stumm nahm Hitler seinen Platz im Wagen neben Schreck ein, auch Vater fuhr mit. Endlich löste sich die unerträgliche Anspannung, und er konnte schlafen. In den frühen Morgenstunden erreichten sie Wien.

Während der langen Fahrt hatte Hitler kein Wort gesprochen. Sie waren durch die Stadt gefahren, direkt zum Zentralfriedhof. Hitler ging allein zum Grab. Hunderte von roten Rosen hatte er schicken lassen, das ganze Grab war mit Rosen bedeckt.

Schwarz und Schaub erwarteten ihn.

Nach einer halben Stunde war er zurück und gab Order, zum Obersalzberg zu fahren.

Kaum war Hitler ins Auto gestiegen, begann er zu sprechen. Seine Augen starrten durch die Windschutzscheibe wie auf ein fernes, aber klar erkennbares Ziel.

Alle fühlten sich erleichtert, daß der schreckliche Bann gebrochen war. Zwei Tage später hielt Hitler in Hamburg eine Rede, und von

nun an raste er von Stadt zu Stadt, von Versammlung zu Versammlung. Seine Reden waren faszinierend, eine Kraft der Überzeugung ging von ihnen aus in dem Augenblick, wenn er das Rednerpult betrat. Im Rausch des Beifalls, im Brausen der Zustimmung hoffte er den schrecklichen Schmerz in seinem Herzen zu betäuben.
Mein Vater aber, der Hitler so gut kannte, bemerkte die große Veränderung, die mit Hitler vorgegangen war. Er meinte, daß sich in Hitler damals der Keim zur Unmenschlichkeit entwickelt habe. Seine Liebe zu dem schönen und intelligenten Mädchen war ebenso heftig und leidenschaftlich wie seine politische Besessenheit, aber nun fehlte das weibliche, das zärtliche Element in seinem Leben, es fehlte auch die Kritik, die er sich nur von Geli gefallen ließ.
Cervantes sagt: »Der Mann bildet die Welt, den Mann aber erzieht die Frau.« Vielleicht hätte ihn Geli von seinen ungeheuren Plänen geheilt, vielleicht hätte ihr Einfluß seine internationalen Abenteuer verhindert, die ihn zugrunde gerichtet haben. Das Schicksal hatte ihm für ein paar Jahre ein Geschenk gemacht, einen Menschen, den er lieben konnte.
Und dann hatte er das Geschenk durch seine Intoleranz selbst zerstört. Nun blieben ihm nur seine eigenen dunklen Wünsche. So wurde ganz unmerklich aus dem überzeugten Revolutionär ein Tyrann, mitleidlos gegen sich und andere.

Nach Gelis Tod änderte sich vieles in unserem Leben. Die heiteren Picknicks fanden nicht mehr statt. Unheimlich war, daß niemand mehr über Geli sprach, so, als hätte es sie nie gegeben. Ihr Zimmer wurde abgeschlossen, die Kleider blieben im Schrank, die Pullover, die Faltenröcke, die Hüte, die sie aus Wien mitgebracht hatte, die langen Abendkleider, in denen sie die Bayreuther Festpsiele besucht hatte. Das blaue Koffergrammophon, die vielen klassischen und die ersten Jazzplatten, alles blieb genau an seinem Platz. Nur das Blut wurde weggewaschen, soweit sich Blut entfernen läßt.

Hitler ließ vom Bildhauer Ferdinand Liebermann nach einer Fotografie einen Bronzekopf Gelis herstellen. Er wurde in das Zimmer gestellt, und auch in der Reichskanzlei befand sich ein Abguß, aber es war nur ein lachendes, fremdes Mädchen. Von Geli zu sprechen wagte niemand, keiner wollte an die nie vernarbende Wunde rühren.

Im Winter 1931, als Hitler einmal zu uns in die Wohnung kam, sah er, wie immer, die Fotos durch, die auf dem Schreibtisch lagen. Plötzlich fischte er ein Bild heraus. Drei Mädchen zeigte es, die im Gras lagen, in Salzburger Dirndlkleidern: Geli, Friedl und ich, im Hintergrund das Haus Wachenfeld, neben uns lagen die Schäferhunde.

Er sah das Bild an, dann preßte er es an die Lippen und steckte es ein.

Im nächsten Frühjahr heiratete ich Baldur von Schirach. Das Hochzeitsessen fand in Hitlers Wohnung am Prinzregentenplatz statt.

Ich wollte keinen Brautschleier, keine Orgelmusik, keine Uniformen. Ich hatte ein blaues Kostüm an mit einer roten Toreroschärpe. Außer uns waren nur mein Vater, mein Bruder und unser Freund Ernst Röhm da.

Es war März, aber oben in den Hohen Tauern lag noch Schnee, dorthin wollten wir anschließend. Aber dazu mußte ich mich umziehen, ich hatte mein Skizeug dabei und fragte Hitler, ob ich mich in der Wohnung umziehen konnte. Ohne langes Überlegen gab er mir einen Schlüssel und sagte »in Gelis Zimmer«. Mit Skistiefeln, Hosen und Pullover im Arm betrat ich Gelis Zimmer.

Noch vor einem halben Jahr hatten wir hier Schallplatten gehört. Nun waren die Jalousien halb heruntergelassen, und ich wollte es auch nicht heller haben. Es lag ein Duft von verwelkten Rosen, von ganz frischen ersten Fresien, von dunklen, zimtartigen Parfums, die langsam in den Flakons vertrockneten, in der Luft. Hier lag noch Gelis nicht verbrauchtes Briefpapier mit dem Namen Angela Raubal oben links in englischer Schreibschrift – das Foto von Muck, ihrem Lieblingshund stand noch da, und obwohl doch alles so unverändert, so eben verlassen wirkte, erschien mir der Raum wie eine ägyptische Grabkammer. Ich zog mich um, aber ich mußte daran denken, daß Geli doch nichts von den wunderbaren Dingen gesehen hatte, die sie hätte sehen wollen. Sie hatte nicht Rom und nicht Paris gesehen, nicht die Hohenstaufenschlösser in Italien, nicht Manfreds Jagdschloß, in dem einst die arabischen Mädchen auf goldenen Kugeln getanzt hatten, nicht Venedig, nicht den Palazzo Vendromin, nicht eine der Inselchen im Tyrrhenischen Meer, sie hat nicht den Triumph ihres Onkels erlebt, nicht den Bergpalazzo am Obersalzberg. Nichts – nichts von dem allen. Auf dem Schreibtisch stand ein Druck: Dante, wie er auf der Brücke von Florenz Beatrice begegnet – wir hatten das rührende Bildchen zusammen betrachtet.

Einige Jahre nach dem Krieg machte mich ein Bekannter – ein Sammler von Autographien und kuriosen Schriftstücken darauf aufmerksam, daß ganz in der Nähe von Hitlers Wohnung am Prinzregentenplatz ein Mann wohne, der im April 1945, nach der Einnahme Münchens durch die Amerikaner einen Waschkorb voller Gegenstände aus Hitlers Wohnung in seine eigene gegenüber getragen habe. Der Mann sei aber reich, müsse also nichts verkaufen, außerdem sei er nicht zugänglich. Mein Bekannter sagte, er sei bei ihm abgeblitzt. »Vielleicht haben Sie mehr Glück«, hoffte er.
Nun hat mich Geschichte immer interessiert und unsere Geschichte besonders, da in dem Chaos von 1945 so viele Dokumente verschwunden sind. Obwohl also meine Neugier geweckt war, vergaß ich es. Bis ich durch Zufall an dem Haus vorüberging und an der Klingel den Namen las, den mir mein Bekannter als den Mann mit dem Waschkorb genannt hatte.
Ich klingelte, es summte, und ich ging die Treppe hinauf. Oben öffnete eine sehr kleine verschreckte Frau. Ich überlegte nicht lange und sagte: »Sie erinnern sich doch an Hitlers Wohnung?«

Sie schlug die Tür zu.
Aber ich gab mich nicht geschlagen, klingelte wieder, und als sie nochmals erschien, sagte ich: »Sie kannten Hitler« – es fiel mir nichts Besseres ein – und sie sagte, »Ja, kommen Sie rein.«
Sie führte mich durch einen dunklen Gang in ein großes Wohnzimmer. Es war vollgestopft mit Möbeln, an den freien Wänden hingen Gemälde, drei übereinander, mehrere Stehlampen, 2 wuchtige geschnitzte Büfetts. Inmitten der bedrückenden Dinge stand ein Tisch mit Stühlen. Ein sehr kleiner Mann mit einem gestickten Käppchen auf dem Kopf, saß daran. Auf dem Tisch lag eine angefangene Kreuzstichdecke. Das bearbeitete Teil war in einen runden Rahmen eingespannt. Die Decke war mit blauen bayerischen Löwen bestickt! Ich bewunderte die präzise Arbeit, und die Frau – es war eine richtige kleine Hausfrau – öffnete eifrig die Schubladen des Büfetts und zeigte mir mit Stolz ihre Handarbeiten, mindestens 50 oder 100 akkurat bestickte Tischdecken lagen da – ordentlich aufeinander, nie hergenommen, nie benützt – so lagen sie da aufgestapelt, auf allen Decken die Löwen mit dem Wappenschild. Unglaublich, die Frau hatte ein Leben lang an Tischdecken gestickt, niemandem zur Freude. Und nun war sie mit der neuen Decke bald fertig, sie würde auch in der Schublade verschwinden. Ebenso überladen wie die Schubladen waren die Wände. Alle Bilder waren klein, aber fein ausgesucht, Holländer, Münchner Schule, goldgerahmt, viele kleine Meisterwerke auf engstem Raum. Es war erstaunlich. Der Besitzer freute sich an meiner Bewunderung. Aber ich wollte auf den Grund meines Besuchs zu sprechen kommen.
»Sie kannten Hitlers Wohnung?« fragte ich – und er erwiderte, gar nicht zurückhaltend, sondern froh darüber, reden zu können. »Natürlich, ich habe alles beobachtet, was da drüben geschah.« Er zeigte mir einen Spion, eine klug ausgedachte Spiegelanlage an seinem Fenster, er konnte am Fenster sitzend beobachten, was an Hitlers Haustür vor sich ging. Er sah, wenn Winters das Haus verließen oder wenn Hitlers Wagen vorfuhren. Er führte Buch, wann

er heimkam, wann er morgens abgeholt wurde. Man hätte ihn sofort eingesperrt, wenn man von seiner verdächtigen Tätigkeit gewußt hätte. Aber der stille Beobachter plante kein Attentat. Er sagte, er habe Hitlers Ende vorausgesehen, er wollte hier an seinem Fenster abwarten, auf welche Weise der Diktator seine Herrschaft beenden würde.
Der Krieg hatte seine und Hitlers Wohnung verschont! Nur das Prinzregententheater war ausgebrannt. Nun kam der Einmarsch der Amerikaner in München.
Der Beobachter stand am Fenster und wartete. Der Prinzregentenplatz war menschenleer. Auf dem Rathaus wehte das Sternenbanner. Es gab keinen Widerstand.
Da hielt auf dem leeren Platz ein Jeep. Zögernd stiegen Uniformierte aus. Es waren keine GIs, wie er wenig später feststellte, sondern Beamte des CIC.
Nun war die Stunde gekommen, mein Gastgeber lief die Treppe hinunter und näherte sich den Männern, die ein Haus zu suchen schienen. Er ging auf sie zu und fragte sie auf englisch: »Suchen Sie Hitlers Wohnung?«
Ja genau, das suchten sie.
»Ich werde Sie führen«, sagte der kleine Mann und ging voran auf Hitlers Haus zu. Sie öffneten die Tür, und er ging durch das gekachelte Treppenhaus hinauf in den zweiten Stock. Die Amerikaner folgten ihm mit der Maschinenpistole.
An der Wohnungstür fanden sie das Schild – Adolf Hitler –. Sie traten die Tür auf – und standen in einer tadellos aufgeräumten bürgerlichen Wohnung. Sicher hatten sie sich unter Hitlers Wohnung etwas ganz anderes vorgestellt.
Frau Winter hat die Wohnung tadellos aufgeräumt verlassen. Die Bücher und Bilder, Hitlers Anzüge, Uniformen, der ganze Krimskrams eines Haushalts war vollzählig erhalten. Ein Amerikaner öffnete die Schreibtischschublade, sie enthielt Hunderte von Visitenkarten mit der Münchner und der Berliner Adresse, Briefpapier

Uninteressant schien den CIC-Leuten die Bibliothek, die kleine Bildersammlung, der Inhalt der Schränke –.
»Aber für mich war das interessant«, berichtete Hitlers Nachbar, »ich ließ die Amis stehen, lief in meine Wohnung zurück, holte meine Frau und einen Waschkorb und füllte, nachdem die Sieger die Wohnung enttäuscht verlassen hatten – alles hinein, was ich in der Eile zusammenraffen konnte, denn die Wohnung würde bald ausgeplündert sein, dann hätte ich mich in Gefahr gebracht.« – Und was hatte er mitgenommen?
»Einen blauen Anzug«, zählte er auf, »und einen schwarzen Filzhut, Bücher und allerhand Schriftliches aus dem Schreibtisch – und Visitenkarten, soviel ich in der Eile mitnehmen konnte.«
»Waren Sie auch in einem Zimmer mit weißen Möbeln?« fragte ich – ich meinte Gelis Zimmer. »Natürlich«, entgegnete er, und dann sah ich den Beweis. Auf einem Podest zwischen Möbeln und Sesseln stand ein Bronzekopf, ein lächelndes junges Mädchen: Geli. Ich kannte diese Plastik, es war die von Professor Ferdinand Liebermann angefertigte. Ein Abguß stand in Gelis Zimmer, ein weiterer am Berghof und ein dritter, meine ich, stand in Hitlers Berliner Wohnung. Immer waren Blumen davor. Und nun befand sich der Mädchenkopf in der kuriosen Wohnung bei dem winzigen Ehepaar!
»Kannten Sie das Mädchen?« fragte ich.
»Natürlich, es war Geli – ich habe sie oft gesehen. Täglich, wenn sie in München war. Ich habe auch zugesehen, wie sie den Sarg heraustrugen, wie später Hitler eintraf, die Polizei, ich wohne hier ebenso lange wie Hitler, ich sah Chamberlain in die Wohnung kommen und Siegfried und Winifred Wagner. Verstehen Sie, ich kann keine weiten Spaziergänge machen, mein Vergnügen ist das, was ich sehe, wenn ich aus dem Fenster schaue.«
Er war ganz glücklich, in mir einen so interessierten Zuhörer zu haben.
Nun führte er mich in das angrenzende Zimmer, öffnete einen großen Schrank. Zwischen seinen Kleidern hing da Hitlers blauer An-

zug, vermutlich der gleiche, in dem er seine Reden gehalten hatte, und da lag auch der berühmte Hut. Eine Art Wotanshut, den Putzi Hanfstaengl den »Verschwörerhut« getauft hatte und den Frau Bechstein einmal gegen einen anderen austauschen wollte, damit Hitler nicht so wie Fra Diavolo aussähe. Aber Hitler wollte eben diesen Hut.
Auch sein Spazierstock war da.
Und nun entdeckte ich auf dem Schreibtisch eine große kostbare Ledermappe. »Benvenuti in Italia« war auf das Leder geprägt. Es war eine Mappe mit Bildern der schönsten Ansichten von Italien mit einem handgeschriebenen Brief Mussolinis.
»Auch das ist von ihm«, bestätigte der Mann und zeigte auf eine winzige Bronzebüste Friedrichs des Großen auf einer kleinen Marmorsäule. Sie hatte auf Hitlers Schreibtisch gestanden und mehrere, halbmeterlange Bleistifte in schwarz-weiß-rot, ein Geschenk der Familie Hartmut.
Ich staunte über die Beute, alles war echt, sicher hatte er noch mehr in seinem Waschkorb herübergebracht, das er mir nicht zeigte.
Aber nun war es genug. Wir kehrten zu der stickenden Gattin zurück. Meine Neugier war gestillt. Als ich noch fragte, ob er Briefe, Partituren, Zeichnungen gefunden habe, lächelte er und schüttelte den Kopf.
Zum Abschied schenkte er mir zwei Visitenkarten Hitlers, dann bedankte ich mich bei ihm und verließ die seltsame Behausung.
Nach längerer Zeit kam ich wieder vorbei – aber das Namensschild war entfernt, der alte Herr gestorben, die Witwe mit ihren vielen Kreuzstichtischdecken weggezogen, und Hitlers Verschwörerhut vielleicht bei einem Trödler gelandet.
Auch Gelis Gesicht würde kaum jemand erkennen, wenn die Büste in einem Antiquitätenladen auftauchte.
Das war meine letzte Begegnung mit Geli. Sie hatte vier Jahre neben Hitler gelebt und sich dann in seiner Wohnung mit seiner Pistole getötet. Er hatte ihr Leben so eingeschränkt, sie so in die

Enge getrieben, daß sie keinen anderen Ausweg sah. Schließlich hatte sie ihren Onkel gehaßt, eigentlich wollte sie ihn töten. Das konnte sie nicht. Da hat sie sich getötet, um ihn damit ganz tief zu treffen, zu zerstören. Sie wußte, daß nichts sonst ihn so verletzen würde.

Und da er das auch wußte, war er so verzweifelt, er mußte sich selbst die Schuld geben. Gelis Tod hatte Hitler verändert, sie war sein erstes Opfer.

IV.

Unity Mitford

Hitler hat es mehr als einmal gesagt:
»Ich fürchte, ich bringe Frauen Unglück – ich habe Angst vor Bindungen.«
Geli – Unity – Magda – Eva, vielleicht auch die schöne Inga Ley, haben sich direkt oder indirekt Hitlers wegen den Tod gegeben.

Lord und Lady Redesdale hatten sieben Kinder, einen Sohn, Tom, der 1945 in Burma ums Leben kam, und sechs Töchter.
Unity Valkyrie Mitford war eines der sechs Mädchen. Die mutigen, einfallsreichen, zu jedem Spaß bereiten Mitford-Schwestern Nancy, Diana, Pamela, Unity, Deborrah, Jessica, lieferten der Presse Jahrzehnte hindurch Schlagzeilen. Lady Redesdale bemerkte einmal: »Wenn ich in einer Zeitung die Worte ›Töchter eines Lords‹ lese, so weiß ich, es kann nur eine von euch gemeint sein.«
Sie wurden ohne die Hilfe einer Hebamme oder eines Arztes geboren, und auch ihre Kindheit war ungewöhnlich.
Nancy Mitford, eine der Schwestern, heute eine der berühmtesten englischen Erzählerinnen, schrieb darüber: »Daß uns Papa mit Bluthunden jagte, fanden andere Leute merkwürdig, uns machte es aber eigentlich Spaß.«
Die Einwohner von Swinbrook hatten sich an den Anblick gewöhnt: Sechs Mädchen liefen querfeldein, so schnell sie die Beine trugen. Sie hatten guten Grund dazu; eine bellende, jaulende Hundemeute war hinter ihnen her und ein Jäger hoch zu Roß. Der Jägersmann ist Lord Redesdale und die sechs Mädchen seine

eigenen Töchter. Sechs Schwestern, eine schöner als die andere, kein Wunder, daß sie bei dieser Erziehung nicht alltäglich gerieten.

Lady Redesdale war überzeugt davon, daß Schulunterricht schädlich sei, und sie erzog die Kinder selbst zu britischen Patrioten. So belehrte sie die Kinder über den amerikanischen Unabhängigkeitskrieg: »Diese Kolonien wurden aus dem britischen Empire ausgestoßen, weil sie sich nicht gut benahmen, und sie verscherzten sich so das Recht, auf der Landkarte hübsch rosa auszusehen.«

Lady Redesdale war auch eine Gegnerin des Impfens, und da sie der Überzeugung war, daß Juden nie an Krebs litten, führte sie die strengen jüdischen Speisegesetze in ihrer Familie ein. Als man die Töchter fragte, was sie machen würden, wenn sie erwachsen seien, antwortete Unity: »Ich werde nach Deutschland gehen und Hitler kennenlernen«, und ihre Schwester Jessica konterte: »Und ich werde durchbrennen und ein Kommunist werden.« Noch heute ist in Swinbrook House ein Fenster zu sehen, in das Unity mit einem Diamantring Hakenkreuze eingeritzt hat, und Jessica daneben ebenso viele kleine Hämmer und Sicheln.

Beide, Jessica und Unity, waren von dem Gedanken besessen, dem Zuhause zu entfliehen. Als Jessica zwölf Jahre alt war, schickte sie 10 Shilling an die Familienbank mit dem Auftrag, ein Fluchtkonto für sie zu eröffnen. Die Bank, die seit Generationen die Geldgeschäfte der Familie führte, erledigte auch diesen Auftrag pflichtschuldigst.

Einmal besuchten Jessica und Unity ein Gartenfest in England, bei dem Geld für die konservative Partei gesammelt wurde. Die Schwestern beschlossen, daß die »langweiligen alten Konservativen« keinesfalls das ganze Geld kriegen sollten. Sie stahlen zehn Pfund, teilten schwesterlich die Beute und schickten je fünf Pfund an die Kommunistische Partei und an die britischen Faschisten.

Unity wollte immer Schwung ins Leben bringen. Als Debütantin nahm sie ihre Lieblingskatze zu den feierlichen Bällen mit, und als Jessica am Englischen Hof vorgestellt wurde, machte sie sich über

den König und die Königin lustig. »Sie benehmen sich wie Marionetten«, sagte sie.
Als die Mädchen heranwuchsen, verjagte der Vater jeden Heiratskandidaten. Trotzdem heirateten sie, und Lord Redesdale behandelte die Schwiegersöhne wie Feinde und redete sie nie mit dem Vornamen an. Deborrah, die jüngste der Töchter, hatte es sich schon als Kind vorgenommen, eine Herzogin zu werden, und sie wurde wirklich eine der schönsten und reichsten Herzoginnen Englands. Als sie Lord Cavendish 1941 heiratete, da sah es allerdings so aus, als ob ihr Plan nie Wirklichkeit werden würde. Der Lord hatte einen älteren Bruder, Lord Hartindem. Dieser fiel 1944, und sechs Jahre später starb sein Vater, der Herzog. Bäume zu fällen war sein Lieblingssport gewesen, und beim Schlagen einer Eiche erlitt er einen Herzinfarkt. So wurde Deborrah eine der ersten Herzoginnen des Landes.
Diana war die Schönste der sechs. Papas Protesten zum Trotz heiratete sie Bryan Guinness (heute Lord Meyne), Erbe des berühmten Biervermögens.
Pamela hatte harmlose Wünsche. Sie wollte nur ein Pferd werden. Sie scharrte schon als kleines Mädchen mit den Füßen, lernte zu wiehern und warf dabei den Kopf zurück. Wenn sie auch kein Perd wurde, so heiratete sie doch einen Mann, der Rennpferde ritt, den Oxford-Dozenten Derek Ainsley Jackson. Sie lebt heute in Irland.
Unity aber wollte nach Deutschland. Sie machte sich nichts aus der Londoner Ballsaison. Sie wollte Hitler, von dem die ganze Welt sprach, kennenlernen. Sie war 28 Jahre alt, als sie sich in München, wie eine der vielen Studentinnen, ein Zimmer nahm und Deutsch lernte. Nach einem halben Jahr in Deutschland fuhr sie zu einem kurzen Besuch nach Hause, nach England. Sie hatte erreicht, was sie wollte: Sie konnte Deutsch sprechen und hatte Herrn Hitler kennengelernt.
»Um Himmels willen, wie hast du das fertiggebracht?« riefen die Schwestern. »Es war ganz einfach«, erzählte Unity.

Wirklich, es war ganz einfach. Unity brauchte nur ein paar weibliche Listen anzuwenden.

Ein Friseur ist immer eine ausgezeichnete Nachrichtenquelle. Unity ließ sich ihre hellblonden Haare beim Friseur Priller in der Ismaninger Straße waschen, und als sie dort fragte, wo man denn Herrn Hitler so ganz privat sehen könne, wußte man den richtigen Rat: »Wenn er in München ist, findet man ihn meistens abends in der ›Osteria‹ in der Schellingstraße.«

Ich habe sie so in Erinnerung: groß, hellblond, hellblauer Pullover, weißer Faltenrock. Sie nahm an einem der Tische im Gärtchen der ›Osteria‹ Platz, aber genau so, daß Hitler sie sehen mußte. Sie wirkte unnahbar. Neben sich hatte sie ihre Lehrbücher: Deutsche Grammatik. Sie kam nun regelmäßig zu den Mahlzeiten hierher, und wenn Hitler das Restaurant betrat, suchte er mit den Augen das blonde Mädchen. Er wollte wissen, wer die junge Dame war, die ihn mit so offenem strahlendem Blick betrachtete. Er bat sie, die immer allein war, an seinem Tisch Platz zu nehmen.

Als er erfuhr, daß sie die Tochter eines Peers von England war, der außerdem Mitglied des Oberhauses war, galt das Interesse nicht nur der Frau, sondern auch ihrer gesellschaftlichen Stellung.

Hitler bewunderte, wie schnell sie Deutsch gelernt hatte, er hatte Respekt vor ihrer Sicherheit. Sie sagte ihm schon bei ihrer ersten Begegnung in holprigem Deutsch, daß sie ihn bewunderte, daß es das Ziel ihres Lebens war, Deutschland und England einander näherzubringen.

Unitys naive Schönheit und ihre freimütig-heitere Art gefielen ihm, sein Beschützerinstinkt war ebenso erwacht wie seine Neugier, aus reinster Quelle Interessantes über die britische Oberschicht zu erfahren.

Es amüsierte ihn, daß sie nun auch bayerische Dialektworte gebrauchte, die sie in München aufgeschnappt hatte.

Unity hätte auch über die Münchner Gesellschaft Zugang zu Hitlers Kreis finden können. Sie war mit Ernst Hanfstaengls amerikanischer Frau befreundet und verkehrte im Salon Bruckmann.

Gern hätte man sie dort mit Hitler bekannt gemacht, aber das wollte sie nicht, sie wollte von ihm entdeckt werden. Als ihr Hitler das Parteiabzeichen verlieh, trug sie es voller Stolz. Hitlers Bild mit einer herzlichen Widmung – im Silberrahmen, begleitete sie sogar im Schlafwagen.

Zwischendurch fuhr sie nach Hause und zeigte der Familie Hitlers Buch mit seiner eigenhändigen verehrungsvollen Widmung. Ihr stolzes Gesicht mit dem süßen jungen Hochmut tauchte auf vielen offiziellen Bildern auf; sie zeigt die Fotos wie Flaggen mit der Swastika. Die Eltern hielten alles für einen Spaß.

Hitlers Umgebung wurde mißtrauisch, man warnte ihn vor der Lady und meinte, sie könnte eine vom Intelligence Service entsandte Spionin sein, um ihn auszuhorchen oder ihn bewußt falsch zu informieren. Aber Hitler verließ sich auf seine Menschenkenntnis. Außerdem war Unity für ihn ein geradezu ideales Sprachrohr. Er konnte durch sie in offiziellen britischen Kreisen das verbreiten lassen, was er bei den Briten verbreitet haben wollte. Hitler war ebenso ehrlich wie Unity davon überzeugt, daß endlich die beiden großen Brüderreiche – das deutsche und das britische – durch ein starkes Bündnis verbunden würden. Das deutsch-englische Flottenabkommen war ein Beweis dafür.

Es blieb nicht allein bei den gemeinsamen Abenden in der ›Osteria‹. Die Engländerin war Ehrengast beim »Tag der deutschen Kunst«, als das Haus der Kunst (Hitlers erster Bau) mit einer Kunstausstellung eröffnet wurde.

Das »Haus der Kunst« am Englischen Garten verdankt seine Entstehung folgendem Ereignis:

1931 bei der Sommerausstellung im Glaspalast, hatte man 110 kostbarste Meisterwerke deutscher romantischer Malerei zusammengeholt, Leihgaben aus 40 Städten. Bilder von Blechen, von Moritz von Schwind...

Da brach im Morgengrauen in dem gläsernen Sarg das Feuer aus und griff mit rasender Schnelligkeit um sich. Die Bilder hingen an rupfenbespannten Wänden, der wachhabende Beamte hatte nicht mehr Zeit, aus dem Gebäude selbst telefonisch Alarm zu geben. Mit 32 Schlauchleitungen kämpften sich die Feuerwehrmänner in die glühende Hölle vor. Einen Mann mußten sie zurückhalten, der rauchgeschwärzt wieder in das Flammenmeer wollte, um Bilder zu retten. Es war der unglückliche Hausherr, Professor Generaldirektor Zimmermann. Außer ein paar unbedeutenden Bildern wurde nichts gerettet.

Der Schreckensruf »Der Glaspalast brennt!« ging durch München, Tausende eilten zur Brandstelle. Meinen Vater rief am Morgen einer seiner Freunde an und teilte ihm die furchtbare Nachricht mit. Vater besaß damals einen grünen Opel, einen sogenannten Opel-Frosch. Er nahm mich mit, und wir holten Hitler aus dessen Wohnung ab. Zusammen fuhren wir zur Brandstelle. Trotz des Sommermorgens war der Himmel dunkel von Rauch und herumwirbelnden Ascheteilchen.

Unter den hilflosen Zuschauern standen nun mein Vater, Hitler und ich. Es war ein unvergeßliches, schauerliches Bild – das ausgebrannte riesige Eisengerüst, die verzweifelten Menschen, denn die Münchner wußten, daß hier eine Epoche deutscher Kunst ausgelöscht worden war.

»Solch ein Leichtsinn«, sagte Hitler, »vor zwei Jahren ist in Amsterdam die genaue Kopie des Glaspalastes verbrannt, und Brandfachleute haben immer die Befürchtung ausgesprochen, daß dem Glaspalast in München das gleiche Schicksal drohe.« In seiner Verzweiflung über den Verlust der Bilder suchte er nach einer neuen Idee. Wir fuhren zum Prinz-Carl-Palais und gingen hinüber in den Englischen Garten (damals hatte die Königinstraße noch zwei Häuserreihen. Die eine Reihe unbedeutender Häuser, die gegenüber dem heute noch stehenden Palais stand, ließ Hitler nach seinem Regierungsantritt abreißen, um den Englischen Garten in die Stadt hineinwachsen zu lassen).

Er blieb auf dem Rasenstück stehen und zeigte auf die Wiese, die an die Prinzregentenstraße grenzt. »Hier wird mein erster Bau stehen«, sagte er. »Ein Haus der Kunst. Die Maler, die Bildhauer

brauchen Räume, um ihre Bilder ausstellen zu können, durch den Verlust des Glaspalastes sind sie ihrer Basis beraubt; es wird ein griechischer Tempel sein, hell und frei, mit einer Säulenhalle. Ein Haus aus Stein, das nicht verbrennen kann.«
Er fuhr am gleichen Tag ins Atelier seines Architekten Paul Troost in der Theresienstraße und besprach mit ihm den gigantischen Plan, obwohl es doch noch fast zwei Jahre dauerte, bis er an der Macht war und die Möglichkeit hatte, zu bauen.
Hitler nahm die Kunst so wichtig, daß er als erstes nicht einen Staatsbau, sondern ein Haus für die Kunst geschaffen hat.
In zwei großen Bronzetafeln ließ er zwei pathetische Sätze in großen Antiquabuchstaben über den Eingangstoren vom Haus der Kunst anbringen. Auf einer stand:

»Kein Volk lebt länger als die Dokumente
seiner Kunst und Kultur«

und auf einer anderen Tafel:

»Die Kunst ist eine erhabene und zum
Fanatismus verpflichtende Mission«.

Zur Eröffnung des Hauses aber veranstaltete er ein Fest, ein Fest für die ganze Stadt, ein Fest für jeden, der hier lebte.
Zu Walzermusik wurde auf dem Marienplatz getanzt, bei Freibier und Gulaschsuppe. Im Nymphenburger Park ritten die Tänzerinnen des Staatsopernballetts nackt durch den mit Fackeln erhellten Park, es war die Nacht der Amazonen – ein fast vergessenes von Benno von Arendt, dem Berliner Bühnenbildner und Regisseur, inszeniertes Sommernachtsfest. Damals hatte das Haus der Kunst noch die Säulenreihe auf der Rückseite, die man inzwischen verbaut hat. Hier saß Hitler. Im Englischen Garten fand ein Jagdfest statt. Hoch oben in den Bäumen hingen gelbe Lampions. Die ganze Stadt erlebte wie in wunderbarer Rückerinnerung alles, was hier einst als Wirklichkeit geschehen war.
Unity suchte nach immer neuen Möglichkeiten, Hitler für ihre Familie zu interessieren. Die Schwester Diana hatte sich eben scheiden lassen und wollte den Führer der britischen Faschisten

heiraten. Sir Oswald Mosley war kein Hitler, er ahmte ihn nach, und Unity sagte zu Hitler: »Mosley ist ein guter Mann mit besten Absichten, aber er muß noch viel von Ihnen lernen.«
Tatsächlich organisierte Sir Oswald Mosley seine Schwarzhemden nach dem erfolgreichen deutschen Muster. Diana und Oswald Mosley kamen nach Berlin und trafen mit Hitler im Kaiserhof zusammen. Zufällig wohnte auch ich im Kaiserhof. Hitler lud uns alle zum Essen in der großen Halle ein, aber dann entschied er plötzlich: »Wir essen oben, in meinem Appartement.« Er wollte sich nicht mit Mosley fotographieren lassen.
Aber Unity sah die Verbindung Mosley-Hitler für ihren Plan als sehr wichtig an. Um die Verbindung zu Hitler und Deutschland zu kräftigen, heirateten Diana und Oswald Mosley in München. Einer der beiden Trauzeugen war Hitler. Die Trauungszeremonie wurde im Hause des Verlegers Hugo Bruckmann vollzogen. Am Tag darauf gab Hitler dem jungvermählten Paar ein Essen in seiner Privatwohnung. Es nahmen nur sechs Personen daran teil.
Hitler blieb Mosley und seiner Bewegung gegenüber zurückhaltend. Sir Mosley war ein radikaler Gegner der britischen Regierung, und Hitler, der damals ernsthaft nach einem Ausgleich mit England suchte, wollte seine englischen Friedensbemühungen nicht gefährden.
Mosley sah aus wie ein großer Junge, überschlank in der schwarzen Uniform mit dem schwarzen Schiffchen – wie es das deutsche Jungvolk trug – frech in die Stirn gesetzt.
Nicht vielen Frauen, so meinte Unity, habe das Schicksal eine solch große Aufgabe zugedacht, wie ihr, und sie sei bereit, diesem großen Ziel zu dienen, und wenn es nötig sei, der Verwirklichung dieser Idee auch ihr Leben zu opfern.
Das klang alles hochgestochen, und auch Unitys Gesichtsausdruck war von einem süßen Hochmut, aber sie würde diesen Schwur mit Blut besiegeln. Doch vorerst sah alles aus, als wäre es wirklich der Beginn einer glücklichen Zeit.
Obwohl sie wußte, daß Hitlers Bewunderung für sie rein ästheti-

scher Natur war, sein Interesse politischen Informationen diente, so hegte sie doch die geheime, vielleicht unbewußte Hoffnung, wenn einst die große Allianz England-Deutschland zustande käme und das friedliche erträumte Utopia Wirklichkeit würde, daß dann auch die intime Verbindung, die für sie persönliches Glück bedeuten würde, folgen könnte.
Unity war finanziell unabhängig und konnte leben wie ein weiblicher Globetrotter. Ihr kleines Auto hatte sie links und rechts mit dem Union Jack und einer Hakenkreuzflagge dekoriert. So fuhr sie durch Europa, besuchte Freunde und machte überall Propaganda für Hitlers Ideen.
Aber Hitler, allen politisierenden Frauen gegenüber mißtrauisch, betrachtete diese Werbekampagnen seines Schützlings nicht ohne Mißtrauen. Bewunderung bedrückte ihn. Wenn er sich auch mit Vergnügen mit Unity und Diana unterhielt, so blieb er doch skeptisch, wenn Unity ihm ihren Traum von einer englisch-deutschen Weltherrschaft schilderte. Sie meinte, daß, wenn sich der Beherrscher des Meeres – damit meinte sie das Land ihrer Geburt – mit dem Herrn der Erde – das war ihr Held Hitler – verbinden würde, entstünde eine Allianz, die niemand mehr zerstören könnte, und sie wäre so segensreich, daß alle diese Verbindung begrüßen würden.
Lord und Lady Redesdale wurden mit dem Sohn Tom von Hitler zum Nürnberger Parteitag eingeladen. Sie erlebten auf der Ehrentribüne den Millionenaufmarsch der Braunhemden. Sie wohnten dem gigantischen Parteifest bei, anfänglich mißtrauisch, aber dann doch offensichtlich sehr beeindruckt. Sie versäumten keine der Kundgebungen, sahen die Hunderttausende von Männern an Hitler vorbeimarschieren. Sie sahen Hitlers Wagen in einem Meer von Blumen stehen, denn diese eisenharten Männer trugen Blumen mit sich, die sie vor Hitlers Wagen niederlegten wie Opfergaben, sie hörten Lieder, neue, mutmachende Lieder, fremde Marschmusik, Musik wie aus Urzeiten. Sie beobachteten die Kunstflüge der Luftwaffe, und über diesem Meer jubelnder Men-

schen und dem aus Tausenden von Scheinwerfern zusammengestellten gotischen Lichterdom. Denn noch lebte ja – für wenige Jahre – das uralte herrliche Nürnberg mit der aus dem rötlichen fränkischen Stein erbauten Burg, mit dem »Schönen Brunnen«, den unwiederbringlich im Bombenhagel zerstörten Patrizierhäusern. Einmal ging ich mit Unity noch spät am Abend durch die Stadt – hier mußte Richard Wagner der Einfall zu den »Meistersingern« gekommen sein –, man spürte die Poesie, Jahrunderte hatten am Zauber der Stadt, an ihrer Schönheit gebaut.
Wie seltsam muß es der Engländerin erschienen sein – am Tag der Marschtritt der Macht und nachts ein Haus, an dessen Ecke unter einem Fliederbusch Hans Sachs hätte sitzen und sein Lied singen können. Ein anderes Mal waren wir im Wohnhaus Albrecht Dürers, das noch unversehrt stand. Wir erzählten es Hitler, und er sagte: »Da gibt es ein Fenster, von dem aus Dürer die Burg sah«, und er zeichnete auf eines der Blättchen die Nürnberger Burg, so wie sie Dürer gesehen hatte, die Türme und Brücken. Er schenkte eine Zeichnung Unity, und eine mir.
Unity gehörte zum engen Kreis um Hitler, sie saß auf einem Ehrenplatz auf der Tribüne, als in Berlin die Olympischen Spiele stattfanden. Sie sah den Fackelläufer durchs Marathontor laufen und oben in der griechischen Schale das Feuer aufflammen, und sie hörte die helle Stimme, die dazu ruft »Glüh, heilige Flamme, glüh, glüh und verlösche nie!«. Sie bewunderte das Sportfest der Völker, und nachts, wenn im großen Spielfeld die altgriechischen Tanzspiele stattfanden. Sie verfolgte das »Frankenburger Würfelspiel«, das unten im Stadion stattfand, den Tanz der Palucca und ihre Tanzgruppe. Hitler gefiel die Palucca nicht, er sagte, es seien »tanzende Philosophen«.
Im Jahr 1938 war Unity für längere Zeit Gast der Familie Goebbels in Berlin. Sie wurde von der Frau Goebbels' und seiner schönen Schwester Maria offiziell in die Gesellschaft eingeführt, lernte den Bildhauer Professor Thorak kennen und den Regisseur Gründgens. Hitler zeigte ihr die Reichskanzlei, die großen Mar-

morhallen; sie erlebte die Empfänge dort mit dem diplomatischen Corps. Berlin war eine hellwache Stadt, eine »Stadt der Gewordenen«. Der französische Botschafter François-Poncet nannte Berlin »den prächtigsten Hof der damaligen Zeit«.

Unity ersann immer neue Möglichkeiten, Hitler in irgendeiner Form an sich zu binden.

Frau Magda Goebbels erkannte, daß Unity attraktiv war. Sie lud sie in ihr Haus nach Berlin ein. Unity wurde in der Berliner Gesellschaft herumgereicht, erlebte den Opernball und den Reichskanzleiempfang und gestand: »Es war zauberhaft, ich habe wie im Trancezustand gelebt.«

Alles interessierte sie, sie war eine der bewundertsten Frauen bei Hitlers Empfängen. Sie schrieb darüber: »Ich habe zwei Vaterländer, ich liebe und bewundere Deutschland!«

Die sagenhaften Angelsachsen, Heugist und Hossa, die sich Germanien und Britannien teilten, nahm sie als Beweis für eine unvergängliche Blutsverwandtschaft.

Alle Vermutungen, es könnte zu einem Krieg kommen, schlug sie in den Wind. Es erschien ihr unmöglich, daß Hitler jemals England bekriegen würde, und niemals wieder, so meinte sie, würden Engländer nochmals gegen ihre deutschen Brüder kämpfen.

Aber die Sturmwolken eines beginnenden Krieges verdunkelten die hellen Visionen einer frohen Zukunft. Hitler marschierte in Polen ein, und am 3. September erklärten Großbritannien und Frankreich aufgrund des britisch-polnischen Beistandspaktes Deutschland den Krieg.

Mit Verzweiflung hatte Unity die politische Entwicklung verfolgt. Sie, die Deutschland und England einander näherbringen wollte, mußte erleben, wie sich die beiden »geliebten Vaterländer« im Todeshaß gegenüberstanden. Sie wußte, wie alle, daß die strahlende junge Generation in Deutschland und England in diesem Krieg verbluten würde. Sinnlos sah sie ihre Lebensziele zerstört. Sollte sie nach England gehen und erleben, wie das geliebte Deutschland – zum Feind geworden – die Heimat bombardierte?

Oder sollte sie in Deutschland bleiben und die eigenen Landsleute verraten?

Sie wollte ihr Leben einer großen Aufgabe opfern. Nun gab es diese Aufgabe nicht mehr, nun gab es nur noch die ausweglose Verzweiflung, den brennenden, unerträglichen Schmerz.

Am 3. September 1939 um 12 Uhr mittags, eine Stunde nach Kriegsbeginn, verlangte sie Gauleiter Adolf Wagner zu sprechen. Adolf Wagner, Bergwerksbesitzer und bayerischer Gauleiter, gehörte zu ihren Freunden. Sofort wurde sie vorgelassen. Wagner nahm an, daß sie um ihr persönliches Schicksal besorgt war, und sicherte ihr jede persönliche Hilfe, jede Freiheit zu. Er garantierte, daß sie ihren Wagen behalten könnte. Aber das alles interessierte Unity nicht, sie dachte nicht an ihr persönliches Glück. Sie weinte, konnte nicht sprechen und legte ein großes verschlossenes Kuvert auf den Tisch und eilte hinaus.

Am Tisch des Gauleiters rasselten Telefone. In diesen ersten Stunden des Krieges mußten tausend Entscheidungen getroffen werden. So öffnete Wagner den Brief erst nach einer Stunde. Es fiel Hitlers Bild mit der warmherzigen Widmung an Lady Unity Mitford heraus.

Das Kuvert enthielt außer Hitlers Bild und dem Parteiabzeichen einen Brief Unitys an Hitler. Er war ein erschütterndes Dokument menschlicher Verzweiflung. Sie schrieb, daß sie sich von dem Bewußtsein zerrissen fühle, daß der Sieg, wer ihn auch erringe, immer nur ihre eigene Niederlage sein könne. Menschen und Völker, die sie mit allen Fasern ihres Herzens liebe und verehre, seien im Begriff, sich zu zerfleischen, statt sich zu umarmen.

Was jetzt geschähe, sei das fürchterlichste Unglück der Geschichte, der historische Selbstmord Englands und Deutschlands. Das bedeute Vernichtung der edelsten Menschen und schönsten Ideale. Für sich selbst sehe sie keinen anderen Ausweg mehr, als ihr Leben, das nunmehr weder ihr noch sonst jemandem etwas bedeuten könne, sofort zu beenden.

Adolf Wagner war zutiefst erschrocken. Die Lady hatte es ernst gemeint mit ihrer Liebe zu Deutschland. Ihre Friedensbemühungen waren keine noble Spinnerei gewesen, sie hatte daran geglaubt. Der Gauleiter Wagner ließ sie suchen, er wollte das Schlimmste verhindern.

Obwohl alle Behörden im Begriff waren, sich vom Frieden auf den Krieg umzustellen, war die Suche nach Unity vordringlich. Ein Polizeiauto raste in ihre Wohnung und in die Wohnungen ihrer Freunde, Verkehrspolizisten hatten die Weisung, ihren Wagen sofort zu stoppen, Polizeistreifen suchten sie auf Bahnhof und Flughafen, man ordnete Apothekern an, einem schönen jungen Mädchen keine Schlafmittel zu verkaufen. Im Fieber des ersten Kriegstages suchte ganz München ein englisches Mädchen.

Aber niemand hatte sie gesehen, seitdem sie das Büro des Gauleiters verlassen hatte.

Am nächsten Tag meldete die chirurgische Klinik in der Nußbaumstraße, daß dort ein auffallend schönes Mädchen mit durchschossener Schläfe eingeliefert worden war. Die Polizei hatte sie auf einer Bank im Englischen Garten rechts vom Haus der Kunst gefunden. Der Revolver lag noch in ihrer Hand. Man hielt sie für tot. Auf dem Transport ins Leichenschauhaus hatte man Lebenszeichen an ihr bemerkt und sie in die Klinik gebracht. Man erwartete ihr Ableben, sie hatte keinerlei Papiere bei sich, die Eleganz ihrer Kleidung sei auffallend. Die Sterbende wurde als Lady Mitford erkannt.

Der Gauleiter rief sofort Hitler an, der sich an der Front in Polen befand. Er unterbrach seine Lagebesprechung und ließ sich sofort mit Wagner verbinden. Telefonisch ordnete er an, daß Unity auf seine Kosten sofort in ein Zimmer erster Klasse verlegt werden sollte, eine Tag- und Nachtschwester sollte bei ihr sein, auch sollten die Eltern in England von dem Unglück unterrichtet werden. Professor Magnus, der Chef der chirurgischen Klinik, sollte sie untersuchen und ihm Bericht erstatten.

Unity starb nicht. Nach zwanzig Stunden erwachte sie aus der tiefen Bewußtlosigkeit, starrte ihre Umgebung mit weit aufgerissenen Augen an, sie konnte nicht zu verstehen geben, ob sie wußte, was um sie her geschah. Professor Magnus untersuchte sie eingehend und stellte fest, daß die Kugel im Kopf steckte, und zwar in jenem Nervensystem, das die Bewegung der Gliedmaßen lenkt. Unity war an den Beinen und an der rechten Hand gelähmt. Äußerlich erschien sie unverletzt, das Haar bedeckte die kleine kreisrunde Wunde des Einschusses.

Am 10. September 1939, also während des Höhepunktes des Polenfeldzuges, kam Hitler plötzlich nach München und begab sich mit seinem Adjutanten Julius Schaub sofort in die Klinik in der Nußbaumstraße, Zimmer 202, zu Unity Mitford. Er legte ihr wortlos einen riesigen roten Nelkenstrauß auf die Bettdecke und faßte nach ihrer Hand. Unity konnte nicht sprechen, sie richtete nur ihre Augen auf Hitler, solange er bei ihr im Zimmer weilte.

Draußen berichtete Professor Magnus Hitler, daß eine Genesung ohne Entfernung der Kugel nicht möglich sei. Solange sie im Gehirn säße, würde die Lähmung anhalten, auch seien dadurch die geistigen Funktionen gehemmt.

Dem Wunsch Hitlers, das Geschoß sofort operativ zu entfernen, widersetzte sich Professor Magnus. Er wollte zunächst die Verletzte beobachten, bevor er einen Eingriff, der mit größter Lebensgefahr verbunden war, wagte.

So konnte Hitler nur veranlassen, daß Unitys Wohnung versiegelt wurde und daß man die Eltern vom Zustand ihrer Tochter laufend informierte.

Unitys große Dogge ließ Hitler zu Unitys Freunden ins Burgenland bringen, die dort ein Gut besaßen.

Wochenlang dämmerte das Mädchen zwischen Leben und Tod. Täglich schickte Hitler Blumen, und so oft er in München war, besuchte er sie. Langsam besserte sich ihr Zustand, sie erkannte ihn nun und lächelte ihn an.

Hitler veranlaßte, daß die Frau des Adjutanten Schaub jeden Tag bei Unity Besuch machte, damit sie ein vertrautes Gesicht sah.

Als Unity langsam zu sprechen begann, vermieden es Ärzte und

Schwestern, vom Krieg zu sprechen oder vom versuchten Selbstmord. In Unitys Bewußtsein schienen die Ereignisse ausgelöscht zu sein. Einmal fragte sie nach ein paar jungen Männern aus Hitlers Umgebung. Man wollte ihr nicht sagen, daß sie zu ihren Truppenteilen eingerückt waren. So sagte man, sie wären verreist. »Seltsam«, meinte Unity, »daß im November alle verreisen!«
Auf Hitler hatte Unitys schrecklicher Entschluß einen tiefen Eindruck gemacht. Er sagte zu meinem Vater: »Furchtbar, daß das schöne Kind nun so hilflos daliegt und ihr Geist, der die Welt umspannen wollte, in den engen Grenzen dieses Zimmers gefangen ist. Ich habe Angst, Hoffmann, ich bringe Frauen kein Glück. Vor sieben Jahren Gelis furchtbarer Tod, und nun dieses zerstörte Leben. Ich fühle mich schuldig, ich wage gar nicht mehr, einer Frau meine Bewunderung zu zeigen.«
Professor Magnus riet nicht zur Operation, und nach längerer Überlegung fürchtete auch Hitler, einen unglücklichen Ausgang der Operation würde ihm die englische Propaganda als beabsichtigte deutsche Schändlichkeit, ja, als Mord, ankreiden. Man würde behaupten, daß er sich dieser Engländerin entledigt habe, weil sie über den inneren Kreis der NS-Führung mehr gewußt habe, als sonst jemand im Ausland.
Die Patienten der großen Klinik erfuhren nicht, wie das Mädchen hieß, das sich in Nummer 202 befand. Sie wußten nur, daß Hitler hierher kam, so oft er konnte. Den katholischen Nonnen wurde ein Versprechen abgenommen, nicht über die Patientin und ihr Schicksal zu sprechen, und sie hielten sich daran wie an ein Gelübde.
Als Hitler dem Attentat im Münchner Bürgerbräukeller am 9. 11. 1939 wie durch ein Wunder entging, teilte man es Unity mit, und wie er selbst sah sie in seiner Rettung die Hand der Vorsehung.
Im Frühjahr 1940 hatte sich Unitys Zustand soweit gebessert, daß sie sich an Vergangenes erinnerte.
Frau Schaub wollte ihr einen Hinweis auf das Erlebte geben und legte ihr das Kuvert mit dem Bild Hitlers und dem Parteiabzei-

chen, das sie in jener Stunde des 3. September auf den Tisch des Gauleiters gelegt hatte, aufs Bett. Unity zuckte zusammen, als hätte sie etwas Schreckliches berührt. Dann nahm sie es an sich, brach das Gespräch ab und wirkte so verstört, daß Frau Schaub das Zimmer verließ. Der Krankenschwester fiel auf, daß das Mädchen verändert war, auch bemerkte sie, daß zwar Hitlers Bild im Silberrahmen neben Unitys Bett stand, daß aber das Parteiabzeichen, das ja Frau Schaub mitgebracht hatte, fehlte. Es kam auch nach gründlicher Durchsuchung des Zimmers nicht zum Vorschein. Der Chefarzt veranlaßte eine Röntgenaufnahme von Unity.

Tatsächlich hatte Unity das Abzeichen verschluckt.

Professor Magnus konnte es mit einer Sonde, also ohne Operation, entfernen. Von dieser Stunde an ließ man das unglückliche Mädchen nicht mehr allein. Jeder Gegenstand, mit dem ein verzweifelter Mensch sich töten könnte, wurde entfernt. Unity ließ alles schweigend über sich ergehen, so als berührte sie alles, was geschah, nicht mehr. Nur Hitlers Besuche drangen in ihr Bewußtsein, sie hielt seine Hand fest, solange er im Zimmer war.

Da sie in ihrem Zimmer isoliert von der übrigen Welt lebte, ahnte sie nicht, wie weit die Menschheit schon im Begriff war, sich selbst zu vernichten.

Hitler informierte Lord Redesdale über die Schweiz genau über Unitys Gesundheitszustand, und als sie für reisefähig erklärt wurde, bat die Familie, sie nach England zu überführen. Dafür wurden in München wohlbedachte Vorbereitungen getroffen.

Das Abteil eines D-Zug-Wagens erster Klasse wurde umgebaut. Ein bequemes, federndes Bett wurde eingerichtet. Bis Zürich begleitete Dr. Reiser den Transport mit einer Begleitschwester. In Zürich stand ein englischer Arzt bereit.

Unitys Heimreise ging über die neutrale Schweiz nach Südfrankreich, wo ein Schiff sie übernahm, auf dem schon Lord Redesdale sie erwartete.

Mit einem Strauß Rosen verabschiedete sich Hitler, und Unitys

Hitlers Halbschwester, Frau Angelika Rau-
al, mit ihrer Tochter Geli.

) Geli Raubal.

11 Prinzregentenplatz 16/II. Hier wohnte Hitler, hier erschoß sich Geli Raubal.

12/13/14 Geli Raubal: drei Seiten eines Charakters.

15 *Als die amerikanischen Besatzungssoldaten die Tür zu Gelis Zimmer öffneten, stand auf dem Tisch der Bronze-Kopf der lächelnden jungen Nichte Hitlers* (rechts).

6 *Unity Mitford, stehend, mit ihrer Schwester essica* (rechts).

Die Familie Mitford, Asthall 1921. Oben on links nach rechts: *Muv, Nancy, Diana, Tom, am, Farve.* Unten: *Unity (Bobo), Decca, Debo.*

18 *Unity Mitford, in britischer Faschistenuniform vor dem Adler mit dem Hakenkreuz am Eingang zum Braunen Haus, München, Briennerstraße* (links).

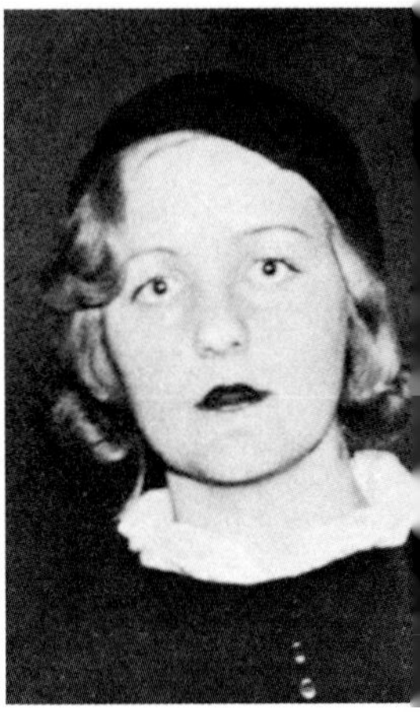

19 *Unity Mitford.*

20 *Dr. Karl Brandt, Hitlers Begleitarzt, und seine Braut, die deu sche Meisterschwimmerin Anni Rehborn. Hitler und Göring a Trauzeugen, im Hintergrund Helmut Brückner.*

Gesicht war tränenüberströmt, als sich der Zug in Bewegung setzte.
In England entfernte man die Kugel. Aber niemand in Deutschland erhielt je ein Lebenszeichen von Unity. Ihre Wohnung blieb versiegelt. Erst als die Bombenangriffe begannen, ließ Hitler das Eigentum Unitys sorgfältig verpacken und bei einer Speditionsfirma einlagern. Bis zum 1. April 1945 wurden die Lagerkosten von ihm bezahlt.
Nach dem Krieg erschienen in der englischen Presse wieder Bilder von Unity. Sie schien geheilt, bewegte sich unter vielen Menschen. Nach einigen Jahren meldete eine Zeitung ihren Tod.
So endete die Geschichte der Beziehung zwischen einer merkwürdigen Frau und Hitler, einer Frau, die wie wenig andere in der Umgebung Hitlers Selbständigkeit und Unternehmungsgeist bewiesen hatte. Sie war dem Führer nicht »verfallen«, wie viele andere Frauen, als Engländerin der Aristokratie galt für sie niemals der Grundsatz, daß die Frau die ergebene Dienerin des Mannes sein müsse. Aber sie war seiner und ihrer Idee verfallen, so sehr, daß sie viel zu lange nicht bemerkte, wohin dieser Mann und seine Politik eigentlich steuerten.
Vielleicht ist sie an dieser großen Enttäuschung innerlich zugrunde gegangen. Ich habe keinen Mann gekannt, der mit so stolzer Zuversicht an seine Idee glaubte.
Hitler hielt ja auch die Frau für tapferer, optimistischer als den Mann. Helden sind heute verachtet, aber Unity war heldisch, und wenn ich heute in die ›Osteria‹ gehe und alles ist so gemütlich, so anheimelnd, so sehe ich sie wie einen hellen flüchtigen Schatten, die Bücher mit einem Lederriemen zusammengehalten, lächelnd, das Haar mit einem Schwung zurückwerfend, mit dem offenen Blick.
Vielleicht waren Unitys Pläne zu groß, zu idealistisch; die Menschen waren zu klein, um die Kühnheit eines Mädchens zu begreifen.

V.

Carin Göring

Drei Schwedinnen haben Hitlers Bild von der skandinavischen Frau geprägt. Vor allem die göttliche Garbo, jeden ihrer Filme sah er sich mehrmals an. Als er den Film einer anderen Schwedin, Ingrid Bergmann »Die vier Gesellen« sah, wollte er die Schauspielerin mit großartigen Filmangeboten nach Deutschland locken, aber die Bergmann war schon an ihren amerikanischen Vertrag gebunden.
Hermann Görings erste Frau war Schwedin. Für Hitler war sie die Inkarnation des Weiblichen, er war gern in ihrem Haus in Obermenzing (es wurde von Carins Vermögen gekauft, das ihr nach der Scheidung von ihrem schwedischen Mann ausbezahlt wurde).
Es war eine abenteuerliche Liebesgeschichte, die Hermann und Carin zusammengeführt hat. Sie begann in der verzweifelten Zeit nach dem Ersten Weltkrieg. In Deutschland war die monarchische Ordnung gestürzt. Entwurzelte Soldaten marschierten in Spartakusverbänden und Freicorps gegeneinander. In Bayern wurde eine Sowjetrepublik ausgerufen, und München wurde nach einem Revolutionsjahr durch General Epp wieder davon befreit.
Inflation, Finanzskandale, Arbeitslosigkeit, Wirtschaftskrise. Die heimkehrenden Offiziere wurden wie Verbrecher behandelt, auch die Kampfflieger. Man riß ihnen die Orden herunter. Einer der Offiziere war Hermann Göring, eines der Asse des Luftkrieges. Seine Geschicklichkeit als Führer von Kampfmaschinen erhob ihn schließlich zum Kommandeur des berühmten Richthofengeschwaders, nachdem dessen Gründer, der »Rote Baron« – der so hieß, weil er aus Übermut seine Maschine rot angestrichen hatte,

Freiherr Manfred von Richthofen –, am 24. April 1918 im Luftgefecht über Vaux-sur-Somme abgeschossen worden war. Mit achtzig Luftsiegen war er der erfolgreichste Geschwaderführer des Ersten Weltkrieges.
Sein Nachfolger wurde Hermann Göring.
Er schoß in Luftkämpfen 36 feindliche Maschinen ab und erhielt die höchste militärische Auszeichnung, den Pour-le-mérite-Orden. Aber 1918 war der Krieg verloren, und die Helden galten nichts. Als Göring während der Revolution auf dem Flugplatz Schleißheim mit seiner Maschine landete, riß man ihm die Uniformjacke herunter und auch das Hemd, so daß er mit nacktem Oberkörper vor den Revoluzzern stand. Da nahm er gelassen das EK I von seiner Jacke und steckte es sich an die bloße Haut.
Als man ihn zwingen wollte, seine Kampfmaschine, ein Flugzeug, wie man es heute nur noch im Museum findet, dem Sieger abzuliefern, benutzte er einen unbewachten Augenblick und flog mit der Maschine nach Schweden.
Göring liebte Schweden. Er sah selbst wie ein Wikinger aus, groß, schlank, sonnengebräunt mit wachsam hellen Augen.
Görings Vater war der erste Gouverneur von Deutsch-Südwestafrika.
Ehe der Junge geboren wurde, reiste seine Mutter nach Deutschland, das Kind sollte in der Heimat geboren werden. Burg Veldenstein bei Rosenheim gehörte den Görings. Hermann wurde hier am 12. 1. 1893 geboren und wuchs mit seinen Brüdern und Schwestern hier auf.
Er erhielt die reguläre militärische Erziehung eines Offiziers.
Mit 19 Jahren wurde er zum Leutnant in einem preußischen Infanterieregiment. Bei Kriegsausbruch war er 21 Jahre alt.
Er war zuerst Flugzeugbeobachter, dann wurde er Flugzeugführer. Zunächst wurde er nur leicht, wenig später im Luftkampf schwer verwundet. Nach der Ausheilung avancierte er nach dem Absturz Manfred von Richthofens zum Kommandeur des Jagdgeschwaders Richthofen.

Er war also etwas über 25, als er sich in Stockholm nach der Flucht mit der Maschine niederließ. Er suchte einen Job als Verkehrspilot.
Fokker, der Kommandeur des Richthofen-Geschwaders, in dem Göring im Krieg gedient hatte, baute nun Flugzeuge vom gleichen Typ, den die Luftwaffe im Krieg benutzte. Fokker bot Göring an, seine Firma in Skandinavien zu vertreten. Göring nahm an und reiste nun von einer dänischen Stadt zur anderen und verkaufte Flugzeuge, Fallschirme, Ausrüstungsmaterial, er beriet die dänische Luftverkehrsgesellschaft.
Dazu veranstaltete er gegen eine Bezahlung von 50 Kronen je Vorführung Kunstschauflüge für große Menschenmassen, auch Fallschirmabsprünge. Er war wieder ganz in seinem Element. So verbrachte Göring die Tage in der Luft, die Abende in heiterer Gesellschaft. Die deutsche Kolonie schloß den gutaussehenden Deutschen, der so amüsant zu erzählen verstand, ins Herz.
Im Jahre 1920 nahm er die Stellung eines Chefpiloten der Svenska Lufttrafik in Stockholm an. Außerdem verdingte er sich mit seiner Maschine als Lufttaxi.
Es war Winter, und der Schneesturm fegte über die Stadt. Der Forschungsreisende Eric Graf Rosen, der eben von einer Reise an den Gran Chaco zurückgekehrt ist, wollte nach Hause fliegen. Es war Weihnachten, und niemand wollte den tollkühnen Flug wagen! Nur Göring bot sich mit seiner Maschine an.
Graf Rosen gefiel der Mann. So flogen sie mit der kampferprobten Maschine über verschneite Seen und Berge durch den nordischen Wintersturm. Am Abend landeten sie auf dem zugefrorenen Bivensee vor den roten Mauern des Schlosses Rockelstad.
Der abenteuerliche Flug war geglückt, Graf Rosen war zu Hause. Ein Zuhause ganz nach Görings Geschmack.
Viele Jahre später, als er preußischer Ministerpräsident war und vierzig Kilometer von Berlin entfernt, in der Schorfheide, sein Jagdhaus Carinhall baute, schwebte ihm dabei das Schwedenschloß vor. Auch die Halle von Carinhall war aus Holzstämmen

gebaut, Bärenfelle lagen am Boden, es gab einen offenen Steinkamin, Elchgeweihe aus Rominten in Ostpreußen hingen an den Wänden – einfach wie vor Jahrtausenden.

Aber noch war er 25 Jahre alt und Gast in Rockelstad.

An den Wänden hingen Waffen, alte Rüstungen, Erinnerungsstücke des Weltreisenden Eric von Rosen. Im Treppenaufgang stand ein riesiger Bär, einer der vielen, die der Hausherr nach altnordischem Brauch mit dem Speer erlegt hatte.

Zwei Hakenkreuze aus Schmiedeisen schmückten die eisernen Stangen, auf denen die Holzscheite für das Kaminfeuer gestapelt waren.

So begegnete Göring einem Symbol, das ihn sein Leben lang begleiten würde.

Aber der Blitzstrahl, der den Unvorbereiteten an diesem Abend treffen sollte, stand noch bevor. Das Schicksal hatte ihn mit besonderer Absicht in die Halle von Rockelstad geführt.

Mary Gräfin Rosen war die Hausherrin, sie hatte heißen Punsch vorbereitet für die durchfrorenen Flieger.

Ein bezauberndes Wesen schritt die breite Treppe zur Halle herunter, eine junge Frau mit dem weltberühmten Charme der Schwedinnen. Das Kaminfeuer vergoldete ihr Gesicht. Sie umarmte ihren Schwager und begrüßte den Fremden, den Deutschen. Sie lächelte ihn an. An ihrem Blick konnte er erkennen, wie ihr Herz klopfte. Es war Carin, die Schwester der Hausfrau, eine der fünf Töchter des Baron Fock.

Lang saß man zu Tisch an diesem Abend. Hier konnte Göring offen reden, er schilderte das Schicksal seines Volkes, es beeindruckte seine neugewonnenen Freunde, wenn er von seiner Liebe zu Deutschland sprach.

Eric von Rosen hob das Glas und wünschte, daß Deutschland wieder frei, geachtet und gleichberechtigt würde. Er sagte Göring, daß das Schwedenvolk an Deutschlands Zukunft glaubte.

Dann nahm er seine Laute und sang die nordischen Volkslieder, die sich ganz in das Herz des Deutschen schmiegten.

Göring konnte an diesem Abend wenig mit Carin sprechen, aber er wußte, daß etwas mit ihm geschehen war. Er hatte sich verliebt. Er ahnte, daß diese Frau sein Leben verändern würde. Aber so einfach war das nicht. Carin war mit Nils von Cantzow verheiratet und hatte einen kleinen blonden Sohn, Thomas.

Aber Göring war kein Mann, der sich mit einem Flirt zufrieden gab. Was ihm gefiel, wollte er auch besitzen. Die schwedische Carin war für ihn das Ideal einer Frau.

Carin war die vierte der fünf Töchter des schwedischen Obersten Freiherr Carl A. von Fock und von Huldine Beamish aus Irland. Die Focks waren mit den Ordensrittern nach dem Baltikum gezogen, und Walter von Plettenberg hatte ihnen Güter verliehen. Johan von Fock, geboren 1575, wurde nach schwerer Verwundung Kommandant der Festungen bei Narva, sein jüngster Sohn Gideon wurde von Christine von Schweden geadelt. Die Familie besaß ein altes Patrizierhaus in Riga.

Zur Zeit Carls XII. war ein Fock Regimentskommandeur beim Königlichen Helsinge Regiment, und als Carins Vater im Weltkrieg dasselbe Regiment befehligte, hing der alte Degen seines Ahnherrn über seinem Schreibtisch.

Carins Mutter stammte aus einer englischen Familie. Ihr Großvater stand als junger Mann bei den Coldstream Guards in London, zog dann nach Irland, in die Nähe von Queenstown.

Carins Großmutter war die Tochter des Professors Mosander, Schüler des Chemikers Berzelius.

Im Landhaus Engsholm bei Drottningholm haben sich Carins Eltern kennengelernt. Carl von Fock, Leutnant bei der Svea Garde, war 26, seine Braut 20 Jahre alt, als die Hochzeit am 15. September 1880 in der schönen alten Skeppesholmskirche auf der grünen Insel in Stockholm stattfand.

Fünf Töchter wurden geboren. Die älteste, Fanny, heiratete einen deutschen Offizier, den zur Deutschen Gesandtschaft kommandierten Grafen Wichard zu Wilamowitz-Möllendorf auf Schloß Gadow.

Er fiel im Ersten Weltkrieg. Die zweite Tochter blieb ledig, die dritte heiratete Eric von Rosen, die vierte wurde die Frau des Leutnants Nils von Cantzow, Lily, die jüngste, heiratete den Maler Seth Martin.

Carin wurde am 21. Oktober 1888 geboren. Sie war, was man eine »sensitiva« nennt, »hautlos« überempfindsam, zur Bewunderung für alles Edle, Heldische erzogen.

Sie genoß das glückliche schwedische Familienleben, Hausmusik, Skilaufen, hatte einen Mann, einen kleinen Sohn, als Görings Erscheinen ihr Leben vollkommen veränderte.

Göring blieb einige Monate in Stockholm. Da reifte sein Entschluß. Carin sollte sich von Nils Cantzow trennen und mit Göring nach Deutschland gehen. Sie trennte sich in Güte von ihrem Mann. Göring reiste nach Deutschland, und einige Zeit später fuhr Carin zu Hermanns Mutter, um seine Welt kennenzulernen.

Die Scheidung erfolgte, und in München fand die Hochzeit statt.

Görings Schwestern und Brüder und seine Mutter kamen, aus Schweden reisten Carins Schwester Fanny und deren Tochter Dagmar an.

Carin trug ein weißes Kleid und im Haar einen Kranz weißer Rosen.

Das Deutschlandlied erklang, obwohl Deutschlands Lage verzweifelt war.

Ein junger Flieger von Köckritz überbrachte die Grüße der Kameraden: »Das haben wir schon immer gesagt, unser Hermann wird's weiter bringen als alle andern.«

Major Bodenschatz, der später Görings Adjutant sein würde, sang Hermann Löns' Lieder zur Laute.

In Obermenzing, in der Nähe von Nymphenburg, kauften sich Görings eine kleine Villa. Das obere Stockwerk war mit Biedermeiermöbeln eingerichtet. Carins kleine weiße Orgel wurde aus Schweden geschickt. Chinesische Stickereien hingen gerahmt an der Wand.

Im großen unteren Raum war Platz für Görings Fliegerkameraden, auch Dietrich Eckart, Putzi Hanfstaengl, Hermann Esser kamen oft.
Hitler, der in einem unbehaglichen möblierten Zimmer lebte, schätzte das schwedisch eingerichtete Heim sehr. Noch viele Jahre später würde er sich an Carins Gastfreundschaft erinnern.
Oft besuchten Görings das kleine Jagdhaus Hochkreuth bei Bayrischzell. Von hier aus machten sie Bergtouren. Abends traf man sich in der Kreuther Alm zur Zithermusik.
Die Sorge um Deutschland bedrückte Göring. Er sammelte seine Fliegerkameraden um sich: Milch, Bodenschatz, Udet, Lörzer, Körner, Ritter von Schleich, alle, die später mit ihm in hohe Staatsstellungen aufsteigen würden, tapfere Männer, deren Namen auch der Feind mit Respekt nannte, trafen sich in bayerischen Berghütten.
Sie warteten nur auf das Zeichen, das sie alle zusammenrief. Da wurde ein Name bekannt: Adolf Hitler. Sein Kampfruf »Deutschland erwache!« erreichte sie, das Zauberwort: »Arbeiter der Stirn und der Faust vereinigt euch!« gab ihnen ein Ziel.
Hitler wollte »ein Magnet sein, der alle wertvollen Menschen anzieht«, Adler und Hakenkreuz waren für ihn keine Vereinsabzeichen, sondern Siegesbanner. Er wollte die Verhältnisse in Bayern und im Reich ändern, und er sprach aus, was sich viele ersehnten. Er wies auf Vorbilder hin; Gazi Mustafa Kemal Pascha, den man später Atatürk nannte – Vater der Türken –, war es am 27. Dezember 1920 gelungen, den Regierungssitz von Istanbul nach Ankara zu verlegen und damit seinen Führungsanspruch zu demonstrieren. Auch Hitler wollte eine »Ankara-Lösung«.
Mussolinis Marsch auf Rom am 28. Oktober 1922 bestärkte Hitler in seinen ehrgeizigen Plänen.
Er wollte in München eine nationale Regierung für das Deutsche Reich ausrufen. Am 9. November 1923 war es soweit: »Was einen Mann ausmacht, ist seine Aktivität«.
Im Bürgerbräukeller an der Rosenheimer Straße versammelte

Hitler seine Anhänger. General a. D. Erich von Ludendorff, seit 1920 einer der Protektoren der nationalen Bewegung, war im Laufe der Nacht zu ihm gestoßen. Das Kriegsministerium an der Schönfeldstraße war von Hauptmann Röhm und der »Reichskriegsflagge« besetzt. Reichswehr und Landespolizei hatten Befehl, Demonstrationen in der Stadt zu verhindern.

Hitler marschierte. Der Demonstrationszug überrannte die von der Landespolizei auf der Ludwigsbrücke errichtete erste Absperrung und drang bis zur Feldherrnhalle vor.

Da kam von der Seite der Theatinerkirche ein Schwarm Landespolizei gelaufen, an der Spitze anscheinend ein Landespolizeioffizier. Es entspann sich etwa 20 bis 25 Sekunden ein regelrechter Feuerkampf.

In der ersten Reihe marschierte Göring. Ihn traf der erste Schuß. Dann stürzte tödlich getroffen Dr. von Scheubner-Richter, den Hitler untergehakt hatte. Scheubner-Richter riß ihn zu Boden und renkte ihm den Arm aus.

Außer den vierzehn Hitlermännern waren auch drei Polizisten gefallen.

Die Straße war rot von Blut.

Nachdem man die Toten und Verwundeten weggebracht hatte, kamen Lastwagen mit Sägemehl, man schüttete es auf das Blut, eine letzte schauerliche Szene der gescheiterten nationalen Revolution.

Görings Oberschenkel war durchschossen, man verband ihn notdürftig auf der Straße und brachte ihn in die Klinik zu Professor von Ach. Man verständigte Carin. Sie fuhr zu Hermann in die Klinik.

Sie verstand nicht, daß Deutsche auf Deutsche geschossen hatten! Sie war ganz ruhig, hielt Görings Hand.

Die Stadt brodelte vor Aufregung. Die Stimmung war für Hitler, aber Kahr sollte eine wilde Jagd auf Hitler und seine Leute veranstalten. Auch Göring würde man verhaften, er mußte noch heute aus der Stadt gebracht werden, auch unter Lebensgefahr.

Freunde wurden benachrichtigt, ein Auto wurde besorgt.
Carin konnte nur die wichtigsten Dinge in einer Tasche mitnehmen. Ihren langen Pelzmantel und die Kappe brachte sie zu Hofmann, in den Mantel gewickelt waren Görings Kriegsauszeichnungen, der Pour le mérite, das Verwundetenabzeichen, das EK I. Göring wurde auf die Rücksitze des Wagens gelegt. Carin saß vorn beim Fahrer. Sie flohen nach Garmisch, blieben kurz bei Freunden, wollten weiter nach Österreich. Aber an der Grenze verhaftete man Göring und brachte ihn zurück ins Garmischer Krankenhaus.
Seine Freunde bereiteten eine erneute Flucht vor. Nachts trug man Göring auf der Bahre wieder ins Auto.
Diesmal hatte man gefälschte Pässe, und die Flucht gelang.
Als sie ihr Ziel in Innsbruck, die Wohnung von Dr. Soppelsa, erreicht hatten, war Göring von Fieber geschüttelt. Später schrieb Carin an ihre Mutter: »Ich kann Dir nicht beschreiben, wie die Flucht gelang, das muß ich Dir selbst erzählen. Aber glaube nur nicht, daß Hitlers Sache verloren ist, es wird in unserer prosaischen Zeit ein Wunder geschehen.«
Görings Adresse war nun: Dr. Soppelsa
Bahnhofsplatz 9
Innsbruck
Hitler und seine Männer waren in der Festung Landsberg eingesperrt. Görings Auto wurde beschlagnahmt, das Haus besetzt, das Konto gesperrt. Durch einen Jungen, der sich über die bayerisch-österreichische Grenze schlich, stand er in schriftlicher Verbindung mit Hitler, der sich auf den Prozeß vorbereitete.
Aus Schweden trafen bei Carin Pakete ein.
Carin sprach wenig Deutsch, man wollte sie verhaften, aber ihre Freunde erreichten, daß der Haftbefehl in Tirol keine Wirkung hatte. Görings Zustand verschlimmerte sich. Geschoßteile waren tief in die Wunde eingedrungen, die Wunde eiterte.
Carin schrieb nach Stockholm: »Trotz des täglichen Morphiums sind die Schmerzen nicht geringer.«

Nun mußte Göring operiert werden. Am Heiligen Abend konnte er die Klinik auf Krücken verlassen. »Er ist mager und bleich wie Schnee, ich kenne ihn kaum mehr, der ganze Mensch ist wie ein anderer«, berichtete Carin der Mutter nach Stockholm.
Die schwedischen Zeitungen berichteten ausführlich über den mißglückten Putsch und brachten Bilder von Hermann und Carin.
Nun wohnten Görings im Hotel Tiroler Hof in Innsbruck. Der Hotelwirt stundete ihnen die Kosten. Am Silvesterabend 1923 kam der Rechtsanwalt Lorenz Roder mit Nachrichten und Briefen von Hitler aus der Festung Landsberg. Der Tisch im Speisesaal war mit Misteln und roten Bändern geschmückt, die Zeitungen berichteten, daß Göring – wenn auch auf Krücken – gehen konnte. Er erhielt zweihundert Telegramme, meist von Unbekannten, und Carin meinte: »Wenn wir nur das Geld hätten, was das gekostet hat!«
Lorenz Roder nahm schwedische Süßigkeiten und Zeitschriften mit zu Hitler.
Jede Woche gingen Briefe zwischen Innsbruck und Stockholm hin und her. Doch Carin war zu zart für das unruhige Leben, sie hatte schwere Herzanfälle, lange Ohnmachten. Sie sehnte sich nach Schweden.
Am 26. Februar 1924 begann der Hitlerprozeß in München. Hitler wurde zu fünf Jahren Festungshaft verurteilt. In Landsberg begann er sein Buch »Mein Kampf« zu schreiben. Immer wieder bat er um Schreibpapier.
Elsa Bruckmann, Winifred Wagner und Carin Göring versorgten ihn damit. Im April 1924 fuhr Carin nach Deutschland, um Geld aufzutreiben. Göring konnte nicht nach München, sein Steckbrief hing an allen Bahnhöfen, jeder kannte ihn, er konnte sich nicht unkenntlich machen, galt als flüchtiger Landesverräter, der die Regierung stürzen wollte.
Carin besuchte Hitler in seiner Zelle in Landsberg, brachte ihm Schallplatten mit Musik von Edvard Grieg und den immer wieder

erbetenen Kaffee. Hitler schenkte ihr sein Bild und schrieb darunter:

Der tapferen Frau meines treuen Kameraden
15. April 1924

Carin berichtete alles nach Schweden, ihre Briefe wurden nach Carins Tod von den Schweden veröffentlicht, sie schrieb aus Innsbruck:

»... nun muß ich Euch erzählen, wie nett wir es gestern hatten, es war nämlich unser Hochzeitstag. Es fing am Morgen an mit dem entzückendsten Strauß roter Rosen und Nelken, so ungefähr hundert Stück, als ob Hermann Millionen geerbt hätte!!

Eine schöne weiße seidene Bluse mit der Hand gestickt, dann diese kleine nette Schreibmaschine, die mit diesem Brief hier eingeweiht wird. Es ist eine Underwoodmaschine und das praktischste, was man sich denken kann, geht so leicht, daß man es kaum hört, mit so vielen kleinen modernen Vorrichtungen, daß es eine Freude ist, damit zu schreiben. Man braucht z. B. nicht die Reihen umzuschalten, das geschieht automatisch, und ist es nicht schön, daß sie auch rot schreiben kann? Ich hatte mir schon lange eine Maschine gewünscht; wir hatten hier eine von der Partei geliehen, aber die war bei weitem nicht so gut wie diese, sie bewirkte nur, daß man eine wilde Sehnsucht bekam, eine eigene zu haben, aber niemals habe ich gedacht, daß ich so glücklich würde. Wir hatten einen herrlichen Tag ganz für uns. Hermann hat sich ganz frei gemacht und das war wirklich wunderbar, einmal sich ganz allein zu haben.

Es ist so selten jetzt, immer sind Menschen um ihn herum.

Wir tranken zum Abendessen eine Flasche Sekt und erinnerten uns aller Dinge, aller jetzt überwundenen Schwierigkeiten, alles, was wir zusammen durchgemacht haben, was sicher dazu beigetragen hat, daß wir jetzt einander unendlich nahestehen, was unsere Liebe und Verstehen vertieft hat...«

Im Mai 1924 fuhren Carin und Hermann nach Italien; er wollte Fühlung mit Mussolini aufnehmen und Carin den Süden zeigen. Am 5. Mai schrieb sie nach Stockholm:

»Venedig, Hotel Britannia

Meine Liebsten,
man fühlt sich ganz protzig, hier in einem Hotel in Venedig zu sitzen, und Briefe zu schreiben. Es ist mir, als ob ich es nicht selbst wäre, sondern eine andere, berühmtere Person. Niemals dachte ich, daß ich nach Italien kommen würde!! ›In Venedig, auf dem Weg nach Rom‹.
...in meinem Leben habe ich nicht solche Farben gesehen.
Wir haben am Lido im Meer gebadet, es ist wie ein Traum, ich stehe neben mir, und sehe zu, wie ich in einer Gondel fahre und Serenaden höre...
Gestern war so ein himmlischer Abend. Wir fuhren um zehn Uhr in der Gondel, vorn eine grüne Lampe, der ganze Canal voller Gondeln mit verschiedenfarbigen Lampen...
Und überall Gesang. Schmeichelnd, wild... O Gott, wie romantisch es war!
Hier im Süden sind die Stimmen wärmer, weicher, verführerischer, man kann dann nicht schlafen, weil das Herz so voll davon ist. Der Direktor des Hotels Britannia ist ein Freund vom Direktor des Hotel Tiroler, und so zahlen wir nur 65 Lire pro Tag und Person, das würde sonst 100 Lire kosten.
Das Essen ist ausgezeichnet: Langusten und Seemoi, Lamm, Spaghetti, Obst! Entzückende Läden und Schmucksachen, daß man wegschauen muß, um über die eigene Armut nicht zu weinen.
Korallen und Glas und echte und unechte Antiquitäten.
Gott hat wohl die Absicht, daß er einen so leben läßt. ›Nur einen Tag, nur eine Stunde‹.
Schreibt uns nach Rom Hotel Eden.«
In Rom traf Göring mit Mussolini zusammen. Dessen Erfolge machten ihm Mut.
Aber Carin ging es gesundheitlich schlecht, ihr Herz hatte Schaden genommen, sie fühlte, daß Hermann unter der erzwungenen Tatenlosigkeit litt, die Briefe aus Italien klangen nur fröhlich, sie schrieb nichts von den brennenden Geldsorgen.

Als Wohnort blieb ihr nur Schweden. Freunde finanzierten die Rückreise nach Stockholm. Deutschland mußte umgangen werden, sie fuhren über Österreich, die Tschechoslowakei, Polen, Danzig nach Schweden. In Stockholm konnte Carin wieder den Sohn Thomas umarmen, sie mußte ihre Zustimmung geben, daß er in Schweden erzogen würde.

Göring hoffte auf Amnestie. Bis es soweit war, mußte er Geld verdienen, aber in Schweden herrschte Arbeitslosigkeit. Aus dem Balkan und aus Rußland waren Scharen von Flüchtlingen gekommen. Sie hofften auf Arbeit, Unterstützung, Hilfe.

Das Flugwesen war noch wenig entwickelt. Piloten waren nicht gefragt. Die schwedische Familie Carins konnte die immer wiederkehrende Kampfeslust von Hermann und Carin nicht verstehen.

Die Idee des Nationalsozialismus schien den Schweden jetzt, nach dem Zusammenbruch des ersten Anlaufs, unreif und ungewiß. Sie hielten Hermann für einen Phantasten. Carin mußte Stück um Stück des Schmuckes verkaufen, Görings waren arm, Carin fühlte sich krank.

Was in der Welt, in Deutschland geschah, erfuhr Göring aus Zeitungen.

1924 wurde Hitler vorzeitig aus der Haft entlassen. 1925 gründete er die Partei mit 27000 Mitgliedern neu, und bald erschien auch das in der Haft geschriebene Buch »Mein Kampf«.

Ein großes Ereignis war für Göring: Charles Lindbergh überflog den Nordatlantik in West-Ost-Richtung. 6000 Kilometer in 26 Stunden. Er wurde begeistert gefeiert und stieg zum Nationalhelden der USA auf.

Jahre später würde er Göring in seinem Haus am Obersalzberg besuchen. Göring würde ihm die neueste deutsche Flugzeugproduktion zeigen und ein altgermanisches Schwert schenken.

Aber noch schreiben wir 1927.

Und Göring konnte an diesen Ereignissen nur über die Zeitung teilnehmen, der aktive Göring mußte bei allem Wichtigen tatenlos zusehen. Viele hatten ihn schon vergessen.

Da erfolgte im Herbst 1927 die Amnestie.
Göring traf sich mit Hitler in München, nach vier Jahren sahen sie sich wieder. Göring konnte die alten Verbindungen aufnehmen. In Berlin warteten Lörzer und Pilli Körner auf ihn.
Der Kampf begann aufs Neue, die Bewegung gewann neue Anhänger. Es wurde einfach gelebt.
Eine Wohnung in Berlin einzurichten, schien unmöglich.
Nach Görings Abreise war Carin zusammgebrochen, sie lag monatelang im Krankenhaus.
Aber im Frühjahr kam Carin nach Berlin, »weil sie es einfach ohne ihn nicht aushalten konnte«.
Sie wohnten in einem möblierten Zimmer, aßen in einer kleinen Kneipe mit Pilli Körner, der später Preußischer Staatsrat werden sollte.
Jetzt wurde nicht nur um Hitlers Ziele, sondern auch ums tägliche Brot gekämpft, und jeder Lichtblick wurde nach Schweden berichtet. Am 18. Mai schrieb Carin an die Mutter:

»Berlin, Berchtesgadenerstraße 16

... es kamen Hermanns beste Freunde, und wir wurden zu einem feinen Essen eingeladen.
Darauf dreistündige Fahrt auf der Avus – 115 km in der Stunde! Durch Berlin im Sonnenschein, dann zu einem See in Berlins Umgebung, wo wir Tee tranken. Ganz Berlin ist in Wahlstimmung.«
Am 28. Mai 1928 fand die Reichstagswahl statt.
Hitler erhielt 2,8 Prozent der Stimmen, also 12 Mandate. Göring wurde der Siebente auf der Parteiliste und war nun Mitglied des Deutschen Reichstags.
Am 13. Juni wurde der Reichstag eröffnet. Carin nahm daran teil.
Aber die Görings hatten kein Zuhause, die Münchner Villa war in den Notzeiten zu einem Spottpreis verkauft worden. Das Essen in den Restaurants war teuer.
Im Herbst 1928 konnten sie sich in Berlin-Schöneberg, Badenschestr. 6, eine Wohnung einrichten und Möbel und verpfändete

Sachen zurückkaufen. An den Wänden hingen Bilder des Malers Carl Larsson.

Cilly, die Helferin und Köchin, wurde engagiert, sie sollte immer bei Görings bleiben.

Noch im Nürnberger Justizpalast würde sie sich von Göring vor der Hinrichtung verabschieden.

Wieder schaffte Carin einen Mittelpunkt, in dem sich alle wohl fühlten. Prinz August Wilhelm, der gelähmte Fürst Henckell Donnersmarck, Prinz Wied, die schwedischen Diplomaten, Flugzeugkonstrukteure, der Ozeanflieger von Hünefeld, Baron Koskull, Graf Solms.

Sie brachte Hitler mit wichtigen Menschen zusammen.

Aber es ging nicht sehr großartig zu.

Als Thyssen, Hjalmar Schacht und Hitler zum Essen kamen, gab es Erbsensuppe und Schweinefleisch, heißen schwedischen Apfelkuchen mit Vanillesoße. Cilly servierte, die Köchin der Prinzessin Wied half in der Küche.

Am 21. Febraur 1929 hielt Göring die große Rede im Reichstag, dann fuhr er zu einer zehntägigen Rednertour durch Ostpreußen.

Im Sommer 1930 lag Carin im Sanatorium Kreuth. Göring war auf Wahlreisen. Thomas Cantzow begleitete ihn.

Carin spürte und die Ärzte wußten es, es gab kein Heilmittel mehr, keine Kur, die ihr wirklich helfen könnte.

Hermann brachte Carin ins Herzbad Altheide in Schlesien, dann zu Botschafterin Frau von Dircksen nach Gröditzburg.

Als es ihr besser ging, wollte er ihr Deutschland zeigen.

Hitler verdiente mit seinem Buch Geld. Er schenkte Göring einen Mercedes, als Ersatz für den Wagen, den er damals 1923 in München verloren hatte. Am 16. August fuhren Carin und Hermann los. Carin im hellen Staubmantel mit der Kappe, so, wie man damals gern reiste, im offenen Wagen. Carins Schwester Fanny Wilamowitz und Pilli Körner waren dabei, und abwechselnd fuhren Hermann oder Pilli Körner.

Zuerst machten sie in Dresden Station, um Hitler zu treffen, und dann reisten sie quer durch Deutschland, nach Österreich zu Hermanns Schwestern Olga und Paula, um die Taufe der kleinen Nichte Roswitha mitzufeiern.
Am 25. September 1931 starb Carins Mutter. Carin kam mit Hermann nach Stockholm aber in der folgenden Nacht erkrankte Carin.
Man fürchtete, sie würde nicht aus der Ohnmacht erwachen.
Hermann kniete an Carins Bett.
In Deutschland geschahen entscheidende Dinge. Reichspräsident Hindenburg rief Hitler zu sich. Nun brauchte Hitler Göring an seiner Seite.
»Natürlich sollst du reisen«, sagte Carin, »zuerst kommt der Führer!«
Göring flog zurück nach Deutschland.
Freitagnacht, 16. Oktober 1931, blieb der Arzt noch bis in die Nacht bei Carin. Sie sprach von Hermann – »er ist so gut zu mir« – Sie wollte noch einmal beten.
Morgens um 4 Uhr, am 17. Oktober 1931 starb Carin.
Hermann sah sie wieder zwischen roten Rosen in einem weißen Sarg.
Am 21. Oktober, ihrem Geburtstag, wurde der Sarg in die alte Kirche Lovö bei Drottningholm gebracht.
Göring, sein Bruder Karl, Pilli Körner waren gekommen.
Die große schwedische Familie nahm an der Beerdigung teil. Hofprediger Brancona sprach, und dann sang man auf schwedisch und deutsch Carins Lieblingslied: »Heim, liebes Heim.«
Auf dem weißen Sarg lagen Hitlers Rosen.

Am 31. Januar 1933 wurde Hitler Reichskanzler und Göring der zweite Mann im Staat.
Er würde sich in der Schorfheide ein Jagdhaus bauen, das er zur Erinnerung Carinhall nannte, und ganz in der Nähe hatte er eine Gruft anlegen lassen, hier sollte Carin liegen.

So hob man an einem Junimorgen 1934 den weißen Sarg aus dem Grab in Schweden und senkte ihn in einen großen weißschimmernden Zinksarg, der mit den Wappen der Familien Göring und Fock geschmückt war.
Carins Familie, Mitglieder der deutschen Gesandtschaft, Prinz und Prinzessin Victor von Wied, die Besatzung der damals Stockholm besuchenden deutschen Torpedoflotille, Göring, General Werk, Görings Adjutanten waren gekommen. Der Sarg wurde auf einen Wagen gehoben. In Drottningsholm läuteten die Kirchenglocken, als der Wagen mit dem weißen Sarg vorbeifuhr.
Der Weg führte am Schloß und an der alten Sommervilla vorbei zum Bahnhof Stockholm.
Dort stand ein innen mit Fichtenzweigen geschmückter Wagen, der Sarg wurde hineingehoben und die vielen Kränze und Sträuße ringsum an die Wände gehängt.
Auf dem Sarg lag die deutsche Fahne.
Der Wagen fuhr durch Schweden und im Fährschiff über die Ostsee.
Am 20. Juni früh 4 Uhr lief das Fährschiff in den geschmückten Hafen von Sassnitz ein.
Nun wurde der Sarg im offenen Wagen nach Carinhall gefahren. Die Gruft lag in einer Waldlichtung zwischen hohen Eichen und gewaltigen Findlingen.
Steinerne Stufen führten hinunter zur Grabkammer. Unten leuchtete ein kleines blaues Fenster auf die Seeseite hinaus. Oben auf der Gruft lag ein Stein aus Lorö.
Schwedische Erde war hierhergebracht worden.
Hitler und Görings Freunde waren zu der seltsamen Totenfeier gekommen. Trommelwirbel, dann erklang Siegfrieds Trauermarsch aus Wagners »Götterdämmerung«. Aus dem Wald von der anderen Seite ertönten als Echo die Hornrufe der Jäger und Förster.

Im Frühjahr 1945 drangen die sowjetischen Truppen über die Schorfheide nach Berlin vor.
Carinhall und die Gruft wurden gesprengt, Carin aus dem Sarg gerissen.

VI.

Emmi Göring

Emmi Sonnemann war Hamburgerin aus wohlhabendem Haus. Der Vater hatte eine Schokoladenfabrik. Im behüteten Elternhaus wuchs sie als jüngstes von 5 Kindern auf. Als es 12 Jahre alt war, nahm die Mutter das Mädchen mit den blonden Zöpfen mit ins Theater. Sie sah Shakespeares »Kaufmann von Venedig«. Angeregt vom Spiel der Porzia, hatte sie den Wunsch, auch Schauspielerin zu werden, aber von solchen Plänen wollte die Familie nichts wissen, sie sollte die Hausarbeit erlernen. Man gab sie zu einem Försterehepaar nach Braunschweig, aber gerade dort konnte sie an einer Liebhaber-Aufführung mitwirken und wurde in ihren Wünschen bestärkt.

Zurück in Hamburg kam ihr ein Zufall zu Hilfe. Die Mutter las im *Hamburger Fremdenblatt,* daß der Regisseur des Thalia Theaters in Hamburg, Leopold Jessner, eine Schauspielschule eröffnen wollte. Für zwei begabte junge Leute stellte er Freistellen zur Verfügung.

Wenn Jessner ihre Begabung anerkannte, würde sie auch – so hoffte sie – den Vater umstimmen können.

So lernte das Mädchen die Rolle des Gretchen aus dem »Faust«. Sie sprach vor, sie gefiel und wurde nun von dem großen Theatermann ausgebildet.

Das erste Engagement führte sie nach Aussig an der Elbe, im Stadttheater spielte sie die Thekla im »Wallenstein«.

Emmi verliebte sich in den jungen Schauspielerkollegen Karl Köstlin. Der Erste Weltkrieg begann. Im Sommer 1915 verlobte sie sich mit Köstlin, im Januar 1916 fuhr die Zweiundzwanzigjährige zu ihm an die Front, und sie heirateten am 13. Januar in Triest.

In ihrem Hochzeitskleid spielte sie in München in dem Stück »Wo die Schwalben nisten«.

Karl Köstlin machte die Isonzokämpfe mit und wurde zum Rittmeister befördert. Im Frühjahr 1918 besuchte sie ihn in Abbazia und Triest. Der große Schauspieler Alexander Moissi spielte um diese Zeit in Triest den Hamlet in italienischer Sprache. Nach der Aufführung saßen die Schauspielerkollegen zusammen, und der Direktor der Wiener Volksbühne, Rundt, lud Emmi ein, an seiner Bühne in Wien zu spielen.

So kam sie nach Wien und erlebte dort das Kriegsende und den Zusammenbruch.

In Deutschland spielte sie nach dem Krieg in Stuttgart und Wiesbaden Theater.

Die junge Ehe zerbrach, und für Emmi Sonnemann begann ein neuer Lebensabschnitt.

Der Generalintendant des Weimarer Nationaltheaters war Dr. Franz Ulbricht, sie schrieb an ihn, da man dort eine »jugendliche Heldin« und eine »Sentimentale« brauchte. Sie wurde zu einem Gastspiel als Thekla in Schillers »Piccolomini« eingeladen. Sie gefiel und wurde engagiert. Das Weimarer Nationaltheater war Staatstheater des Landes Thüringen, hier fanden die Festspiele für die Deutsche Goethegesellschaft, für die Shakespeare-Gesellschaft und die Vorstellungen für die Jugend des Schillerbundes statt. Die Zeit in Weimar wurde für Emmi erfolgreich, sie war glücklich und meinte, den Gipfel des Lebens erreicht zu haben.

Sie spielte das Gretchen in Goethes »Faust« und das Klärchen, die Minna von Barnhelm in dem Stuck von Lessing, die Königin im »Don Carlos« und die Emilia Galotti, die Porzia, Desdemona, Cordelia und Agnes Bernauer. Sie spielte die Frauengestalten von Hermann Bahr, Gustav Freytag, Wilde, Wedekind, die Solveig in Ibsens »Peer Gynt«.

Emmi wohnte komfortabel in 3 Zimmern bei einer Zimmerwirtin, die ihr erklärte: »Herrenbesuche sind verboten.«
Das Leben lief seinen geregelten Gang, morgens waren Theaterproben, mittags ging man in den Goldenen Anker zum Essen, nachmittags traf man sich mit Kollegen im Kaisercafé, einem ganz in weiß gehaltenen Treffpunkt der Theaterleute, Architekten, Politiker. Als Hitler und Göring Weimar besuchten, kamen sie auch in das bekannte Café, und Emmi erkannte Göring wieder. Sie war ihm schon in Groß Kochberg begegnet. Hitler war gern in Weimar, besuchte das Goethehaus und Schillers Wohnhaus und ging im Park Belvedere spazieren.
Er unterhielt sich mit den Schauspielern. Emmi erzählte von der Probenarbeit, eben spielte man »Peer Gynt«, die Solveig war ihre Lieblingsrolle, und Hitler bemerkte, daß er Edvard Griegs Musik zum Peer Gynt für die schönste Schauspielmusik halte. Als Hitler in Weimar sprach, hörte Emmi zum ersten Mal eine politische Rede. Hermann Göring war nach Carins Tod allein. Er war »kein Mensch zum Alleinsein«. Wenn er in Weimar war, suchte er Emmi und ihre Kolleginnen auf, ihn begleitete sein Kriegskamerad Körner. Zu viert machten sie einen langen Spaziergang im Park. Als sie zu Hause waren, umarmte sie ihre Freundin: »Ich bin glücklich, in Hermann nach Jahren einen Mann kennengelernt zu haben, der meiner Vorstellung entspricht, es ist, als kenne ich ihn schon lange.« Von Weimar aus reiste Göring nach Italien, aus Capri schickte er ihr ein Telegramm, teilte ihr mit, daß er immer an sie denke. Als er nach 14 Tagen wieder nach Weimar kam, sprach er in einer Versammlung. Doch Emmi besuchte die Versammlung nicht, sie fürchtete, der Politiker und Redner Göring könnte den starken Eindruck, den der Mensch Göring auf sie gemacht hatte, stören. Erst nach der Rede trafen sie sich alle wieder. Emmi hatte lange überlegt, was sie anziehen sollte.
Sie entschied sich für ein Kostüm mit Hemdbluse, und gerade diese Kleidung liebte Göring gar nicht.
»Den Nachhauseweg trat ich mit Göring allein an«, schrieb sie

später, »auf dem kurzen Weg entschied sich mein künftiges Leben.«
In Weimar klatschte man über die Besuche des Preußischen Ministerpräsidenten bei der Schauspielerin Sonnemann. Emmi fuhr zu ihm nach Berlin in seine Junggesellenwohnung. Sie besuchten sich gegenseitig. Bei einem Abendessen lernte sie seine Freunde kennen, mit denen sie in ihrem späteren Leben noch oft zusammenkommen sollte: den Prinzen August Wilhelm, mit dessen Hilfe Göring den abgedankten Kaiser Wilhelm II. in Doorn besuchen konnte, die Prinzen Philip und Christoph von Hessen und dessen Frau, die Prinzessin Sophie, deren kleiner Bruder Philip der Gatte der englischen Königin Elizabeth werden sollte.
Es kamen schwedische Industrielle, Birger Dahlerus, der Forschungsreisende Sven Hedin und Adolf Hitler.
Emmi hatte nun Hermanns Berliner Heim kennengelernt, doch sie mußte zurück nach Weimar, sie sollte das Klärchen im »Egmont« spielen. Göring brachte sie zum Zug, rannte neben dem Wagen her, sprang im letzten Augenblick auf das Trittbrett und fuhr mit nach Weimar. Das war im Jahr 1932.
Am Abend des 29. Januar 1933 rief Göring von Berlin aus in Weimar an. »Komm nach Berlin, morgen wird Hitler Reichskanzler!«
Er schickte einen Wagen, und Emmi fuhr nach Berlin.
Sie brachte Hitler, der nun Regierungschef war, Blumen.
»Sie sind die erste Frau, die mir gratuliert«, sagte er.
Göring war für Hitler der unerschütterlich ergebene Schildknappe, er hatte ihm den Boden diplomatisch und politisch vorbereitet, seine Treue, sein fester Charakter waren echt.
Emmi sah den historischen Fackelzug am 30. Januar 1933 vom Hotel Kaiserhof aus; gegenüber am Fenster der Reichskanzlei standen Hitler, Göring, Heß und der Reichspräsident Hindenburg. Als der Feldmarschall das gigantische Schauspiel, die jubelnden Menschenmassen sah, bemerkte er: »Wenn ich gewußt hätte, daß das deutsche Volk so darauf wartet – ich hätte Hitler früher Kanzler werden lassen!«

Eines war Emmi schon in Hermanns Junggesellenwohnung aufgefallen: Carins Bild dominierte. Er würde Carin nie vergessen, und sie würde immer neben Emmi stehen. Auch seine Luxusjachten sollte er Carin I und Carin II nennen.
Wo Hermann auch war – in Berlin, in Carinhall, am Obersalzberg – überall stand Carins Bild. Auch noch in der Gefängniszelle in Nürnberg hatte er neben Emmis Bild das der Schwedin Carin aufgestellt.
In Hermann und Emmi hatten sich zwei Menschen gefunden, die bereits ihre Erfahrungen hinter sich hatten, erste Liebe und Trennung kannten – jeder hatte eine eigene Existenz, jeder kannte Erfolg und – Einsamkeit.
Beide waren neunundreißig Jahre alt.
Hermann war durch und durch Soldat, Emmi durch und durch Schauspielerin.
Aber Emmi gab ihre Karriere auf, um eine zweite an der Seite eines ungewöhnlichen Mannes zu beginnen.
Sie sollte bitter bezahlen für dieses Glück, aber sie bereute nichts. Carin konnte sie trotz allem nie ganz ersetzen. Carin hatte die Sache der Deutschen ganz zu der ihrigen gemacht. Emmi wurde eine vollkommene Gattin und vortreffliche Gastgeberin, kümmerte sich aber nie um die politischen Zusammenhänge und erkannte nie die Gründe, die Göring zu seinen Handlungen bewegten.
So wurde sie vom Glück wie später vom Unglück mitgerissen, ohne zu wissen, warum.
Jetzt aber war die Schauspielerin Sonnemann noch die Geliebte des Preußischen Ministerpräsidenten. Daran war nichts Besonderes. Göring zog es immer zu ungewöhnlichen Frauen. Er hatte ein Liebesverhältnis mit der Schauspielerin Käthe Dorsch gehabt, bis sie sich für den Schauspieler Harry Liedtke entschied.
Käthe Dorsch hat es so beschrieben: »Hier stand Hermann und hier war Harry. Jeder wollte mich, ich mußte mich entscheiden. Ich ging zu Harry und blieb lebenslang mit Hermann befreundet.«

Emmi wurde 1933 vom Schauspieldirektor Hanns Jobst aus Berlin angerufen, er bat sie, in seinem Drama »Schlageter« am Berliner Schauspielhaus die weibliche Hauptrolle zu spielen. Sie nahm an, löste den Vertrag mit Weimar und spielte nun in der Reichshauptstadt. Die Zeit mit Hermann begann. Sie endete erst mit seinem Tod. Emmi kannte ihn vierzehn Jahre, das sind magische zwei mal sieben Jahre.

Am Berliner Theater hielt man sie für ein Protektionskind. Es erschwerte ihre Lage, daß die Bühne dem Preußischen Ministerpräsidenten, also Göring unterstand.

Göring war jetzt auch Luftfahrtminister, dazu wurde er Reichsjägermeister und führte ein neues Jagdrecht ein.

An einem Februarmorgen 1935 reichte er Emmi einen zusammengefalteten Zettel durch die Tür, mit der Bitte, ihn erst auf dem Weg ins Theater zu lesen, darauf stand:

»Magst Du mich Ostern heiraten?« und Emmi sagte, als sie ihn wiedersah: »Ja, ich mag!« Und damit begann für Emmi ein neuer Lebensabschnitt, nun war das wirkliche Leben die Bühne, auf der sie ihre Rolle spielte.

Hermann schenkte ihr Schmuck aus Zirkonen, er wollte, daß sie den Schmuck bei der Hochzeit trug, sie fand aber den Schmuck zu luxuriös.

»Ich weiß gar nicht, was du willst«, sagte Göring, »ich habe ihn von dem Geld gekauft, das ich von nun an an der Junggesellensteuer spare!«

Sie einigten sich, zur Trauung wollte Emmi die Perlenkette ihrer Mutter tragen, zur Hochzeitsfeier im Kaiserhof Hermanns Geschenk.

In zwei Räumen wurden die Hochzeitsgeschenke gestapelt. Der bulgarische Zar schickte für Emmi ein Saphirarmband, den höchsten bulgarischen Orden für Hermann, die Stadt ein silbernes Segelschiff. Kostbare Exemplare aus der ersten Produktion synthetischer Edelsteine übersandten die I.G. Farben. In dem Strom der Geschenke waren Handarbeiten, gestrickte Schals, Tischdecken,

In der Staatsoper spielte man am Polterabend Richard Strauss' »Ägyptische Helena«, und nach der Aufführung fand vor der Oper ein großer Zapfenstreich statt, den die Luftwaffe veranstaltete.
Bei der Heimfahrt goß es in Strömen, aber Hermann wollte am nächsten Morgen im offenen Wagen zur Trauung fahren.
Vor Emmis Tür saß ein Soldat in Waffen, um sie zu bewachen. Aber er schlief so sanft und selig, daß sie über ihn hinwegsteigen mußte, um in ihr Zimmer zu gelangen.
Der Hochzeitstermin hatte verschoben werden müssen, denn Göring wollte den Prinzen August Wilhelm v. Preußen als Gast dabeihaben, und das vorgesehene Datum war der Todestag der letzten deutschen Kaiserin.
Am Morgen des Hochzeitstages – am 10. April 1935 – fuhr Göring in Emmis Wohnung in die Bendlerstraße, um sie abzuholen. In der Reichskanzlei begrüßte Hitler sie mit einem Orchideenstrauß. Die Orangenblüten aus Italien waren verwelkt angekommen, so steckte Emmi die weißen Orchideen Hitlers an den Schleier. Gemeinsam fuhren sie durch die jubelnde Menge, im Rathaus wurde das Paar vom Bürgermeister Sahm getraut. Hitler gratulierte – er bot an, Emmi könne immer mit persönlichen Sorgen zu ihm kommen. Hitlers Geschenk für Emmi war das Versprechen, daß er ihr einen Wunsch, und sei er auch ganz ungewöhnlich, erfüllen würde. Genau zehn Jahre später erinnerte sie sich dieses Versprechens, wandte sich an Hitler, aber Hitler nahm ihren Wunsch nicht zur Kenntnis.
Doch jetzt schien die Sonne über Berlin. In Görings Dienstwohnung am Leipziger Platz zog sich das Paar für die kirchliche Trauung um. Die Braut trug Weiß.
Während das Hochzeitspaar zum Dom fuhr, flog eine Jagdstaffel über Berlin. Mölders war einer der Flugzeugführer. Der Reichsbischof Müller zelebrierte die Feier im blumengeschmückten Dom. »Sei getreu bis in den Tod, dann will ich dir die Krone des Lebens geben« war der Hochzeitsspruch.

Viorica Ursuleac, die Frau von Clemens Krauß, und Heinrich Schlusnus sangen.
Im Kaiserhof, dem feudalen Hotel gegenüber der Reichskanzlei, fand das Essen statt. Der Kaiserhof hatte schon in den Jahren der Kampfzeit als Hitlers Quartier in Berlin gedient. Hier wurde Geschichte gemacht, hier schrieb einst Vicki Baum ihr Buch »Menschen im Hotel«. Der Kaiserhof war ein Stück Berlin.
Zur Hochzeitstafel waren 200 Personen geladen. Emmi saß zwischen Hitler und Göring, ihr gegenüber der greise Feldmarschall Prinz Philip von Hessen, August Wilhelm von Preußen, Winifred Wagner aus Bayreuth, Käthe Gold, Maria Bard, Helge Roswaenge, die Göringneffen, die alle im Krieg fallen sollten.
Hitler hielt eine kurze, heitere Rede. Er versuchte sonst, sich vor jeder Hochzeitsrede zu drücken. Aber hier gelang es ihm nicht. Auch Kriegsminister Blomberg sprach und der Hamburger Bürgermeister Krogmann und Eric Graf Rosen, Hermanns schwedischer Schwager, er war zu Hermanns großer Freude gekommen.
Hitler hatte also in Emmi Göring eine »first lady«, so wie Magda Goebbels eine andere seiner »first ladies« wurde. Wenn allerdings sein Freund Benito Mussolini Deutschland besuchte, bat Hitler Winifred Wagner, Hausfrau und Tischherrin zu sein, denn Winifred stand von allen Frauen seinem Herzen und seinen Gedanken am nächsten, und Winifred war an keinen Mann gebunden.
Nach der Hochzeit reisten die Görings nach Wiesbaden zu Hermanns Bruder. Einer von Hermanns Brüdern war der berühmte Augenarzt Professor Heinrich Göring in Wiesbaden.
Für Emmi begann nun der schönste Abschnitt ihres Lebens, voll von Erlebnissen, Begegnungen, Festen und Reisen.
»Eigentlich habe ich nur in diesen 14 Jahren gelebt«, sagte sie später.
Hermanns Uniformen gefielen ihr, sie liebte es, wenn er den Paradeanzug der Luftwaffe trug, mit den vielen Orden und dem breiten grünen Band des italienischen Mauritius- und Lazarusordens, den ihm Mussolini verliehen hatte.

Görings Jagdkostüme wurden nach seinen eigenen Entwürfen angefertigt. Nun entwarf er auch für Emmi bombastische Renaissancekostüme, die in Samt und Brokat angefertigt wurden. Er beschäftigte Juweliere, die Schmuck nach seinen Zeichnungen anfertigten. Seine Eßbestecke, seine oft verschenkten Golddosen entsprangen ebenso seinen Ideen wie sein Marschallstab. Mit der Ausführung war der Juwelier Mackwald in Berlin betraut, auch der weltbekannte Goldschmied Emil Lettré, Berlin, Unter den Linden, faßte für Göring edle Steine in mattes Gold.
(Görings Marschallstab befindet sich heute in Washington.) Göring liebte Parfum, immer standen große Flacons mit Shalima und Jicky zu seiner Verfügung.
1936 war der Ozeanbezwinger Charles Lindbergh mit seiner Frau Ann Morrow Görings Gast am Obersalzberg.
Die beiden Flieger tauschten Erfahrungen aus. Göring schenkte Lindbergh ein kostbares germanisches Schwert und sprach mit ihm so offen über seine Pläne, seine Flugzeugproduktion, daß es dem Deutschenfreund Lindbergh viel später, als der Krieg mit den USA begann, nicht möglich war, gegen Deutschland zu fliegen. Er wurde deshalb in Amerika kritisiert, aber er änderte seine Haltung nicht.
Viel später kam er ins geschlagene Deutschland und fuhr noch einmal hinauf zum Obersalzberg, ins zerstörte Göringhaus, und berichtete darüber.
Görings Sommerfeste stellten die nächtlichen Feste von Goebbels und Ribbentrop in den Schatten. Er hatte die größten Möglichkeiten.
Auf den Dächern der Häuser rings um das Ministerium waren Scheinwerfer aufgestellt und beleuchteten den Rasen, auf dem das Ballett der Berliner Oper tanzte. Das Schwimmbad war mit blühenden weißen Wasserlilien bedeckt. Die hohen alten Bäume wurden von Lampions durchleuchtet. Girlanden schwangen sich von Baum zu Baum. Unter den Bäumen wurde an langen Tischen das Essen serviert. Plötzlich wurde eine hohe Spanische Wand

weggezogen, und die staunenden Gäste sahen Görings raffiniert vorbereitete Überraschung: Da stand ein Original Wiener Würstl-Prater mit Rutschbahnen, Schießbuden, Karussells und Grinzinger Weinlauben, in denen junge Schauspielerinnen im Kostüm der Wiener Waschermadl – aus dem Film »Der Kongreß tanzt« darauf warteten, die Gäste zu begrüßen. Hier gab es weißblau gestreifte Bierzelte und alles, was das Herz eines Festspielbesuchers begehrte: Brathendl am offenen Grillfeuer, Münchner Weißwürste, Bier und Brezen.

In den aufgestellten Schießbuden wurden den Gästen Flinten gereicht und sie konnten einen Teddybären gewinnen. Es gab Ringelspiele, altmodische Karussells – Botschafter, Sportler und auch Göring setzten sich auf die buntbemalten Holzpferde und ließen sich herumdrehen, zur Klimpermusik einer riesigen glitzernden Orgel. Der italienische Botschafter Attolico bestieg leichtsinnig ein Karussell mit schnell rotierenden Flugzeugen und er wie auch Göring wurden zum Gaudium der Zuschauer herumgewirbelt.

Die Besucher waren in gelöster, froher Stimmung. Nur ein Gast betrachtete alles mit nachdenklichem Ernst: Graf Coubertin, der Begründer der modernen Olympischen Spiele, sagte beim Anblick der frohen Gäste aus der ganzen Welt: »... und in drei Jahren werden wir alle in einen furchtbaren Krieg verstrickt sein, Deutschland fordert heraus...« Aber das hielt man für die Meinung eines sehr alten Mannes.

Am Morgen nach dem Fest flog Emmi Göring auf die Insel Sylt, nach Wenningstedt, in Nordfriesland.

Sie hatte sich diese einsamen nördlichen Ferien ausbedungen.

Im Januar 1937 lernte Emmi Göring Mussolini kennen. Auf seiner Flucht im Jahre 1924 hatte Göring mit Carin den Duce besucht. Damals wurde er von Mussolini mit Geld unterstützt, nun kam der mächtige Göring wieder zu Mussolini, als sein herzlich erwarteter Gast. Görings wohnten in der Villa Madama, Gästehaus der Regierung. Die Villa lag auf einem der sieben Hügel Roms.

Während Göring Besprechungen mit dem Duce und dem König

hatte, besuchte Emmi Göring die Königin von Italien. Im Jagdschloß Castell Porziano in der Nähe von Anzio gab das italienische Königspaar Görings ein Essen.
Als Emmi erwähnte, daß an diesem Tag der Geburtstag ihrer verstorbenen Mutter sei, pflückte die Königin einen Strauß von Mimosen und Veilchen und schenkte ihn Emmi.
Man bot den Gästen aus Deutschland ein feudales Programm: Man fuhr in ein Jagdrevier, ein Hochstand war hergerichtet worden, von hier aus konnte man die Treibjagd beobachten, die nun stattfand, Hoch- und Niederwild wurde herangetrieben und vor den Augen der Gäste erlegt.
Emmi war von diesem Jagdschauspiel entsetzt, senkte die Augen, um die todgeweihten Tiere nicht sehen zu müssen.
In Anzio fand sieben Jahre später eine der blutigsten Schlachten des Zweiten Weltkrieges statt.
Mit Mussolinie konnte sich Emmi gut unterhalten, er beteuerte, daß er niemandes Deutsch so gut verstehen könnte wie das ihre.
Mussolini hatte das Theaterstück »Hundert Tage« verfaßt, es handelte von Napoleons Schicksal. In Weimar hatte man das Stück aufgeführt. Emmi erzählte davon, Mussolini ließ sich von Emmi Lessings »Nathan der Weise« interpretieren, und Mussolini erwähnte, daß er auch gern einen solchen Ring wie Nathan hätte.
Von Rom aus fuhren Görings nach Neapel und weiter zur Insel Capri.
Hier lernten sie Dr. Axel Munthe kennen; der Einsiedler, Arzt und Tierfreund, lud sie ins Haus ein. Er hatte das weltberühmte Buch »Das Haus von San Michele« geschrieben.
Nun zeigte er das wunderschöne Haus – einst die Villa des Tiberius – seinen Besuchern. Der Zauber der Villa, die Insel, das südliche Leben, alles gefiel Göring. Munthe wollte das Haus verkaufen. Ein Briefwechsel zwischen Munthe und Göring entstand, aber Göring konnte die Devisen nicht aufbringen. Er mußte auf den Kauf verzichten.
In Rom hatte Emmi dem Duce von ihrem Ischiasleiden erzählt.

Mussolini hatte es nicht vergessen, er lud sie ein, nach Italien zu kommen, um in Angiano in der Nähe von Neapel Bäder zur Heilung zu nehmen.
Emmi nahm die Einladung an, sie lebte in einer Villa bei Neapel, benutzte die Bäder und war für ein Jahr von den Schmerzen befreit.
Der Duce besuchte Göring in Carinhall und konnte dort Löwen in der Schorfheide spazierengehen sehen. Göring umgab sich nämlich mit jungen Löwen. Emmi hatte im Lauf der Jahre sieben Löwen großgezogen. Wenn sie groß wurden, übergab sie die Tiere dem Direktor des Berliner Zoologischen Gartens, Lutz Heck, und ließ sich ein ganz junges Löwenbaby geben, das nun wieder bei der Familie lebte. Auch Mussolini spielte in Carinhall mit Löwen.
In Deutschland galt zu gewissen Zeiten Göring als Nachfolger Hitlers, in Italien war Italo Balbo die Nummer eins. Hitler meinte, Balbo wäre ein Ersatz für den Duce, sollte dem etwas zustoßen.
1933 ernannte der Duce Italo Balbo zum Gouverneur von Libyen. Er machte das Beste aus seinem Gouverneursposten. Eine Einladung bei ihm war der Höhepunkt der Reiseabenteuer der westlichen Welt.
Englische Lords, amerikanische Millionäre haben den italienischen Kronprinzen in seinem weißen Palast in der Wüste besucht.
Auch Hermann und Emmi Göring erlebten Balbos sagenhafte Gastfreundschaft. Sie wurden begleitet von Carins Schwester Lilly und Paul Körner. Balbo holte seine Gäste vom Schiff ab und brachte sie in ein Gasthaus am Meer.
Sie sahen die ummauerte orientalische Altstadt mit dem Kastell und die vielen Neubauten, die Balbo gebaut hatte. In den Zimmern standen elektrische Öfchen, denn nur die Tage sind afrikanisch heiß. Willkommensgaben lagen bereit, farbige Burnusse mit Gold und Silberstickerei.
Am nächsten Tag gab Balbo Göring zu Ehren ein Fest, dem Gast aus Deutschland wurde ein afrikanischer Traum im Garten des

Gouverneurspalastes geboten. Als die Nacht hereinbrach, begann das Fest. Fackelträger beleuchteten die Kavalierstreppe des weißen Palastes, farbige Fontänen bildeten einen Strahlendom. Zwischen hohen Blumenstauden bewegten sich arabische, afrikanische, europäische Gäste, man konnte Luxuskleider aus Paris, arabische Ehrengäste in langen Gewändern, Askaris mit fremdartigem Schmuck, großgewachsene Berber in der weißen Tracht bewundern. Fremdartig schön war Madame Balbo, Gattin des Gouverneurs, und den Mittelpunkt bildeten die Gäste, Hermann in fliegerblauer Uniform, Emmi in Weiß.
Die Speisen waren aus Italien eingeflogen, es gab frische Fische, grüne Feigen, Datteln, gekühltes Obst.
Man unterhielt sich glänzend, man sprach nicht von Schwierigkeiten, nicht über Politik. Balbo erzählte Göring, wie er einst seine Frau entführt habe. Das berühmte Reiterfest, die »Fantasia«, wurde aufgeführt. Arabische Vollblüter trippelten zur Marschmusik, zeigten Figuren, ein uraltes seltsames Spiel, das man schon der Königin von Saba vorgeführt hatte. Zum Abschluß donnerte ein Brillantfeuerwerk in den Wüstenhimmel, ein farbiger Lichtdom aus Scheinwerfern schloß sich über dem weißen Palast.
Bei der Parade am nächsten Tag ritten Libyer im weißen Burnus auf sandfarbenen Kamelen zu einer Trommelmusik an Göring vorüber. Jagdleoparden wurden an Halsbändern vorgeführt. Ein Kriegsspiel, ein Manöver schloß sich an.
Bei einem Ausflug ritten Emmi und Hermann auf Kamelen. – Mussolini hielt Balbo für unverwundbar. Er sagte: »Balbo muß wohl unsterblich sein, denn nichts kann ihn umbringen.«
Doch die Götter nahmen das Glückskind früh zu sich.
In den ersten Tagen des Kriegseintritts Italiens wurde der »Kronprinz« Italo Balbo zusammen mit der Equipe seiner Getreuen über dem Meer von der eigenen Flak abgeschossen.
In Belgrad wurde Göring von Prinz Paul empfangen. Prinz Paul war Regent von Jugoslawien, nachdem König Alexander 1934 mit Barthou ermordet worden war.

:1 *Carin von Fock, Hermann Görings erste, chwedische Frau.*

2 *Carin Göring auf dem Wendelstein.*

23 *Hermann und Carin Göring in den Alpen.*

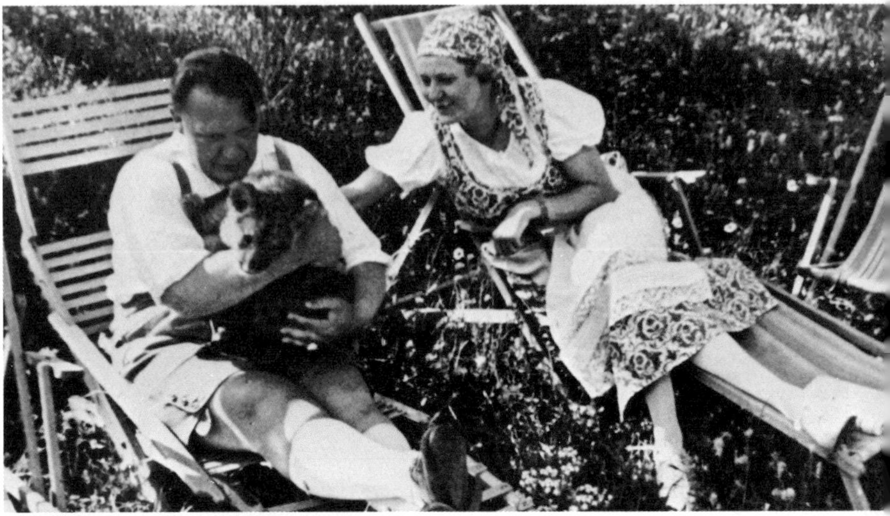

24 *Emmi Göring mit Herman*
und dem Löwen Peter (oben

25 *Frau Emmi Göring in ihrem Berliner Heim.*

26 *Schloß Mauterndorf im Lu*
gau, Görings Geburtshaus.

29 *Das »Adlernest« (Kehlsteinhaus) auf dem Obersalzberg* (rechts außen).

7 *Die italienische Kronprin-essin Maria Josée, von der Hit-er sagte, sie sei »der einzige Iann im Hause Savoyen«. Bei ieser Besprechung oben in der Ialle des »Adlernest« bat sie Iitler, ihren Bruder Leopold, önig der Belgier, zu empfan-en.*

8 *Leni Riefenstahl: Tänze-n, Bergsteigerin, Skipionierin, ne der Frauen, mit denen Hit-r am liebsten diskutierte. uch wenn er zynisch, sarka-isch, dialektisch wurde, konn-sie ihm contra geben, und das ollte er, in der Diskussion henkte er der Frau nichts.*

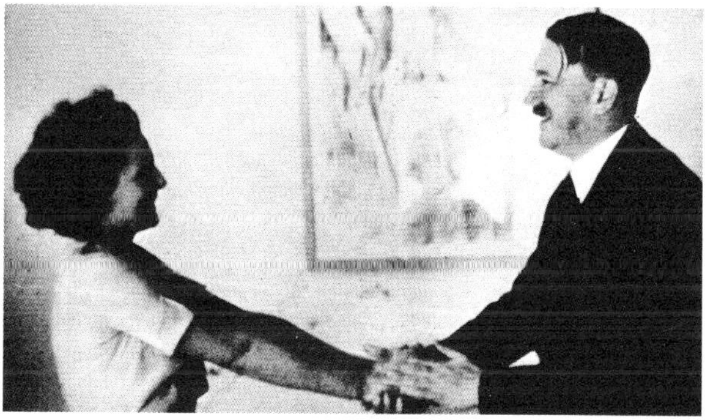

30 *Signora Elena Attolico, geb. Pietromarchi, Frau des italienischen Botschafters, mit Adolf Hitler in Berlin* (oben).

31 *Adolf Hitler mit Filmprominenz (1937. V. l. n. r.: Else Elster, Leni Marenbach, Ado Hitler, Lilian Harvey, Karin Hardt, Dinah Grac Willy Fritsch, Leni Riefenstahl und die Schwest von Dinah Grace.*

Bei der Privataudienz schenkte Prinz Paul Göring einen großen quadratischen Smaragd, den Göring in Berlin in einen Ring fassen ließ. Dieser Ring war sein Talisman, er wurde ihm abgenommen, als er 1945 in Gefangenschaft geriet. Göring hatte kein gleichwertiges Gegengeschenk und sagte zu seinem Diener Robert: »Das nächste Mal müssen wir eine Geschenk-Auswahl mitnehmen, Robert.«

In Berlin fertigte der Juwelier Mackgraf ein Lederkästchen für Göring an, in dem sich eine Kollektion von Ringen, Zigarettendosen, Ketten befand, und Göring konnte nun wie ein Zauberkünstler das entsprechende Geschenk herausholen, wenn er eine kostbare Gabe erwidern wollte.

Keinem NS Führer kam man so offen und freundlich entgegen wie Göring, er galt nicht als Mann des Krieges, mit ihm konnte man politische Gespräche führen.

Auf einer Reise durch den Balkan besuchten Görings mit Freunden Ragusa (das heutige Dubrovnik) und wohnten im Haus des Belgrader Bankpräsidenten am Meer.

Abends saßen alle im blühenden Garten. Prinz Philip von Hessen erzählte Geschichten. Emmi genoß das Einkaufen in der »blitzsauberen« Stadt Ragusa; wenn sie Mitbringsel einkauften, mußten sie zuerst türkischen Kaffee trinken, und nach dem Einkauf wurden sie noch reich beschenkt, es gab viele Deutschstämmige in Ragusa, die Göring begrüßen wollten.

Die Gesellschaft erreichte Sofia, dort holte sie der bulgarische König Boris ab und fuhr mit ihnen auf sein Jagdschloß. Emmi trug die Perlenkette mit dem Anhänger und das Armband, das ihr der König zur Hochzeit geschenkt hatte. Als Emmi es beim Spazierengehen verlor, wurde eine Belohnung für den Finder ausgesetzt. Ein Taglöhner brachte es zurück, als Finderlohn erhielt er so viel, daß er sich eine Hütte und eine Kuh kaufen konnte. Für Göring wurde eine Jagd veranstaltet. Göring erlegte zwei Auerhähne. Der König wurde von Göring zu einem Gegenbesuch nach Deutschland eingeladen.

Sie flogen weiter in die jugoslawische (ehemals serbische) Hauptstadt Belgrad, besuchten die Witwe des Königs Alexander und den neunjährigen König Peter II. Göring brachte dem Jungen eine Modelleisenbahn mit, die ein ganzes Zimmer füllte. Auf der Reise trafen sie mit dem Prinzregenten Paul und seiner Frau Olga zusammen. Sie hatte eben Besuch ihrer Schwester, der bayrischen Gräfin Torring. Göring lud das Kronprinzenpaar nach Deutschland ein.

Emmi Göring wünschte sich ein Kind, sie war 44 Jahre alt, als ihr das Schicksal diesen Wunsch erfüllte. Am 2. Juni 1938 kam die Tochter Edda zur Welt. Prof. Bracht war der betreuende Arzt. Für Göring bedeutete das Ereignis »fast zuviel des Glücks«. Hitler wurde Taufpate des kleinen Mädchens. Göring hielt seine Tochter auf dem Arm, während er die täglichen Nachrichten las.
Noch am Ende ihres Lebens sagte Emmi, daß ihr das Kind nur Glück gebracht habe.
Aus ganz Deutschland trafen Glückwünsche und Geschenke ein.
Nach einigen Wochen reiste Emmi mit Mann und Kind nach Dänemark, wo Emmis alter Freund Gustav Gründgens, ihr Chef beim Theater, selbst den Hamlet in der deutschen Fassung auf Schloß Kronberg spielte.
Emmi war Hausfrau in Carinhall, sie bremste Hermann, wenn er zu kraftvoll, zu laut war. Häufiger Gast Görings in Carinhall war der englische Luftfahrtminister Lord Londonderry. Mit dem Privatflugzeug kamen er und seine Frau mit der Tochter nach Berlin. Im Februar 1936 war er zur Jagd nach Carinhall. Dr. Paul Schmidt dolmetschte.
Der große hagere Engländer hatte Ähnlichkeit mit dem König von Schweden, sprach mit sonorer Stimme. Er hatte ehrliche Augen, ihm lag die Verständigung mit Deutschland am Herzen.
Görings Worte waren: »Wenn Deutschland und England zusammengehen, dann gibt es auf der ganzen Welt keine Machtkombination, die uns entgegentreten kann.« Londonderry führte eine

weniger machtvolle Sprache, ausweichend erklärte er: »Vor allem müssen wir das Vertrauen in der Welt stärken.«
Schmidt beschrieb den Spaziergang mit Göring und Lord Londonderry und der Lady:
»Am Wisentgehege stieß Göring durch ein Horn Schreie aus, durch das die riesigen Tiere angelockt wurden, so daß man fast den Eindruck hatte, als seien sie persönlich mit Göring bekannt. Aber bösartig blinzelten die kleinen Wisentaugen beim Näherkommen, krachend fuhr das Gehörn gegen die Stangen der Umzäunung, die unter dem Anprall fast zerbrachen.«
Dröhnend lachte der Herr der Schorfheide und wandte sich voll Stolz den englischen Gästen zu, die diesem eigenartigen Schauspiel mit lächelndem Interesse folgten. Sie hatten etwas Derartiges in ihren englischen Adelskreisen sicherlich noch nie erlebt und amüsierten sich über die Art, wie sich der Gastgeber gab und wie er sich ausstaffiert hatte. Aber ihr Lachen war nicht herablassend. Der Mann, der sich fast wie ein Kind benahm und sich nicht scheute, seine Freude am Dasein so offen zu zeigen, war ihnen nicht unsympathisch. In England begegnet man oft Originalen und Exzentrikern.
In Berlin fehlte ein Palais für Repräsentation. Man brauchte Platz für internationale Gäste. »Göring allein kann repräsentieren«, stellte Hitler fest. So wurde das ursprüngliche Carinhall mit Staatsgeldern zum Gästepalais umgebaut. Göring betrachtete es ab jetzt nicht mehr als Privatbesitz.
Das einstige Carinhall war nicht prunkvoll gewesen. Die Könige kleiner Balkanstaaten entfalteten mehr Luxus, und auch die Sommersitze englischer Edelleute oder amerikanischer Millionäre stellten es in den Schatten.
Auch Sven Hedin besuchte Carinhall. Er erzählte von seinem Besuch:
Am 14. Oktober 1939 war er mit seiner Schwester Alma in Berlin angekommen. Als er im Hotel Kaiserhof eintraf, klingelte das Telefon. Hedin fragte: »Hallo wer ist da?«

»Göring. Fanny (Gräfin Anny Wilamowitz-Möllendorf, Görings Schwägerin) hat soeben aus Stockholm angerufen und mitgeteilt, daß Sie heute kommen würden. Kommen Sie morgen nach Carinhall!«

»Es würde mir trefflich passen«, erwiderte Hedin, »darf Alma mitkommen?«

»Selbstverständlich, Sie sind beide herzlich willkommen.«

So fuhren Sven Hedin und seine Schwester nordwärts durch Berlin, nach einstündiger Fahrt erreichten sie den kleinen See, an dessen Ufer Carinhall lag. Leutnant Göring, ein Neffe Hermanns, empfing sie.

Göring selbst trug eine originelle Tracht, sturmfeste Lederweste, farbige Hemdsärmel, wohlgenährt und gemütlich glich er mehr einem Gutsherrn als einem Feldmarschall.

Göring schenkte schwedischen Aquavit aus.

Er nahm die Flasche in den Arm und umschmiegte sie wie ein kleines Kind.

Die Stimmung war glänzend, das Essen lukullisch. Es gab Kaviar, Hummer, frisches Spanferkel, Salate, Delikatessen aller Art. Die Rationierung in Berlin wurde an Görings Tisch nicht durchgeführt. Frau Emmi war würdig und nett, anspruchslos. Sie vertraute Alma Hedin an, daß sie den ganzen Luxus verabscheue, in einer Zeit, da Millionen in Not lebten. Sie war verzweifelt über den Krieg.

(Im Internierungslager Göggingen bei Augsburg erhielt Emmi später Pakete aus Schweden von Alma Hedin, sie schickte Kaffee und Flanellnachthemden.)

Edda trippelte herein und begrüßte zierlich die Gäste. Nun begann der Rundgang durch diese originelle Wohnstätte, die ein Mittelding zwischen Bauernhof und Herrensitz war.

Görings hatten also die Wohnung in Berlin, verbrachten die Wochenenden in Carinhall – das aber zum Gästehaus der RK umgebaut wurde – und sie hatten ein Bauernhaus am Obersalzberg.

Schon vor 1933 hatte Göring im Gelände des Obersalzberges – über Hitlers Berghof – ein kleines Berghaus erworben, das er nach 1933 umbauen ließ. Dort gab es ein Schwimmbecken im Freien, rot-weiß-rote Fensterläden, Fußböden aus dem roten Untersberger Marmor, die Wände der Zimmer waren holzgetäfelt, in den Zimmern standen alte bemalte Tiroler Bauernschränke.
Als der jugoslawische Kronprinz und seine Frau Görings in Deutschland besuchten, waren sie Gäste im Göringhaus am Obersalzberg.
Auf den Bildern sieht man alle beim Bogenschießen, Emmi trägt die jugoslawische Nationaltracht, die sie eben geschenkt bekommen hatte.
Als der Krieg begann, wurden auf dem Berghof Luftschutzbunker gebaut, Aber Emmi glaubte nicht, daß der Krieg lang dauern würde.
Göring hatte versprochen, die Judenfrage zu regeln, er wußte, daß Emmi viele jüdische Freunde hatte, sie würden auf seinen Befehl nicht verfolgt werden.
Eines Tages kam Hermann Göring mit einem interessanten Schriftstück und legte es feierlich in den Tresor seines Arbeitszimmers. »Das ist Hitlers Testament!« sagte er, »er hat es mir eben ausgehändigt, er sagte mir, er werde sich nach dem Krieg zur Ruhe setzen, und mich werde er zu seinem Nachfolger ernennen.«
Aber das waren ferne Wunschträume, zuerst mußte dieser Krieg durchgestanden werden.
Als Göring und Hitler 1941 auf dem Obersalzberg waren, trafen sie in der großen Berghofhalle zusammen.
Seit Tagen hatten sie sich nicht gesehen. Als er vom Berghof in sein Haus zurückkehrte, bat Göring Emmi, mit ihm im Wald spazierenzugehen. Er mußte ihr von seinem Gespräch mit Hitler berichten: »Der Führer wird übermorgen den Russen den Krieg erklären« – Göring war entsetzt. Hitler hatte ihm gesagt: »Göring, ich habe gewußt, daß Sie mich davon abhalten wollen, hier liegt auch der Grund, daß ich Sie so lange nicht sehen wollte. Ich mußte

meinen Entschluß allein fassen. Es war schwer, aber jetzt wird mir niemand mehr etwas ausreden.« Göring erwiderte: »Dann übernehmen Sie die Verantwortung.« »Ja, das werde ich auch, Göring«, entgegnete Hitler, »das ist mein Krieg allein!«
Emmi gab sich damit zufrieden, daß Hitler die Verantwortung trug, aber Göring stand nicht im Schatten Hitlers, sondern neben Hitler.
Er entfernte sich jetzt äußerlich und innerlich von Hitler. Hitler wollte die entstandenen Spannungen ausgleichen und besuchte die Görings am Obersalzberg zu Eddas 6. Geburtstag am 2. Juni 1944. Es war das letzte Mal, daß sich Emmi Göring und Hitler sahen.
In einem Geschäft in Berchtesgaden erfuhr sie im Sommer 1944 von dem Attentat auf Hitler.
Es war der Tag, an dem Mussolini ihn im Hauptquartier besuchte. Göring war auch anwesend, wurde aber nicht verletzt. Es gelang Emmi, ihn ans Telefon zu kriegen. Er sagte: »Ich stehe hier vor den Trümmern, es sieht entsetzlich aus, dem Führer ist nicht viel geschehen, aber...« Emmi fragte, ob sie Eva Braun benachrichtigen und beruhigen sollte, aber Hitler wollte das nicht, er wollte nicht, daß Emmi Eva kennenlernte. Er schätzte Emmi Göring sehr als Hausfrau und Gastgeberin. Einmal hatte er zu Göring gesagt: »Um zwei Menschen beneide ich Sie – um Ihre Frau und um Robert!« (Robert Kropp war Görings Kammerdiener.) Und Göring entgegnete: »Robert können Sie haben!«
Es gab jetzt keine großen Gesellschaften mehr in Carinhall, aber Görings Flieger kamen. Auch Mölders, der nach dem Abschuß in Frankreich verschollen gewesen war, wurde aus der Gefangenschaft befreit und kam noch einmal in die große Halle.
Emmi nahm Abschied von Ernst Udet. Udet war Görings Freund aus dem Ersten Weltkrieg. Emmi richtete für Udet ein Abendessen, aber Udet wollte nichts essen, er bat Emmi um eine Unterredung. Sie führte ihn in ihr kleines Wohnzimmer, und er nahm ihr das Versprechen ab, dem »Eisernen«, also Göring, nichts von die-

sem Gespräch zu erzählen. Sie gab ihm die Hand, sie würde das Geheimnis für sich behalten. Udet gestand ihr, daß er seit Monaten Görings Befehle sabotiere, daß ihm alles, was er tue, sinnlos erscheine, daß er, nachdem Amerika in den Krieg eingetreten sei, keine Chance mehr für Deutschland sehe.
Acht Tage später hatte sich Udet erschossen. Bei seinem Staatsbegräbnis trugen zehn Flieger den Sarg.
Mölders war nicht dabei, das Wetter war zu schlecht, am nächsten Tag wollte er kommen – er stürzte über Nacht ab.
Noch ein Freund fiel in jenen Tagen, Görings Neffe Peter Göring.
Die Ostfront rückte näher, am 31. Januar 1945 verließ Emmi Göring mit Edda Carinhall und siedelte nach Berchtesgaden über. Sie ließ alles an ihrem Platz, auch das Bild ihrer Mutter blieb auf dem Nachttisch stehen.
Vom Anhalter Bahnhof ging der Sonderzug nach München ab. Um Bombenangriffen auszuweichen, mußte der überfüllte Zug Umwege machen. Als Emmi in ihrem Haus am Obersalzberg ankam, drehte sie das Radio an und hörte: »Wir werden den Obersalzberg zerstören, am fünfundzwanzigsten...« Erschrocken schaltete sie ab. Zum ersten Mal hatte sie einen Feindsender gehört. Aber sie meinte, das angekündigte Vernichtungsdatum sei der 25. Februar 1945. Sie hätte weiter hören sollen, der Sprecher meinte den 25. April 45.
In den folgenden Wochen wurde der Obersalzberg täglich überflogen; die Stadt Salzburg wurde täglich eingenebelt, man wollte sie vor der Zerstörung schützen. Aber ganz Deutschland konnte man nicht einnebeln.
Die Front war an Carinhall herangerückt. Am 21. April 1945 kam Göring überraschend nach Berchtesgaden. Emmis Schwester, Else, überbrachte die Nachricht: »Hermann ist da!« Als Emmi ihn umarmte, fuhlte sie sich wieder ganz sicher und glücklich. Aber Hermann Göring war auf dieser Reise durch das zerstörte, brennende Deutschland gefahren, durch eine spukhafte Ruinenland-

schaft, durch Bombenangriffe und Tieffliegerbeschuß. Göring hatte schon lange keine Illusionen mehr, aber jetzt sah er den totalen Untergang vor sich. Vom Obersalzberg aus wollte Göring am nächsten Morgen zu den Hermann-Göring-Werken nach Linz fahren. Aber es kam anders. Am frühen Morgen erreichte ihn ein Funkspruch vom Generalstabchef der Luftwaffe, General Koller. (Man konnte nicht mehr telefonieren.) Die Nachricht lautete: Göring solle nicht wegfahren, er, Koller, komme mit wichtigen Nachrichten im Flugzeug und bringe wichtige Nachrichten aus Berlin. Als Koller kam, berichtete er: Zum ersten Mal habe Hitler bei der letzten Lagebesprechung zugegeben, daß der Krieg verloren sei. Hitler riet, sich an den Reichsmarschall zu wenden. Göring solle mit dem Feind verhandeln, er könne das besser als Hitler selbst. Darauf habe General Koller an Hitler die Frage gestellt, ob er das dem Reichsmarschall mitteilen könne. Adolf Hitler bejahte es, gab aber keine Vollmachten mit. General Koller also befand sich bei Göring am Obersalzberg. In Berchtesgaden, unten in der Stadt war Reichsminister Lammers aus Hitlers Reichskanzlei. Göring bat ihn, heraufzukommen. Göring fragte Dr. Lammers, der ein ausgezeichneter Jurist war, ob das Testament noch so laute, wie er es seinerzeit von Hitler erhalten habe. Lammers bestätigte es.
Weder Göring noch Lammers wußten, daß Hitler das Testament inzwischen geändert hatte, aber Göring wollte noch einmal bei Hitler nachfragen und schickte in den Bunker der Berliner Reichskanzlei folgendes Funkschreiben:
»Mein Führer! Sind Sie einverstanden, daß ich nach Ihrem Entschluß, in der Festung Berlin zu bleiben, gemäß Ihres Erlasses vom 29. Juni 1941 als ihr Stellvertreter sofort die Gesamtführung des Reiches übernehme, mit voller Handlungsfreiheit nach innen und außen? Falls bis 22 Uhr keine Antwort erfolgt, nehme ich an, daß Sie Ihrer Handlungsfreiheit beraubt sind. Ich werde dann die Voraussetzungen Ihres Erlasses als gegeben ansehen und zum Wohle von Volk und Vaterland handeln. Was ich in diesen schwersten Stunden meines Lebens für Sie empfinde, wissen Sie,

und kann ich durch Worte nicht ausdrücken! Gott schütze Sie und lasse Sie trotz allem baldmöglichst hierherkommen. Ihr getreuer Hermann Göring.«
Das historische schicksalschwere Schreiben ging ab und erreichte Hitler in seiner Bunkerunterwelt.
Hermann versuchte, Emmi die verzweifelte Lage zu erklären. »Jetzt soll ich Deutschland in die Hand bekommen, wo alles zerschlagen und zu spät ist. Hätte mir der Führer nicht im Dezember die Vollmacht geben können, zu verhandeln? Wie dringend habe ich ihn damals gebeten. Aber vielleicht ist es doch nicht zu spät«, meinte Göring, »alles, was ich nur irgendwie erreichen kann, will ich versuchen, damit Deutschland keinen schmachvollen Frieden schließen muß. Vielleicht hole ich noch erträgliche Bedingungen heraus.« – Das meinte Hermann Göring. Und er hatte weitere Pläne, die er Emmi mitteilte. Er wollte sich sofort bemühen, mit Churchill, Eisenhower und Truman in Verbindung zu treten.
Er ging auf Emmi zu, nahm ihre beiden Hände und sagte: »Emmi, wenn es für Deutschland einen ehrenhaften Frieden gibt, wenn man aber mich ablehnt, ja, wenn man meine Auslieferung verlangt und vielleicht auch deine, bist du dann bereit, alles, aber auch alles für Deutschland zu ertragen?« Für Emmi gab es kein Überlegen, sie erwiderte: »Ja, Hermann.« »Dieses Ja wollte ich hören«, sagte Göring, »und nun werde ich handeln, sobald Nachricht eintrifft.« Aber so gnädig meinte es das Schicksal nicht mit Emmi und Hermann. Noch nach Jahren in Gefängnissen und Lagern würde sich Emmi an die Szene in ihrem Haus am Obersalzberg erinnern. Göring wartete auf Antwort von Adolf Hitler. Nachmittags traf Hitlers Antwort ein, sie lautete: »Befehl vom 29. 6. 1941 ist außer Kraft durch meine besondere Verfügung. Meine Handlungsfreiheit steht außer Frage. Ich verbiete jede Aktion in der von Ihnen angedeuteten Richtung. Adolf Hitler.« Gezeichnet: Bormann. Göring war verzweifelt, was sollte nun geschehen, da Hitler wieder alles selbst in die Hand genommen hatte? Wußte Hitler, wie die Wirklichkeit aussah?

Es schneite. Göring war in seinen Entschlüssen gelähmt. Er hatte nie gegen Hitler gehandelt, und auch in dieser letzten verzweifelten Stunde tat er es nicht. Aber er sollte seine Treue nicht belohnt finden, und er würde bitter dafür bezahlen müssen, daß er unentschlossen gewesen war. Da stürzte plötzlich einer von Görings Angestellten ins Zimmer: »Herr Reichsmarschall, *da draußen steht die SS und will sie verhaften!*« Göring lächelte ungläubig, er ging in sein Arbeitszimmer, Emmi folgte ihm. »Das muß ein Mißverständnis sein«, sagte Göring, »das kann nur ein Mißverständnis sein.« Die SS-Männer drängten Emmi in ihr Zimmer zurück. Beim Abendessen starrte Emmi auf Hitlers Bild, das an der Wand hing. Am nächsten Morgen hatten die Bomben das Bild zerstört.

Ein Mitarbeiter wollte von Emmi Göring die Zustimmung, zu einer Luftwaffeneinheit fahren zu können, um Hilfe zu holen. Emmi unterbreitete ihrem Mann den Vorschlag, aber Hermann lachte sie aus: »Hier liegt ein Mißverständnis vor, du wirst sehen, alles klärt sich auf. Meinst du, daß Hitler mich verhaften ließe, mich, einen Mann, der ihm dreiundzwanzig Jahre die Treue gehalten hat, der mit ihm durch dick und dünn gegangen ist? Ich ahne, wer den Haftbefehl gegeben hat!« Göring meinte Bormann.

Aber Emmi war nicht zu beruhigen. Sie ahnte das kommende Unheil. Das Haus war voller SS-Leute. Als Edda fragte, warum so viele Männer in Uniform hier seien, beruhigte sie Emmi: »Die Kaserne ist zerstört, darum sind die Soldaten bei uns.« Die Luftschutzsirene gellte, höchste Alarmstufe. Im gleichen Augenblick fielen schon die Bomben, nun machten die Amerikaner ihre Ankündigung wahr. Alle rannten in den Keller, nur Hermann blieb ruhig in seinem Zimmer und rasierte sich. Erst auf Emmis Drängen ging er in den Keller. Sie waren nicht im großen Bunker, den Bormann hatte anlegen lassen, sie waren im Hauskeller, die Tür ließ sich nicht schließen. Sie hörten das Einschlagen der Bomben. Emmi wünschte sich einen Volltreffer. Während einer Angriffspause brachte man die Familie Göring in den festeren Bunker. Ein neuer Angriff setzte ein. Nach zwanzig Minuten war er vorbei.

Göring wurde im Bunker festgehalten, aber Emmi konnte in das von Bomben zerstörte Haus gehen. Der Obersalzberg war wie umgepflügt, die Häuser waren eingestürzt, die Bäume ausgerissen, Rauch hing in der Luft.
Aber es ging ums Überleben, um Görings Leben. Standartenführer Frank überbrachte Göring einen Funkspruch von Hitler: »In Anbetracht der großen Verdienste des Reichsmarschalls wird ihn der Führer nicht zum Tode verurteilen. Göring werden alle Ämter abgenommen, Hitler wird dem deutschen Volk mitteilen, der Reichsmarschall habe sich aus gesundheitlichen Gründen zurückziehen müssen.« Am nächsten Tag rief Göring den Zahnarzt Dr. Post an und bat ihn, folgenden Funkspruch an den Führer zu senden: »Wenn Hitler mich für treulos hält, dann soll er mich erschießen lassen, aber er soll meine Familie und die Menschen, die bei uns sind, endlich in Freiheit setzen.« Emmi bat Dr. Post, die Botschaft nicht abzuschicken, aber Post sagte: »Ich habe das Wort eines Mannes gehört, ich werde diesen Funkspruch durchgeben.« »Gut«, erwiderte Emmi, »dann fügen Sie bitte etwas von mir hinzu! Hören Sie zu: Im Jahre 1935 gratulierte mir zu meiner Hochzeit als erster Adolf Hitler, dabei sagte er mir: ›Wenn Sie einmal eine persönliche Sorge haben, dann kommen Sie zu mir, ich werde immer für Sie da sein und Ihnen helfen!‹ Ich bin noch nie mit einer Bitte zu Hitler gekommen«, fuhr Emmi fort, »aber fugen Sie dem Funkspruch das Folgende hinzu: Wenn Adolf Hitler es für möglich hält, daß mein Mann ihm die Treue nicht gehalten hat, dann möge er Edda und mich mit erschießen lassen.« Nach ein paar Stunden kam die unfaßliche Antwort: »Ja, die Hochverräter sind zu erschießen und mit ihnen alle Menschen, die sich bei ihnen befinden.«
Frank verlas dann den Rest des Führerfunkspruchs: »Robert, der Diener Görings, Christa, Emmis Krankenschwester, und Elsa, ihre Zofe, sind von dem Erschießungsbefehl nicht betroffen. Gezeichnet: Bormann« Hitler waren die drei Personen seit Jahren gut bekannt.

Robert, Christa und Elsa aber sagten, wenn Göring mit Frau und Kind erschossen werden sollten, wollten auch sie nicht mehr leben. Standartenführer Frank jedoch war unschlüssig, was er tun sollte. Den Erschießungsbefehl zu geben wagte er nicht. So entschied er, daß die Göringfamilie zuerst einmal weggebracht werden sollte. Denn das Haus war zerstört, im Bunker konnten sie nicht bleiben. Frank schlug vor, sie nach Schloß Kleßheim bei Salzburg, Hitlers Gästehaus, zu bringen.
Aber schließlich brachte man Görings nicht nach Kleßheim, sondern nach Mauterndorf in Österreich. Görings Adjutanten, Hitlers Privatsekretär Philip Bouhler mit Frau Helen und Görings Sekretärin jedoch sollten ins Salzburger Gefängnis. Göring umarmte seine Adjutanten und gab jedem ein Abschiedsgeschenk. Bernd von Brauchitsch sagte zum Abschied: »Herr Reichsmarschall wir halten Ihnen die Treue bis zum letzten Augenblick.« Dabei liefen ihm die Tränen übers Gesicht.
In Mauterndorf befanden sich also Görings mit mehreren Familienmitgliedern, Roswitha, der Nichte, und Else, Emmis Schwester.
Am 1. Mai verkündete das Radio Hitlers Tod. Göring hatte nun, dem ersten Testament Hitlers entsprechend, Handlungsvollmacht, aber nun war es für alles zu spät.
Die SS-Männer hatten Göring mit Familie freigelassen. Sie wollten ihre eigene Haut retten.
Am 7. Mai erschien Kai Mühlmann aus Berlin und brachte Nachrichten. Auch Görings Adjutanten, Freunde und Angestellte kamen aus dem Salzburger Gefängnis ins Schloß Mauterndorf. Göring tat nun, was er schon lange tun wollte, er beauftragte zwei seiner Adjutanten, einen Brief an General Eisenhower zu übermitteln. In diesem Brief bat Göring um eine Unterredung, immer noch dachte er an den ehrenhaften Frieden. Er wollte Eisenhower davon überzeugen, daß ein völlig besetztes Deutschland auch für den Feind nicht gut sei. Von den zwei Adjutanten kehrte einer mit der Meldung zurück, der ganze Troß möge sich nach Zell am See begeben, wo sie ein amerikanischer General erwarten würde.

Im Lungau lag noch hoher Schnee, als die Gesellschaft am 8. Mai von Schloß Mauterndorf abfuhr. In den Bergen hörte sie, verstärkt durch das Echo, Maschinengewehrfeuer, und meinte, in einen Kampf zu geraten, aber es waren deutsche Soldaten, die in den Bergen die Munition verfeuerten.

Nach stundenlanger Fahrt gelangten sie nach Radstadt, ein Regiment der Luftwaffe kam ihnen entgegen. Als einer der Offiziere Göring erkannte, rief er: »Hermann, Gott sei Dank, er lebt ja, was hat man denn für Unsinn im Radio erzählt!« Die Soldaten umringten Görings Wagen, und Göring schilderte, was er tun würde, wenn er dazu die Chance bekäme. »Du mußt uns helfen, Hermann«, riefen sie alle durcheinander. Aber was konnte Göring noch tun!

Da wurde Göring von seinem Fahrer am Ärmel gepackt – »Reichsmarschall, die Amerikaner kommen!« Der amerikanische General war dem Troß entgegengefahren. Die Wagen hielten, und die Männer stiegen aus. Der Amerikaner war groß, schlank, er ging auf Göring zu und hielt ihm die Hand hin, es war General Stack. Ein Dolmetscher übersetzte jedes Wort. Stack kam im Auftrag General Eisenhowers, dieser wollte am nächsten Tag Göring empfangen. Und noch etwas teilte er mit, das Emmi beruhigen sollte: Görings Familie, seine ganze Begleitung, stünden unter Eisenhowers Schutz!

Als neues Quartier war Schloß Fischhorn in Bruck, bei Zell am See, ausersehen. Eisenhower hatte ehrenwörtlich freies Geleit für den Hin- und Rückweg zugesichert.

Abends erreichte der Göring-Troß Schloß Fischhorn. Sie bewohnten den zweiten Stock, im ersten und dritten Stock waren amerikanische Soldaten und Offiziere einquartiert.

Hermanns Optimismus war wieder da, er glaubte tatsächlich, daß er Deutschland zum Frieden führen, daß er mit Hilfe der Amerikaner den Wiederaufbau Deutschlands einleiten würde. General Stack lud die Görings zum Abendessen in Schloß Fischhorn ein. Emmi hatte keine Lust, mit dem Sieger zu essen, sie ließ sich entschuldigen, aber Hermann saß bis Mitternacht mit Stack zusammen. Als Emmi Edda ins Bett gebracht hatte, wollte sie, wie in den vergangenen Jahren, die Fenster verdunkeln, aber ein amerikanischer Soldat hielt sie lachend davon ab. »Du nix brauch dunkel machen, Krieg aus!«

Am nächsten Morgen frühstückte Göring mit General Stack, er glaubte an das freie Geleit, das ihm Ike Eisenhower zugesagt hatte. Hermann hatte ein gutes Gefühl, als er mit Stack ins Auto stieg. Emmi war skeptisch, sie verabschiedete sich nicht unten am Auto. Hermann hatte gesagt, daß die Trennung nur ein paar Tage dauern würde – sie glaubte es nicht. Vom Fenster sah sie ihn einsteigen, winken und abfahren.

Hermann kam nicht zurück, Emmi sollte ihn nie mehr in Freiheit sehen.

Wochen vergingen, die Zurückgebliebenen lebten unter amerikanischer Bewachung. Ende Mai wurde Philip Bouhler abgeholt, seine Frau Helen blieb in Fischhorn zurück. Sie wußte, daß ihn Haft und Verurteilung erwarteten. Am Nachmittag wurde er verhaftet, abends um 10 Uhr stürzte sich Helen Bouhler aus dem vierten Stock des Hauses. Sie war sofort tot und wurde schnell begraben. Nach vierzehn Tagen erschien Görings Diener, Robert Kropp, der Göring in die Gefangenschaft folgte, in Fischhorn. Er sollte Wäsche und Kleider für Göring holen und brachte Emmi einen Brief voll guter Wünsche. Aber Robert mußte schnell zurück. Nach acht Tagen kam Captain Brown mit der Mitteilung, alle Deutschen müßten Österreich verlassen.

Emmi dachte an Burg Veldenstein als Unterkunft, General Eisenhower hatte ihr durch General Stack zugesagt, daß sie dort leben dürfte. Captain Brown erkundigte sich und stellte fest, daß Veldenstein bewohnbar war. Aber Emmi wollte den ganzen, noch verbliebenen Troß von Freunden und Angestellten mitnehmen. Man beschränkte sich jedoch auf Edda, Emmis Nichte, deren Kinder, Emmis Zofe Elsa und die Krankenschwester Christa. Alle Männer wurden in ein Lager abtransportiert, nur einen Fahrer und einen Adjutanten ließ man zurück. Am 20. Juni fuhren sie los. Viel von dem sinnlos mitgeschleppten Gepäck mußte zurückbleiben. Morgens um 3 Uhr kamen sie nach sechzehn Stunden Fahrt in Burg Veldenstein bei Neuhaus an. Ein Amerikaner öffnete das Burgtor, aber das Haus war von oben bis unten leer. Vorher hatte man mit zwölf Möbelwagen das gesamte Inventar abtransportiert! Sie bekamen Betten aus einem kleinen Gasthof in der Nähe, Betten und Strohsäcke, jemand trieb im Dorf elektrische Glühbirnen auf.

Die amerikanische Wache befand sich im Verwalterhaus. Emmi wartete immer noch auf Hermanns Rückkehr. Statt Hermann besuchte sie ein Amerikaner und schwindelte ihr vor, in Nürnberg habe eine Kriegsgerichtsverhandlung stattgefunden, und Hermann sei freigesprochen worden, er käme in den nächsten Tagen. In ihrer Freude schenkte Emmi dem gerissenen Betrüger einen Smaragdring. Erst nach Wochen begriff sie den grausamen Scherz. Bald kam ein anderer Amerikaner und sagte, Hermann Göring sei erschossen worden. Aber nun glaubte Emmi nichts mehr.

Nach 5 Monaten erschien der amerikanische Arzt Dr. Kelley. Er war Arzt im Nürnberger Justizpalast und überbrachte persönlich einen Brief Görings. Als Emmi den Brief in Händen hielt, fürchtete sie sich, ihn zu lesen. Sie bat die Nichte, den Brief vorzulesen, beobachtete die Züge der Leserin und war glücklich, als sie den Briefschluß hörte: »Bald mehr!« Nun erst wagte sie, den Brief selbst zu lesen. Nun würde Göring jede Woche zweimal schreiben, und Emmi durfte zurückschreiben. Dr. Kelley nahm Emmis Brief mit nach Nürnberg. Als sie ihn fragte, wie es Hermann gehe, berichtete er: »Er steht wie ein Fels im brandenden Meer!«

Am 25. Oktober 1945 wurde Emmi Göring in Burg Veldenstein verhaftet. Mehrere Wagen schwer bewaffneter Soldaten fuhren vor, zwei uniformierte Amerikaner ordneten an, daß Emmi einen kleinen Koffer packen sollte, sie käme in ein Gefängnis, auch die Nichte, die Schwester und die Krankenschwester Christa wurden

mitgenommen. Die achtjährige Edda sollte bei Bauern im Dorf untergebracht werden.
Emmi beteuerte, unter Eisenhowers Schutz zu stehen, so wie ihr es General Stack versprochen hatte. Aber das interessierte nicht. So blieb Edda mit dem Neffen Hansi und der treuen Cilly, die schon zu Carins Zeiten bei Görings war, zurück.
Bald befand sich Emmi mit den beiden Frauen im Zuchthaus Straubing. Nach sieben Wochen brachte man ihr das Kind in die Zelle. Im Zuchthaus befanden sich viele deutsche Soldaten und Offiziere. Ein Luftwaffenoffizier brachte einen Strohsack für Edda. Das Essen war sehr schlecht, aber manchmal kamen Amerikaner und brachten Kaffee, Weißbrot, Butter und einmal sogar richtige Steaks. Sie wurden ausnahmsweise mit Messer und Gabel serviert, und zum Dank schenkte Christa dem freundlichen Amerikaner ihre Uhr. Emmi sollte den Fragebogen ausfüllen, ein langes Stück amtliches Papier, das 143 Fragen enthielt. Eine der ersten Fragen lautete: »Hatten Sie in der Partei einen Verwandten oder nahen Bekannten, der eine große Stellung im Dritten Reich hatte?« und Emmi Göring schrieb: »Ja, meinen Mann, Hermann Göring.« Was war er im Dritten Reich? Emmi mußte überlegen: Preußischer Ministerpräsident, Reichsmarschall, Oberbefehlshaber der Luftwaffe, Reichsjägermeister, Reichsforstmeister? »Schreiben Sie einfach, Hermann Göring«, meinte der Amerikaner, »das andere wissen wir.«
Zum Nikolaustag ließen die Amerikaner einen Nikolaus auftreten, Edda glaubte, daß es ein richtiger echter Nikolaus war, der ihr kleine Geschenke brachte. Aus dem Nürnberger Justizpalast kam Post von Göring, ihn beschäftigte der Prozeß. So verging der Winter und Weihnachten.
Am 19. Februar 1946 wurden Emmi und ihre Begleiter aus dem Straubinger Zuchthaus entlassen. Aber wohin sollten sie? In Burg Veldenstein waren Flüchtlinge, das Haus war voll besetzt. Emmi war von allen Freunden getrennt, so blieb ihr nur übrig, in der Zelle zu bleiben, bis eine Unterkunft gefunden war. Ein katholi-

sches Kloster wollte sie für vier Wochen aufnehmen. Da wurde Emmi von der amerikanischen Journalistin Peggy Poor besucht. Für ein Interview würde sie eine Unterkunft suchen, in der Nähe von Nürnberg. In Sackdilling wurde ein Quartier gefunden, eine Jagdhütte, die zum Jagdhaus des Försters Frank gehörte. Emmi kannte Frau Frank. Als sie mit Hermann in Veldenstein war, hatte sie die freundliche Frau kennengelernt. Frau Frank kannte Hermann schon als jungen Leutnant, und nun hatte Emmi durch Peggy Poors Vermittlung dieses Quartier mitten im Wald gefunden. Göring hatte die Hütte erbauen lassen, um sich dort umzuziehen oder auszuruhen, nun kam sie seiner Familie zugute. Inzwischen war das Haus von den Amerikanern als Jagdhaus benutzt worden. Miß Poor hatte Emmi im Jeep hergebracht. Emmi schrieb einen Brief an Hermann, den Peggy Poor nach Nürnberg mitnahm. So kam ein Briefwechsel zwischen Nürnberg und Sackdilling zustande. Manchmal besuchte der Gefängnisgeistliche Captain Gerecke Emmi und brachte Kaffee. Emmi dachte daran, Göring im Nürnberger Gefängnis zu besuchen. Von Auerbach aus nahm sie ein Auto mit nach Neuhaus, von da aus ging ein Zug nach Nürnberg. Im Justizpalast suchte sie Dr. Robert Kempner auf, aber auch er konnte ihr keine Besuchserlaubnis geben. So kehrte sie durch das zerstörte Nürnberg wieder in das Jagdhaus zurück.

Der Prozeß ging zu Ende, vor dem Urteilsspruch war es den Frauen der Angeklagten erlaubt, die Männer zu sehen; acht Tage lang jeden Tag eine halbe Stunde. Aber es war ein Wiedersehen hinter Glas und Gitter. Keine Berührung, keine Umarmung. Dr. Otto Stahner, Görings Verteidiger im Nürnberger Prozeß, besorgte Emmi, Edda und Else eine Schlafmöglichkeit für die Zeit in Nürnberg. So sprach Emmi ihren Mann nach 17 Monaten hinter Gittern, er war von uniformierten Aufsehern bewacht. Auch Edda durfte ihren Vater besuchen. Görings Schwester Paula reiste aus Österreich an. Emmi klammerte sich an die Hoffnung, doch noch einmal mit Hermann zusammenzuleben. Aber Göring wurde ganz ernst. »Ich bitte dich, Emmi, hab keine Hoffnung mehr.« Göring wußte, sie würden ihn zum Tode verurteilen. »Ich danke dir«, sagte er, »und noch eins, glaube nicht, daß man mich aufhängen wird. Man wird mir eine Kugel geben. Man kann mich ermorden, aber das Recht, mich zu richten, spreche ich den Siegern ab.« Göring war an die Hand eines Wachsoldaten gefesselt. Vor dem Justizpalast standen Reporter und Fotografen. Sie wollten ein Bild von Emmi, die Abschied von Hermann vor der Hinrichtung genommen hatte. Man half ihr, das Gefängnis durch den Hinterausgang zu verlassen und zurückzufahren.

Nach der Urteilsverkündung konnte Emmi ihren Mann noch einmal für eine Stunde sprechen, doch wieder waren sie durch Gitter und Fenster getrennt. »Wie hat Edda das Urteil aufgenommen?« fragte Göring, »weiß sie, was mit mir geschehen wird?« »Edda weiß die Wahrheit.« »Hoffentlich faßt sie das Leben nicht zu rauh an«, meinte Göring. »Was für eine Erlösung würde für mich der Tod bedeuten, wenn ich euch behütet und beschützt wüßte.« Emmi versuchte, ihn mit dem Tod zu versöhnen: »Ich werde immer im Bewußtsein tragen, daß du für Deutschland gefallen bist«, sagte sie.

Im Oktober 1946 wurde das Urteil verkündet. Emmi hatte Angst vor dem Monat Oktober. Alle fünf jungen Neffen Görings waren in diesem Monat gefallen, sein Schwager war verunglückt und sein Bruder Karl war im Oktober an einer Kriegsverletzung gestorben. Nun sollte auch Hermann im Oktober sterben.

Dr. Stahmer teilte Emmi mit, daß sie Hermann noch für eine Stunde sehen konnte, am 7. Oktober.

Am 16. Oktober erfuhr Emmi durch Frau Frank, daß das Radio die Meldung von der vollzogenen Hinrichtung durchgegeben hatte. Die Verurteilten waren in der Nacht im Nürnberger Justizpalast gehenkt worden, anschließend hatte man sie im Münchner Krematorium verbrannt. Einen der Männer aber habe man nicht gehenkt, Hermann Göring. Ein Unbekannter habe ihm Gift gegeben. So habe man den anwesenden Journalisten nur Görings Leichnam zeigen können. Göring behielt also recht, als er sagte – »sie hängen mich nicht!«

Als sich Emmi und Edda den Kopf darüber zerbrachen, wer wohl Göring das Gift gegeben hatte, meinte Edda: »Ich weiß, wie Papa es bekommen hat, ein Engel hat das Gift durch die Zellendecke heruntergelassen.«
In der Hütte in Sackdilling wurde es kalt. Das Wasser mußte man aus dem Brunnen vor dem Haus holen, wenn er zugefroren war, gab es kein Wasser. Manchmal fand Emmi Lebensmittel, die man ihr vor die Tür gelegt hatte, die schwedische Verwandtschaft schickte Skistiefel für Edda. In diesem Winter schrieb Emmi immer noch Briefe an Hermann, als ob er noch lebte. Es wurde Frühling – Mai 1947. Da meldete sich am Telefon des Försters Frank eine Stimme: Man solle Emmi Göring nach Norddeutschland in Sicherheit bringen, sie würde heute abend abgeholt und in ein Lager gebracht werden. Aber es war zu spät. Zwei deutsche Beamte kamen, um Emmi abzutransportieren. Da hatte sie einen Ischiasanfall, der sie bewegungsunfähig machte. Die zwei deutschen Beamten blieben als Wache, und man holte von Bayreuth einen Krankenwagen, aus dem Nachbarort einen Arzt und eine Krankenschwester. So wurde Emmi auf einer Bahre ins Internierungslager gebracht. Es war das ehemalige Lager der russischen Zwangsarbeiterinnen in Göggingen bei Augsburg.
Jetzt lebten dort seit Kriegsende Frauenschaften, Leiterinnen, Krankenschwestern, Sportlehrerinnen, BdM, mehr als 1000 Frauen in notdürftigen Baracken, auf Strohsäcken, mit Säuglingen, die im Lager geboren worden waren. Nachts wurden die Häftlinge von Ratten geweckt. Einmal im Monat kam Edda zu Besuch. Ein Sommer und ein Winter vergingen. An einem Januartag 1948 wurde Emmi Göring ins Lager Garmisch eingeliefert. Dieses Lager war noch elender, noch schmutziger als Göggingen. Man stellte nun eine Anklage gegen Emmi Göring zusammen. Man mußte einen Prozeß gegen sie führen, um die lange Haft zu rechtfertigen.
Am 20. Juli 1948 fand die Spruchkammer-Veranstaltung gegen Frau Göring in Garmisch statt. Nun fanden sich Emmis Freunde

aus den glücklichen Tagen: Dr. Erich Ebermayer von Schloß Kaibitz bei Kemnath, Dr. Strobl übernahm die Verteidigung. Er verlangte kein Honorar und mobilisierte die vielen Künstler aus Berlin, denen Emmi geholfen hatte. Viele Juden hatte Emmi vor der Verfolgung bewahrt.
Auch Gustaf Gründgens wurde um Hilfe gebeten. Aber Emmi war skeptisch. Würde er, der wieder groß und prominent war, sich in Gefahr begeben, um ihr zu helfen? Aber Gründgens erschien, wider aller Erwarten, er war ein Freund im wahrsten Sinne. Er machte seine Aussage und schilderte Emmi in ihrer Großzügigkeit. Ein ritterlicher Mann schützte eine Frau, die man vor Gericht stellte, um ihren Mann noch einmal anzuklagen, der doch schon tot war. Es wurden Briefe aus Schweden verlesen. Carins Sohn setzte sich für Emmi Göring ein. Otto Tressler, Doyen des Wiener Burgtheaters, schrieb: »Ich bestätige hiermit Frau Emmi Göring, daß sie meinen Sohn vor dem Tode durch Erschießen gerettet hat.« Als Emmi Göring ein Schlußwort sagen sollte, antwortete sie: »Ich habe immer geglaubt, daß Liebe eine Gnade ist. Ich habe nicht gewußt, daß man dafür bestraft werden kann.« Am 10. Juni 1973 starb Emmi Göring.

Als Emmi Göring nach dem Krieg in München lebte, besuchte ich sie in ihrer Wohnung in der Bürkleinstraße. Sie war ein lebensfroher Mensch, hatte ihren Frieden gefunden, ihre Schwester Else lebte bei ihr und natürlich Edda, das geliebte Kind. Auf dem Balkon der kleinen Wohnung stand ein Strandkorb, ein Kuriosum auf einem Münchner Balkon. Sie hatte sich den Original-Strandkorb aus dem Norden kommen lassen, um einen Hauch von Sylt, wo sie am liebsten war, um sich zu haben.
Manchmal trafen wir uns auch in der vertrauten Halle des Hotels Vier Jahreszeiten. Wir saßen da und tranken Tee.
Der Regisseur Fritz Kortner arbeitete damals als Regisseur in den gegenüberliegenden Kammerspielen. Er traf sich mit seinen Schauspielern an der Hotelbar, dazu mußte er durch die Halle ge-

hen. Er kannte mich, und wir grüßten uns. Da sah er Emmi Göring neben mir sitzen. Er erkannte auch sie sofort, zuerst erschrak er, dann ging er auf uns zu, küßte Emmi die Hand und hielt sie lange fest.
Ohne weiteres zu sagen, lächelte sie ihn an:
»Fritz, du warst ein wundervoller Tellheim 1926!« Ihr kamen die Tränen. Und Kortner sagte, ebenso gerührt:
»Emmi, du warst eine großartige Minna.« Die Jahre dazwischen waren in diesem Moment für beide ausgelöscht.

VII.

Zeuginnen glanzvoller Tage

Hitler besucht Nietzsches Schwester

Zu den Frauen, mit denen Hitler im Laufe seines Lebens zusammengetroffen ist, gehörte die Schwester Nietzsches. Die Werke des Philosophen hatte er schon als junger Soldat im Krieg gelesen. Nietzsches Gedanken hatten die ganze Generation und auch Hitler und Mussolini beeinflußt. Hitler schenkte Mussolini zum Geburtstag die Gesamtausgabe von Nietzsches Werken, in »zarathustragrünem« Leder gebunden, und die Bände gehörten, wie Rachele Mussolini berichtete, zum Fluchtgepäck des Duce.
Im Herbst 1933 besuchte Hilter die 87jährige Schwester Nietzsches, Frau Förster-Nietzsche, im Weimarer Nietzsche-Archiv. Er kam mit einem Rosenstrauß und küßte ihr die Hand. Sie führte ihn zur Büste Nietzsches, vom Bildhauer Max Klinger aus Stein gehauen, und zeigte ihm die Bibliothek. Hitler trug seinen blauen Anzug, Frau Förster-Nietzsche ein hellgraues Taftkleid, einen Spitzenschal, weiße Glacéhandschuhe. Hitler war ergriffen von dem Besuch, denn an dieser Stelle war Nietzsche gestorben, nach zehn Jahren geistiger Umnachtung. Vor dem Besuch hatte Frau Förster Hitlers Begleiter Dr. Ziegler gefragt: »Sagen Sie, Dr. Ziegler, ist Herr Hitler verheiratet?« Als Dr. Ziegler verneinte, sagte sie: »Es freut mich, daß er ledig ist, mein Bruder hat immer gepredigt: ›Der Held muß frei sein!‹« Hitler unterhielt sich mit der alten Dame mit der großen goldenen Brille über Nietzsches Werk »Die Geburt der Tragödie aus dem Geist der Musik«. Als er sich verabschiedete, erhielt er ein Geschenk. Sie hatte lange überlegt,

was sie ihm aus dem Nachlaß ihres Bruders schenken sollte. Vielleicht einen alten Stich, der das Geburtshaus Nietzsches in Rökken bei Naumburg zeigte, oder ein Buch von ihm oder seinen letzten Spazierstock, einen Degenstock aus dem 18. Jahrhundert mit Elfenbeinkrücke. Sie entschied sich für den Stock. So erhielt Hitler, der immer gewohnt war, eine Peitsche bei sich zu haben, und damit spielte, indem er den silbernen Knauf mit den eingravierten Buchstaben EB (= Elsa Bruckmann) in seiner Handfläche rieb, ausgerechnet aus Nietzsches Besitz ein Stöckchen. Er war sehr froh darüber und meinte: »Vielleicht ist Nietzsche mit diesem Stock in der Hand mit Richard Wagner am Ufer des Genfer Sees spazierengegangen?« Er bewunderte die alte Dame, aber mißtrauisch war er immer. »Wahrscheinlich«, sagte er, »hat sie alle Liebesbriefe, die an Nietzsche gerichtet waren, verbrannt.«

Im Herbst 1934 war Hitler wieder in Weimar. Er kam wie immer im offenen dunkelblauen Sieben-Liter-Mercedes-Kompressor, auf einem der Notsitze Albert Speer, auf dem anderen Notsitz sein Diener, auf den Rücksitzen Dr. Dietrich und der Adjutant Wilhelm Brückner.

Hitlers Wagen folgte ein Begleitwagen mit seinem Arzt Dr. Karl Brandt und fünf Männern seines Begleitkommandos.

Wieder besuchte Hitler die alte Dame, diesmal versprach er die Finanzierung eines Anbaues für das Nietzsche-Archiv an das alte Haus. Professor Schultze-Naumburg entwarf dafür die Pläne.

Ein Jahr später starb Nietzsches Schwester. Hitler kam zur Trauerfeier nach Weimar.

Die deutsche Meisterschwimmerin Anni Rehborn,
Frau von Hitlers Begleitarzt Dr. Karl Brandt

Auf den Fotografien, die Hitler neben Frauen auf der Terrasse des Berghofs am Obersalzberg zeigen, erscheint neben den bekannten Gesichtern das schöne ernste Antlitz einer jungen Frau. Es war Anni Brandt, die Frau von Hitlers Begleitarzt Professor Dr. Karl Brandt. Vor ihrer Heirat war sie eine berühmte Sportlerin, sie hieß Anni Rehborn und war die deutsche Schwimm-Meisterin. Über Annis Nase und Stirn lief die helle Spur einer Narbe, zickzack wie ein Blitz. Anni war, bei einem kühnen Sprung ins Wasser, auf einen Felsen gestoßen und hatte sich das Gesicht zerschnitten. Man brachte sie ins Unfallkrankenhaus Bochum. Ein junger Arzt nähte die Wunde und verliebte sich in das schöne Mädchen. Durch seine Arbeit am Knappschafts-Krankenhaus war er mit Unfällen vertraut. Die deutsche Meisterschwimmerin Anni Rehborn wurde in München in den Werkstätten Heinrich Hoffmanns, Schellingstr. 50, fotografiert, im schwarzen, einteiligen Badeanzug der deutschen Mannschaft und im weißen Bademantel. Die Bilder wurden Titelseiten der Illustrierten.
Als Hitler bei seinen Besuchen in Hoffmanns Werkstätten die Bilder der Schwimmerin sah, war er entzückt, und da er alles auf die Griechen bezog, meinte er: »Dieses Gesicht könnte von einem Tempelfries von Olympia stammen.« Und weil er immer neugierig auf Menschen war, sagte er: »Hoffmann, könnten Sie das Mädchen nicht zu einem Wochenende zum Obersalzberg einladen?« So lernten Hitler und sein Kreis Anni Rehborn kennen. Sie war nicht nur die gefeierte Sportlerin, sie verkörperte Einfachheit, Humor und Mut. Als Anni Rehborn von Hitler zu der Fahrt auf den Obersalzberg eingeladen wurde, reiste auch ihr Verlobter Karl Brandt nach Berchtesgaden, um sie zu sehen. Aber davon wußte Hitler nichts. In einem der Begleitwagen in Hitlers Auto-Kolonne fuhr sein Adjutant Wilhelm Brückner, ein Mann der über 2 Zentner wog und 2 Meter groß war. Er paßte nicht in die

Mercedes-Klappsitze und bekam einen eigenen Wagen, aber auch dieser war zu klein, so hielt er beim Fahren den linken Arm, also den Ellenbogen aus dem Fenster. Damals wurde in Kolonne gefahren, und Hitler war immer sehr besorgt um seine Fahrer und um seine Wagen. Als er Brückners Ellenbogen aus dem Fenster stehen sah, sagte er: »Brückner, wenn nur der kleinste Unfall passiert, wird Ihr Arm zerschmettert!« Aber Brückner hörte nicht darauf. Auf dem Weg nach Berchtesgaden mußte er schnell einer Kuhherde ausweichen, raste in einen auf der Straßenseite stehenden Holzstoß und rammte sich die langen Holzspreißel voller Ameisen tief in den Arm.

Immer hielt die Kolonne, wenn einer nicht nachkam. Im nächsten Wagen war Hitler, auch Anni Rehborn. Er sah den schwerverletzten Arm Brückners, er mußte sofort operiert werden. Da sagte Anni: »Herr Hitler, mein Verlobter ist Arzt, er kennt die Unfälle der Bergleute, er ist in Berchtesgaden, er kann Brückner sofort operieren.« Brückner wurde in Berchtesgaden von Brandt sofort erfolgreich operiert. Auf diese Weise lernte Hitler Karl Brandt kennen und gewann ihn lieb. Hitler schätzte immer Ärzte in seiner Umgebung, er hörte ihnen zu, und alle neuen Erkenntnisse interessierten ihn. Brückner wurde gesund und kam zum Troß Hitlers zurück.

Wenn Brandt erzählte, konnte Hitler ein guter Zuhörer sein. Sein Interesse galt vor allem Paracelsus, und er veranlaßte, daß der Bildhauer Joseph Thorak die große Paracelsus-Gestalt schuf, die heute noch in Salzburg steht. Sein Essen ließ er sich auch von einem Arzt, Dr. Zabel, zusammenstellen. Einmal erzählte ihm Brandt, wie die antiken Griechen Wunden geschickt vernähten: Brandt fing zur Veranschaulichung auf dem Obersalzberg ein paar Käfer, die wir Ohrenzwicker nennen. Sie haben zur Verteidigung zwei kleine scharfe Zangen. Wenn nun ein Schnitt nach einer Operation verschlossen werden sollte, hielt der Arzt mehrere solcher Insekten an die zu verschließende Stelle. Die Käfer schnappten mit den Zangen zu, der Arzt drehte geschickt die Körper ab, so

daß die Zangen wie die Fäden einer Naht in der Haut blieben. Die Zangen der Ohrenzwicker mußten nicht herausgenommen werden, sie lösten sich einfach auf, und die Wunde war septisch und erstklassig verschlossen. Mit solchen Berichten konnte man Hitlers Interesse gewinnen. Einmal brachte Brandt einen Totenschädel und erklärte Hitler eine Operation an einem Gehirntumor, er zeigte ihm auch ein Operationsbesteck, das man bei römischen Funden in Rätien (dem heutigen Bayern) gefunden hatte. Es war mehr als 2000 Jahre alt, sehr elegant in einem kleinen Lederkasten.
Der Arzt Karl Brandt heiratete Anni Rehborn, Göring war Trauzeuge. Hitler freute sich, zwei so wertvolle Menschen in seiner Umgebung zu haben.

Leni Riefenstahl

An der Nordsee, in Horumersiel, lernte Hitler im Gasthof »Vater Tjarks« Leni Riefenstahl kennen. Er blieb ihr lebenslang in freundschaftlich-kameradschaftlicher Weise verbunden. Er kannte den Film, in dem sie als keltische Zauberin tanzte, beauftragte sie mit der Herstellung des Olympiafilms und des Films »Triumph des Willens«. Eine Frau, die schön war und klug, das gefiel ihm. »Er hat mir in meine Arbeit nie hineingeredet«, sagte Leni über Hitler.
1936 drehte Leni Riefenstahl, dem Auftrag Hitlers gemäß, den Film über die Olympischen Spiele. Es ist ein weltberühmter Film geworden. Cineasten reihen ihn unter die zehn wichtigsten Filme der Welt ein. Vor 1945 wurde er bewundert und gefeiert, nach 1945 verachtet. Ihr größtes Verbrechen, schrieb ein englischer Journalist über Leni Riefenstahl, war ein passives: Sie wurde von Hitler bewundert.
Das stimmte. Leni war Bergsteigerin, Skipionierin, Tänzerin, überschlank, groß, faszinierend. Ihr erster Film, ein keltischer Zauberfilm »Das blaue Licht«, und ihr Film »Tiefland« entzück-

ten nicht nur Hitler. Jean Cocteau hat die französischen Untertitel zu diesem Film geschrieben. Walt Disney und Roberto Rossellini haben ihr Reverenzen erwiesen. Wer war die Frau wirklich, die man als angebliche Mätresse Hitlers und als Naziverbrecherin zu vernichten versuchte (fünfzig Prozesse im Armenrecht hatte sie durchgeführt), während sie unangefochten als eine der genialsten Künstlerinnen der Cinematografie gilt?
Zur Olympiade München 1972 zeigte man ihren Film noch einmal. Ein Kommentator verachtete das Pathos, als den Siegern die Lorbeerkränze von den Mädchen um die Stirn gelegt wurden. Hitlerpathos. Hitler eiferte in allem den Griechen nach, in seinen Bauten, in seiner Vernarrtheit in die Schönheit, in seiner Wortbrüchigkeit, in seiner Grausamkeit, in seiner Maßlosigkeit.
Leni war oft Hitlers Gast, in meiner Erinnerung trug sie immer Weiß, und sie konnte so gut erzählen, daß sie alle in den Bann schlug. Hitler hatte sie auch beauftragt, einen Film über den Reichsparteitag »Triumph des Willens« zu drehen. 1937 verliehen ihr die Franzosen dafür den großen Preis von Frankreich.
Als man den Film 1972 zeigte, stellte sich Leni dem Interviewer. Sie trug ein helles Sommerkleid, das die makellosen Beine einer Tänzerin sehen ließ, legte die Handflächen zusammen. Sie hat die wachen Augen eines Wesens, das Gefahr wittert, den skeptischen Blick eines Menschen, der selten etwas Gutes, meist Böses erwartet. Man gratulierte ihr zu dem Film und meinte, daß sie eine neue Karriere vor sich habe. Leni antwortete: »Ich bin siebzig.« »Wie haben Sie gelebt?« fragte man sie. »Mir sind ganze Leben verlorengegangen. Es war wie ein Töten.« »Wie ist das gemeint«, fragte der Interviewer, »wie haben Sie das gemeint?« »Wenn man dem Fisch das Wasser entzieht...« erwiderte sie leise.
Als Großdeutschland zusammenbrach sagte man, sie sei die Geliebte Hitlers gewesen, sie habe ein KZ fotografiert und nannte sie eine »verdammte Nazifilmziege«.
Sie geriet 1945 in die Hände der französischen Sicherheitspolizei. Man schleifte sie drei Jahre lang durch Gefängnisse und Nerven-

heilanstalten, beschlagnahmte ihre Filme bis auf die letzte Kopie, nahm ihr ihre Ausrüstungen, konfiszierte ihr Vermögen, und als man sie endlich laufen ließ, hatte sie nichts, nicht mal ein eigenes Kleid. »Ich hatte an Hitler geglaubt«, sagte sie, »ich hielt ihn ja für einen guten Mann, ja, ich habe ihn bewundert. Dafür hätten sie mich ja bestrafen können. Aber der Rufmord ging weiter, zwanzig Jahre lang.« Der Verdacht, Hitlers Geliebte gewesen zu sein, war absurd. Auch die KZ-Anschuldigungen waren haltlos.

»Eignete sich der Film ›Triumph des Willens‹ für Propagandazwecke?« wurde sie gefragt. »Ja, das tat er«, antwortete Leni. »Aber deswegen war er kein reiner Propagandafilm, sondern ein historischer, ein Dokumentarfilm. So, wie wenn man heute einen künstlerischen Film über einen Parteitag in Peking oder Moskau drehen würde.«

Erst, als die jungen Cineasten in Amerika, England und Frankreich die Filme der Riefenstahl entdeckten, sich für sie begeisterten und über sie diskutierten und schrieben, begann das eigentliche Come-back des »größten Pechvogels der Filmgeschichte«.

Die Pariser »Cahiers du Cinema« versahen Leni Riefenstehl mit dem begehrten Titel »Cineast« und in Amerika wurden vier Doktorarbeiten über sie geschrieben.

Wie und wovon lebte Leni Riefenstahl bis zu diesem Zeitpunkt?

Leni sagte es ohne Selbstmitleid: »Erst von ein paar Care-Paketen aus Amerika, die ich verkauft habe, um ein möbliertes Zimmer bezahlen zu können, dann half mir mein geschiedener Mann ein bißchen. Mit einer jungen Freundin verkaufte ich Wein in Münchner Hotels. Wenn man mich erkannte, kaufte man mir nichts ab. Dafür kauften im Laufe der Zeit Dokumentarfilmer und Fernsehanstalten Sequenzen aus meinen Filmen. Japan erwarb meinen Olympiafilm, und dann bekam ich Filmaufträge aus dem Ausland, aber alle scheiterten letzten Endes am alten Rufmord.«

Die ganz junge Leni Riefenstahl bekam schon eine Abendgage von tausend Mark, ihr Olympiafilm spielte 12 Millionen ein, davon blieben ihr sechs, man ließ ihr nichts.

In den Jahren der Verachtung hat sie sich immer wieder nach Afrika geflüchtet, zu den Nuba, sie lebte in ihrem Stamm, lernte ihre Sprache, schlief unter freiem Himmel und fotografierte sie. Sie machte den Stamm der Nuba weltbekannt.

Martha Dodd, Tochter des Amerikanischen Botschafters William Dodd in Deutschland

Zu den Frauen, die Hitler als Reichskanzler in Berlin kennenlernte, gehörte Martha Dodd, die ihn interessierte, weil sie »keß« war, und die man eben, weil sie so keß, so unternehmungslustig war, in romantische Beziehung zu ihm brachte.
Ihr Vater, William Dodd, war von Roosevelt zum Botschafter in Deutschland ernannt worden. So kam er 1933 nach Berlin, mit Frau und Tochter Martha. Er war ein kluger, kurzsichtiger sanfter Mann, Professor der Universität Chicago, mit der Nonchalance der Männer des amerikanischen Südens. Putzi Hanfstaengl arrangierte eine Zusammenkunft Hitler – Dodd, aber Hitler sagte nach dem Gespräch nur: »Der gute Dodd, er spricht kaum ein Wort deutsch und kann sich kaum verständlich machen!« Aber Martha war etwas Besonderes. Sie hatte eine »Vergangenheit«. Sie wurde in Ashland, im Staat Virginia, geboren, erlebte im »Campus« der Universität Chicago, der ihr Familiengarten war, eine herrliche Jugend mit Bruder Bill. »Weder er noch ich hatten den Wunsch zu heiraten, wir wollten eines Tages eine Wohnung für uns allein haben und ein nützliches, schöpferisches Leben führen«, sagte sie. Sie wollte philosophieren, Nietzsche, Dostojewski, Tschechow lesen, Ideen verwirklichen, Träume spinnen. Aber Bill mußte nach Harvard, Martha war 1930 in Paris.
Die Amerikaner in Paris lebten im Dome auf dem Montparnass und im Café Voltaire. Sie war eines der jungen Mädchen mit kurzen Haaren, die durch ihre Extravaganzen die Welt in Erstaunen und ihre Eltern in Erschrecken versetzte. Hemingway und Scott

Fitzgerald haben sie in ihren ersten Romanen lebendig erhalten. Eine ihrer Affären wurde in Berlin erzählt: Während der Prohibition kam Martha in Chicago nach einer Party am folgenden Morgen nach Hause. Sie war noch ein bißchen beschwipst, es war heller Morgen, und sie saß da, in ihrem Abendkleid, ihren Eltern gegenüber, ihre Augen funkelten: »Mir ist etwas Komisches passiert«, sagte sie. »Ich glaube fast, ich habe mich diese Nacht verheiratet!« Sie wurde genauer: »Es war in Crown Point, daran entsinne ich mich.« Aber was sie sich nicht ins Gedächtnis rufen konnte, war der Name des Mannes, den sie geheiratet hatte. Der gute Professor Dodd mußte nun mit seinem Wagen zum Crown Point fahren, um dort das Ehestandsregister einzusehen. Der Ehemann war Georges Basset Robert, ein Bankier aus New York. Nun brauchte sie sich nur noch scheiden zu lassen.

Bald darauf wurde Dodd zum Botschafter in Deutschland ernannt. Für Martha war Berlin ein neues Feld für Abenteuer. Eigentlich war sie »links«, sie hatte wie viele der superreichen Mädchen den »Linksdrall«, aber es genügte, daß sie inmitten von Fahnen, Fanfaren und einer tobenden Menge die jungen Truppen Hitlers, die SA, »die großen blonden Arier« marschieren sah, und sie sagte: »Ich schrie noch lauter ›Heil‹ als die Nazis.« Goebbels lud die Tochter des Botschafters zu seinen Gesellschaften ein, der berühmte Flieger Ernst Udet verehrte sie, Göring bat sie nach Carinhall zu einer Jagd, und natürlich war sie bei Hitler zu Gast.

Putzi Hanfstaengl versuchte immer, Amerika und Deutschland einander näher zu bringen, er war bekannt für seine verrückten Einfälle. Er hatte einen Plan und erläuterte ihn Martha Dodd: »Angenommen der Junggeselle Hitler nähme eine Amerikanerin zur Frau. Das ganze Gesicht der Welt würde sich verändern dadurch! Angenommen, er liebte ein Mädchen aus dem Middle-West, ein Mädchen aus Chicago. Martha, diese Frau bist du!« So kam es zu einem zeremoniellen Besuch der jungen geschiedenen Frau bei Hitler. Er küßte ihr die Hand, und sie saßen sich auf den nagelneuen Sesseln der Reichskanzlei gegenüber. Hitler betrachtete Martha sehr aufmerksam und hörte zu, er war, wie sie es später beschrieb, neugierig und gleichzeitig verlegen. Aber die hohen Hallen der Reichskanzlei waren nicht für den leisesten Flirt geeignet.

Martha entschied, daß Hitler »ein frigider Junggeselle sei, auch eine Ehe mit ihr könne das Gesicht der Welt nicht ändern«. Viel später tauchte ihr Name in einer Spionageaffäre auf, sie soll eines der wichtigsten Mitglieder des Sowjetischen Nachrichtendienstes gewesen sein, sie hatte Alfred Stern geheiratet, unter dem Namen Martha Dodd würde man sie also nicht mehr finden. Sie war mit diabolischem Spürsinn ausgestattet und hat immer wieder ihre Spuren verwischt.

Die Frauen des Südens

Die Gräfin Edda Ciano, die Tochter Benito Mussolinis – wie Hitler sagte, das echteste Kind des Duce – temperamentvoll, klug, war verheiratet mit Graf Galeazzo Ciano aus Livorno, dem Außenminister Mussolinis. Gräfin Ciano hat in Krieg und Frieden Deutschland bereist. Hitler machte selbst die Reisepläne für sie und umgab sie mit jedem möglichen Luxus. Für ihre Reise an den Rhein wurden gutaussehende große SS Männer abgestellt. Sie sollte das Land der Germanen in bester Erinnerung haben. Edda Ciano lernte Deutschland kennen, besuchte Schulen und Krankenhäuser, Werften und Fabriken, Kinderkliniken und Universitäten. Sie wollte, zurück in Rom, ihrem Volk über alles berichten, was sie im befreundeten Deutschland gesehen hatte. Zum Abschluß der Reise gab Hitler für Edda Ciano ein großes festliches Abschiedssouper in der Reichskanzlei. Gräfin Ciano gehörte zu den Frauen, die mit Hitler ganz offen sprechen konnten. Später allerdings, als sie Hitlers Freundschaft wirklich gebraucht hätte, wandte er sich ab.

Edda Ciano hat sich nicht gescheut, Hitler auf politische Fragen anzusprechen. Dr. Paul Schmidt hat die Gespräche gedolmetscht. Sie hat mit Verstand und Temperament gegenteilige Ansichten vorgebracht. »Sie können doch niemand dafür bestrafen, daß seine Großmutter Jüdin ist«, sagte sie mit funkelndem Blick aus den großen braunen Augen. Als sie Hitler nach dem Sturz ihres Vaters besuchte, setzte sie sich erfolgreich für Hafterleichterungen der italienischen Gefangenen ein.

Als Mussolinis Herrschaft zu Ende ging, konspirierte Ciano gegen seinen Schwiegervater. Edda Ciano bat Hitler um das Leben ihres Mannes, aber sie traf nicht mehr auf den Hitler des Friedens. Ciano wurde in Verona auf einen Stuhl gebunden und erschossen.

Edda erlebte das Kriegsende in einer Schweizer Klinik.

Aber das schönste Geschenk des Südens war die Gräfin Attolico, die Frau des Professors Attolico, des italienischen Botschafters in Berlin.

Beim Empfang für das Diplomatische Corps dominierte sie durch Schönheit und Temperament.

Eines von Hitlers Lieblingsbildern war das Bild, das ihn mit Gräfin Attolico zeigt. Die Gräfin trug modische Toilette aus einem römischen Salon und Hitler den Frack. »Das schönste Geschenk Italiens«, nannte Hitler die schlanke schöne Frau, Mutter von zwölf Kindern. Alles gefiel ihm an ihr, ihr Gang, ihre charmante Konversation, ihr zu einer klassischen Krone aufgestecktes dichtes Haar. Wie oft hat er sie deutschen Diplomatenfrauen als Beispiel hingestellt und wie oft hat er jungen, noch unverheirateten Diplomaten empfohlen, sich später eine Gattin à la Donna Eleonora auszusuchen! Dabei pflegte er zu sagen: »Hätten alle meine Vertreter im Ausland solche Frauen an ihrer Seite – eine um wieviel leichtere Arbeit hätten sie! Ich werde in Zukunft dafür sorgen, daß sich unsere jüngeren Herren mit diesem wichtigen Problem beschäftigen und sich an dem Ehepaar Attolico ein Beispiel nehmen!« Leider ist gerade diese Aufnahme aus den Glanztagen des

2 *Hitler mit den Frauen der Diplomaten und arteiführer bei einem Rundgang durch die eichskanzlei.*

33 *Tee-Empfang in der Reichskanzlei: Hitler, Anni Ondra, Leo Leux und Frau, Bouhler, Max Schmeling, Hans Zerlett.*

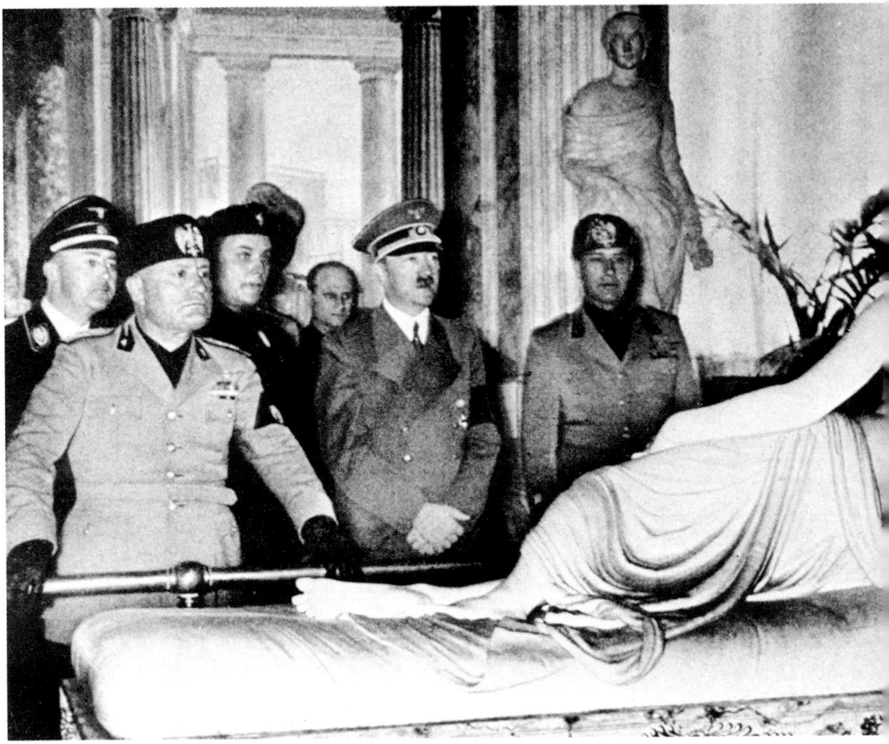

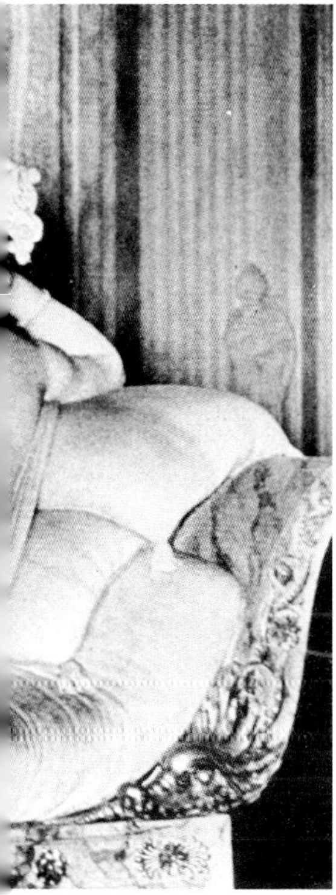

4 *Mit Mussolini in Rom, Villa Borghese.*

5 *Hitler 1939 im Haus der Deutschen Kunst in München* (links).

6 *Hochzeit von Joseph und Magda Goebbels* (rechts oben).

7 *Lida Baarova* (rechts).

38 *Familie Goeb bels zu Besuch au dem Berghof. V. Frau Magda Goeb bels und Kinder, Jen ny Jugo, Schauspie lerin, Dr. Goebbels Hitler.*

39 *Frau Magda Goebbels mit den Kindern: Helga, Hel mut, Heide, Hilde Holde* (links).

40 *Hitler und Hel ga Goebbels in Heil gendamm* (unten).

Stahlpaktes verlorengegangen. Sie hätte beweisen können, daß Hitler für weibliche Eleganz und weiblichen Charme durchaus empfänglich war, wenn sie ihm von einer so klugen und diplomatischen Vertreterin wie der römischen Gräfin serviert wurden!

Der Staatsbesuch in Italien war für Hitler ein Höhepunkt, die Stunden in Florenz die Erfüllung eines Lebenstraumes. »Die ganze Renaissance ist mir entgegengekommen«, sagte er, als ihm die schönen Mädchen der Florentiner Tanzakademie vorgestellt wurden. Am Ponte vecchio waren die Fahnen der alten Florentiner Geschlechter aufgezogen, die Zeichen der Stadt Florenz. Hitler wohnte im Palazzo Pitti. Beim großen Festbankett lernte er die Fürstin Medici, Leiterin der italienischen Frauenorganisationen kennen, auch Rachele Mussolini, die Frau des Duce.

Er wollte viel mehr von dem Land sehen, vor allem das Geburtshaus Leonardos, in Vinci, in der Toskana. Seinem Dolmetscher Dr. Eugen Dollmann gestand er: »Später einmal, Dr. Dollmann, fahren wir inkognito nach Italien und schauen uns die Städte an, und die Stauferburgen in Apulien, sechs Wochen lang!« Zu den sechs Wochen ist es nie gekommen.

Beim Abendessen im Königspalast in Neapel lernte er die italienische Kronprinzessin Maria Josée kennen. Sie war Prinzessin von Piemont, Tochter des verunglückten Albert I. aus dem Haus Coburg und seiner Frau, der bayrischen Prinzessin Elisabeth, einer Wittelsbacherin. Sie war die Schwester des Königs Leopold III. von Belgien. 1940 war Belgien besetzt. Nun besuchte Maria Josée Hitler zu einem Teebesuch auf dem Obersalzberg. Er fuhr mit ihr hinauf zum Kehlstein, zum Adlerhorst. Prinzessin Maria Josée machte diesen Besuch aus einem bestimmten Grund, sie wollte, daß Hitler mit ihrem Bruder, dem König des besetzten Landes zusammentraf. Tatsächlich lud Hitler den König ein, und der Belgier kam zum Berghof.

Hitler nannte die Prinzessin »den einzigen Mann im Haus Savoyen«, ihr Mut, ihre Schlagfertigkeit imponierten ihm. Sie hatte erreicht, was sie wollte.

Der Führer und Reichskanzler läßt bitten...
so stand es auf den Karten, mit denen Hitler Gäste zu seinen Empfängen und Staatsdiners einlud.

»Berlin c'est la première cour du monde«, hatte Frankreichs Botschafter in Berlin, Henri François-Poncet, Hitlers Hofhaltung genannt, und damit dessen Residenz als den großartigsten Hof der damaligen Welt bezeichnet. Der französische Botschafter war der populärste Ausländer in Berlin, er war der Doyen des Diplomatischen Corps und für Hitler einer seiner anregendsten Gesprächspartner. Hitler schätzte vor allem Madame Poncet; ihre Kleider, ihre Hüte, ihre Lebensart waren für Hitler interessant. Man kam pünktlich. Die geschmiedeten Tore, die in den Ehrenhof der alten Bismarckschen Reichskanzlei führten, standen offen. Trommelwirbel rollten, die Wachkompanie der SS-Leibstandarte präsentierten ihre Gewehre vor den ausländischen Botschaftern und deutschen Generälen und Beamten mit ihren Frauen. Diener in den goldbetreßten alten preußischen Uniformen rissen die Türen der kostbaren Automobile auf. Man ging vorbei an den schwarzuniformierten Doppelposten in weißem Lederzeug, in den Garderobensaal. Lakaien mit weißen Handschuhen halfen aus den Mänteln und wiesen in den Vorsaal in blitzendem Licht.

Hier lagen die von Hitler mit seinem Protokollchef zusammengestellten Sitzordnungen der großen Hufeisentafel. Die Herren des Protokolls reichten jedem männlichen Gast seine Karte. Ein roter Pfeil darauf zeigte jeweils an, wo man sitzen würde, und durch das Kärtchen erfuhr man, weche Dame man zu Tisch führen sollte. Im Vorraum stand ein großer alter Diener, Herr Jungfer, in blauer, goldbestickter Livree. Trat ein neuer Gast ein, klopfte er mit einem hohen Stock auf den Boden (das brachte ihm den Namen »Klopfgeist« ein) und rief den Namen des eintretenden Gastes so laut, daß Hitler, der am Eingang des Saales stand, ihn verstehen konnte. Der Herold hatte schon beim Fürsten Blücher, beim Reichspräsidenten Ebert und bei Hindenburg Dienst getan. Als die Russen die Reichskanzlei besetzten, wurde er als erster erschlagen.

Als er bei Hitler Dienst tat, sah er prächtig aus. Goldbestickter Frack, schwarzseidene Kniehosen mit weißen Wadenstrümpfen und lackledernen Schnallenschuhen. Unter dem linken Arm trug er den preußischen Zweispitz und in der rechten Hand den langen Stock. Nachdem er sich vor dem Gast verbeugt hatte, stieß er mit seinem Stock dreimal dröhnend auf den Boden. Hitler befolgte das alte preußische Zeremoniell. Nun standen also die Gäste vor dem Kanzler des Großdeutschen Reiches; die Herren wurden mit Handschlag, die Damen mit Handkuß begrüßt. Hitler trug einen gutsitzenden Frack, es war ein Kleidungsstück, das ihm besser paßte als die Uniform. Er war ein gewandter Unterhalter und verstreute an die Damen seine Komplimente. Seine eigene Erkenntnis – jeder Mann hat die Frau, die er verdient – wandte er auch an. Um einen Mitarbeiter kennenzulernen, lud er ihn mit seiner Frau zu seinen Gesellschaften ein und unterhielt sich mit dessen Frau. Er ließ sie über ihren Mann erzählen und konnte sich ein Bild machen, welche Eigenschaften, welche Vorzüge und Fehler er hatte. Hitlers Gäste trugen Orden. Er selbst trug das Eiserne Kreuz mit der Kaiserkrone, sein Verwundetenabzeichen des Ersten Weltkriegs sowie das goldene Parteiabzeichen oder den kleinen silbernen Hoheitsadler.

Alle Deutsche und viele Ausländer begrüßten Hitler, ehe er ihnen die Hand gab, mit dem deutschen Gruß, also mit der erhobenen Hand und sagten: »Heil, mein Führer!«

Deutsche Frauen verteilte Hitler in seiner Sitzordnung ihren Sprachkenntnissen entsprechend unter die fremden Diplomaten, so daß manche Ministersgattin ganz unten am Tisch saß, weil sie nur deutsch verstand, eine weniger »hohe« Dame aber neben einem Botschafter, weil sie in der Lage war, sich mit ihm zu unterhalten.

Er fand es quälend langweilig, neben einer Frau zu sitzen, mit der er nicht sprechen konnte. »Eine Frau, die immer redet, ist schrecklich«, sagte er, »aber eine, die nichts spricht, ist ebenso schlimm.«

Oft stand neben ihm – als Hausherrin – Frau Magda Goebbels, die ihrer Eleganz und ihrer Gewandtheit wegen als erste Dame des Dritten Reichs galt. Wenn Frau Goebbels abwesend war, nahm Frau von Ribbentrop ihre Stellung ein oder Emmi Göring. Frau Heß nahm an diesen Empfängen fast nie teil. Hitler, der Herr des Hauses, nahm nun den Arm seiner Tischdame und führte sie durch den Rauchsalon und Wintergarten in den riesenhaften Speisesaal, zwanglos folgten ihm die anderen Gäste. Ein großer Teil der Frauen war jung und hübsch, das Protokoll hatte eine Liste junger Mädchen und Frauen aus allen Kreisen, vor allem Schauspielerinnen, die zu solchen Gelegenheiten nicht wegen ihres Ranges, sondern wegen ihrer Eleganz, ihrer Anmut eingeladen wurden, denn die Frauen der Generäle mußte er einladen, und wenn das Fest vorbei war, amüsierte er sich über ihre Korsetts, er bemerkte alles.
Die Damen zeigten sich in großartigen Abendkleidern von Lanvin und Patin, von Stucki, aus der Rue Lafayette und vom Kurfürstendamm. Am Tisch Adolf Hitlers schimmerten Brillanten von unermeßlichem Wert. Eine ausländische Prinzessin ließ sich durch einen Sonderkurier das Diadem der Herzogin von Kent aus London kommen. Hier wurden Juwelen zur Schau getragen, wie sie die Welt nur selten an einem Ort bewundern konnte.
Hitler beachtete diesen Schmuck. Er kannte den Smaragdschmuck der Fürstin Colonna, bei einem Neujahrsempfang bewunderte er den Ring, den Nuntius Pacelli, den er besonders schätzte, am Finger trug, ein Ring mit einem in den Stein geschnittenen Fisch, ein wunderbares antikes Meisterwerk.
Der Teppich in dem riesenhaften Speisesaal war der »größte Teppich aller Zeiten«, er war auf extra konstruierten Maschinen gewebt worden, Hitler war ein Kenner echter Teppiche, drehte jeden antiken Teppich sofort um, um die Knüpfung zu erkennen, viele herrliche Teppiche hat ihm der Vater der ehemaligen Kaiserin von Persien, Soraya, der Fürst Esfandiary vermittelt. Hitlers Platz war an der Stirnseite der Hufeisentafel, seitlich standen die

Katzentische für die jüngeren Beamten, an den Staatsdiners nahmen 220 Gäste teil. Während des Essens stand hinter Hitler der »Klopfgeist« mit seinem ernsten Soldatengesicht.

Das Essen war einfach. »Man kommt nicht zu mir, um zu essen«, sagte Hitler, »sondern, um sich zu unterhalten. Essen können sie zuhaus besser.«

An Hitlers Tisch wurde französischer Sekt, alter Burgunder, kostbarster Mosel, Madeira, Whisky, Sherry und Portwein serviert, aus Silberdosen wurden ägyptische, handgedrehte Zigaretten angeboten. Hitler aß nie die Speisefolge seiner Gäste, eine seiner SS-Ordonnanzen brachte ihm Salate oder Gemüse. Besteck und Geschirr waren einfach, weiß. Verschwenderischer als das Essen waren die Blumen, nie waren es geschnittene Blumen, sondern lebende blühende Fliederbäumchen. Hitler unterhielt für den Blumenschmuck der Reichskanzlei, für die Blumen, die er verschenkte, ein eigenes Treibhaus, von Rothe eingerichtet, und er sagte, die Blumen für seine Diners seien teurer als das ganze Essen. Die verschwenderisch prächtigen Blumen für alle Säle der Reichskanzlei kosteten für einen der großen Empfänge 25000 Mark.

Wenn Hitler und seine Gäste Platz genommen hatten, marschierten von beiden Seiten die fünfzig servierenden Diener herein. Sie steckten in alten kaiserlichen Amtslivreen: in silberverschnürten Frackjacken aus dunkelblauem Samt und von altertümlichem Schnitt, weißen Westen und Handschuhen, schwarzen Kniehosen, weiß-seidenen Escarpins und Schnallenschuhen. Tagsüber waren sie Hitlers Bürodiener, manche waren über sechzig Jahre alt, sie hatten noch bei Bismarck gedient. Hitler trank Mineralwasser, das servierte ihm seine eigene Ordonnanz in weißer Jacke und langer schwarzer Hose. Er hatte so ziemlich alle deutschen Quellwasser ausprobiert und blieb schließlich bei den »stillen Wassern«, er bevorzugte Fachinger, alles, was auf den Flaschenschildchen gedruckt war, las er genau durch.

Es gab keine Trinksprüche, keine Tischreden. Hitler beobachtete alles, was an der riesigen Tafel vor sich ging. Als die Prinzessin von Jugoslawien zögerte, den Salat auf ihren Eßteller zu legen, hatte Hitler schon begriffen, daß der Salatteller fehlte, mit einem Blick rief er den »Ober-Hofzeremonienmeister« Kannenberg herbei, der sofort sah, wo es fehlte. Blieb ein Glas zu lange leer, genügte ein kleines Fingerzeichen, seine Leute waren ganz auf ihn eingespielt. Bei einem Galadiner für den jugoslawischen Prinzregenten und dessen Gattin gab es Schildkrötensuppe, kalten Lachs und Braten, Eis als Nachtisch.

War das Diplomatische Corps anwesend, so saß als Gattin des Doyen Madame François-Poncet meist zur Rechten Hitlers. Zu seiner Linken oft Frau von Ribbentrop, ihr zur Seite Frankreichs Vertreter. Frau Emmi Göring wurde von dem Botschafter des Papstes, Kardinal Orsenigo, zu Tisch geführt, der Geschäftsträger der USA geleitete Frau Wiedemann, die Gattin von Hitlers ehemaligem Kompaniechef, zu Tisch. Der südafrikanische Gesandte war der Tischherr von Frau Himmler, Frau Frank, die Gattin des späteren Generalgouverneurs von Polen, hatte als Tischherrn den Vertreter Haitis (Platzeinteilung v. 15. 2. 39). Nach dem Essen erhob sich Hitler, und wieder stieß der »Klopfgeist« dreimal mit seinem Stab auf den Boden, und alle standen auf. Hitler reichte seiner Tischdame den Arm und führte sie in einen der Nebensäle. Die Wände dieser Säle waren aus schimmerndem Marmor, alles war neu und die Fülle der Pflanzen und Blumen milderte die Helle und Kühle des Steins. Hitler war vernarrt in seine Blumen und Orangenbäumchen, er wollte, daß man sie bewunderte, und lobte seine einfallsreichen Gärtner. Auch die Möbel waren neu und meist nach Albert Speers Entwürfen angefertigt. Das schönste war für ihn ein »ureinfacher Tisch in reiner Harmonie der Maße«. Er hätte gerne gewußt, welche Möbel die alten Griechen in ihren Palästen gehabt hatten. Meine Erinnerung an Hitlers Empfänge sind Blumen, Farben, Düfte von Parfums, Shalimar, Misouko, Chanel, lachende in allen Sprachen sprechende Gäste, spiegelnde Marmorwände, ein Bild, wie man es vielleicht nur beim Wiener Kongreß gesehen hat.

Hitlers Gäste gehörten zu den Spitzen ihrer Nationen, sie trugen alle ihnen zur Verfügung stehenden Sterne und Ordensbänder, keine gewöhnlichen Orden, sondern Hals-Großkreuze prächtigster Art, breite, schimmernde Bänder überspannten ihre Brust, seitlich links saß die Rosette, auf den gestärkten Hemdbrüsten klingelten die Halsorden. Hier sah man den im Volk unbekannten SS-Frack, das glanzvollste Kleidungsstück des Dritten Reiches, ein ungeheuer repräsentabler Anzug in schwarz und silber, mit schweren silbernen Fangschnüren (Affenschaukeln) über der Brust. Es gab die silberbestickte deutsche Diplomatenuniform und die maresinrot verbrämten Galaröcke der Generalität. Weitaus prächtiger aber waren die rot- und goldgestickten Diplomatenfracks der ausländischen Botschafter und das Violett und Rot des päpstlichen Nuntius.

Es gab wohl keinen Platz auf der Welt, der so feindliche Welten, so krasse Gegensätze vereinte, wie damals die Reichskanzlei in Berlin. Der päpstliche Nuntius Kardinal Orsenigo sprach mit dem liebenswürdigen Botschafter Argentiniens, Labougle, der sowjetische Geschäftsträger unterhielt sich mit Prags Gesandtem Cincar Markowic, Prinz Philip von Hessen, General Keitel, Minister Lammers, Admiral Raeder, ganz in Berlin zu Hause waren der japanische Botschafter Oshima, die schönste und klügste Diplomatenfrau Frau Attolico, der sportliche, bei allen beliebte ägyptische Gesandte Nashat Pascha, Sir Neville Henderson, der Botschafter Britanniens, der russische Botschafter Schkwarow, die schöne irakische Gesandtin, die königliche Prinzessin Zeid el Hussein, der türkische Botschafter Husrev Gerede, der belgische Botschafter Graf Davignon und seine Frau. Ein Gewirr von Sprachen, dazwischen Göring, wohlgelaunt und lachend, Goebbels nervös und unruhig und, meist allein, Rudolf Heß. Oft standen die Gäste, ihnen wurden Mokka, Liköre, Schnäpse, Zigaretten, Zigarren gereicht. Der Chef der Präsidialkanzlei Dr. Meissner beobachtete das farbige Bild durch seine scharfen Brillengläser.

Gegen elf Uhr begannen die Gäste, sich zu verabschieden. Zu ungefähr fünfundzwanzig Menschen schickte Hitler seinen Adjutanten, der bitten sollte, noch zu bleiben, denn nun erst begann Hitlers eigentliche Gesellschaft.

Hitler erwartete den kleinen Kreis im Wintergarten wieder, oder in dem großen Raum, in dem an den Wänden die prachtvollen Gobelins mit den Taten des Herkules hingen, die jetzt im Münchner Herkules-Saal für die Zuhörer unserer Konzerte ein Fest für die Augen sind.

In seinem Arbeitszimmer hatte sich Hitler eigene Wünsche erfüllt: Über dem Kamin hing das Bismarckbild. Auf einem der Tische stand die weiße Porzellangruppe der Berliner Manufaktur: Friedrich II. zu Pferd, und die gußeisernen Innenplatten des Kamins zeigten den Knaben auf dem Delphin, in der Hand das Muschelhorn.

Von den deutschen Gästen, die Hitlers Empfänge besuchten, lebt kaum einer mehr. Seine nächsten Mitarbeiter starben durch Galgen, Kugel, Selbstmord oder nach jahrelanger Gefangenschaft.

Wer als Deutscher an Hitlers Tafel gesessen hat, kam nicht ohne Haft davon, auch die Frauen wurden nicht verschont. Die Neue Reichskanzlei, von Albert Speer erdacht, in einem halben Jahr Tag-und-Nacht-Arbeit aus dem Boden gestampft, zerbarst unter russischen Granaten und amerikanischen Bomben, Bronzetüren und Marmorsäulen sanken zusammen, während ihr Erbauer im Garten zwischen den zerfetzten Kastanienbäumen verbrannte. Aus den Marmortrümmern errichteten die Russen im Treptower Park ihr Siegesdenkmal. Die Holzsplitter seiner langen Tische, die Stoffetzen aus Hitlers Residenz wurden als Souvenirs in alle Welt getragen.

Seine Wachsoldaten fielen, die alten Diener, die in den historischen Uniformen serviert hatten, verhungerten in dem Nachkriegswinter in Berlin. Den »Klopfgeist« erschlugen die Plünderer.

Hitlers glanzvoller Hof leuchtete nur kurze Jahre, nichts ist von ihm geblieben als Bilder und Erinnerung.

VIII.

Magda Goebbels

Der griechische Dichter Euripides schildert, wie vor dreitausend Jahren die griechische Königstochter Medea ihre beiden kleinen Söhne tötet, unter schicksalsmächtigem Zwang. Medea badet und salbt die Ahnungslosen. Mit Liebkosungen bereitet sie die Kinder auf den Tod vor und sagt: »Ach, Kinder, was schaut ihr mich so an – ich kann euch nicht mehr in die Augen sehen.« Medea sagt: »Nun lerne ich, was das ist, das ich tun werde. Der Trieb ist stärker als mein Planen, der Trieb, der größten Menschen übel Grund.«
Eine Mutter, die ihre Kinder badet und salbt, um sie dann zu töten.
Antike Tragödie?
Im April 1945 tötete tief unten im Bunker der Reichskanzlei eine Frau ihre sechs geliebten Kinder.
Auch diese Kinder wurden gesalbt und gebadet, auch sie wurden liebkost, ehe sie sterben mußten, Helga, Holde, Hilde, Heide, Hedda und Hellmut. Dann tötete sich die Mutter selbst.
Magda Goebbels war keine Furie und keine Zauberin. Doch sie handelte unter schicksalsmächtigem Zwang, aus dem sie sich nur durch ihren Tod befreien konnte.
Wie begann das Leben dieser ungewöhnlichen Frau?
Maria Magdalena Ritschel wurde am 11. November 1901 als Tochter des Diplom-Ingenieurs Ritschel geboren. Als Magda drei Jahre alt war, ließen sich die Eltern scheiden. Die junge Mutter des kleinen Mädchens heiratete einen Herrn Friedländer. So erhielt die spätere Frau Magda Goebbels einen jüdischen Stiefvater, an dem sie mit großer Liebe hing.

Mit fünf Jahren wurde sie nach Belgien geschickt, um ihrem Vater nahe zu sein. Der jüdische Stiefvater und der leibliche Vater waren Freunde geworden, und Magda wurde, da sie katholisch getauft war, im Ursulinenkloster in Vilvorde Sacré Cœur erzogen. Im Ursulinenkloster Sacré Coeur ging es mittelalterlich zu, das wöchentliche Bad wurde im Holzzuber verabreicht, in dem die Zöglinge bis zum Hals zugedeckt zu sitzen hatten. Schnell wurde ihnen von den Nonnen nach dem Bad das Hemd übergeworfen, so daß keines der Mädchen einen nackten Körper zu sehen bekam.

Acht Jahre, von ihrem sechsten bis zum vierzehnten Lebensjahr, verbrachte Magda in der strengen Bindung des Klosters. Hier tauchte kein Gedanke an die Verlockungen der Welt auf. Unterwerfung unter das Gesetz der Kirche war die Forderung. Vielleicht erhielt Magda schon in den frühen Jahren jene Selbstbeherrschung, die sie am Ende ihres Lebens brauchte.

Der Weltkrieg 1914 war ausgebrochen, die Deutschen mußten aus Brüssel fliehen. Mit vielen anderen Deutschen verließ auch die Familie Friedländer und Magdas Vater Ritschel zwangsweise Belgien. Der gesamte Besitz blieb zurück, die kleine Magda hielt ihren Koffer fest in der Hand. Für Magda enthielt er ihren ganzen Besitz. Auch im Koffer von Papa Friedländer befand sich seine ganze Habe. Aber er hatte Pläne. Mit einem Zigarrenladen fing er an. Er hatte Schmuck aus Brüssel gerettet, und bald zog er mit den Seinen in eine elegante Wohnung im Westen Berlins.

In den vier Kriegsjahren ging der Backfisch Magda auf das Kolmorgensche Gymnasium, also in eine normale Berliner Schule. Trotz der Not jener Zeit mußte Magda nie materielle Sorgen spüren.

Die Liebe zum eigenen Vater führte sie zur Welt des Buddhismus. Gerade zur Zeit der größten Verelendung Deutschlands zog es sie zur friedlichen Lehre Gautama Buddhas, und bald wurde sie eine interessierte Schülerin der friedlichen Religion. Der Kreis, in dem sie lebte – die Familien Ritschel und Friedländer – war deutsch, aber es waren keine fanatischen Nationalisten. In jenen Wochen,

als um das Berliner Schloß gekämpft wurde, bestand Magda ihr Schlußexamen.
Magda war schön und fromm. Die Klosterschülerin im weißen Kleid hörte, zu Füßen der Muttergottesstatue kniend, die Heilige Messe, und im Jahr 1919 ging sie in das Mädchenpensionat Holzhausen bei Goslar. Wenn die Ferien kamen, hatte sie zwei Väter, beide weltoffen, lebendig. Sie wollten dem jungen Mädchen die Welt zeigen, und sie behandelten sie nicht wie ein Kind. Sie war 17 Jahre alt, man zeigte ihr die Länder der alten europäischen Kultur, Deutschland, Frankreich, Belgien, Holland. Ihrem Stiefvater zuliebe nahm sie nun den Namen Friedländer an.
Als sie nach den Ferien von Berlin nach Goslar zurückfuhr, lernte sie im Zugabteil einen in seinen Akten vertieften Mann kennen. Er gab ihr den Fensterplatz frei. Er fixierte das Mädchen – es war blond, groß – ihre Kleider waren von ausgesuchter Eleganz. Er stellte sich vor: Günter Quandt. Magda ließ sich auf ein Gespräch mit ihm ein. Er erzählte von seinem Betrieb, und sie war klug, sie konnte zuhören. Das hatten ihr die beiden Väter beigebracht, ein Mann hat es gern, wenn ihm eine Frau zuhört. Die Reise verging zu schnell, sie hätten sich noch viel zu sagen gehabt. Magda war für Günther Quandt mehr als ein Gegenüber im Zugabteil. Sie erlaubte ihm, sie in Goslar zu besuchen. Sie griff zu einer List. Er sollte sich bei der Oberin der Klosterschule als Onkel aus Amerika vorstellen. Verwandtenbesuche waren erlaubt. Magda wäre keine Frau gewesen, hätte sie es nicht als angenehm empfunden, daß sich ein so interessanter Mann um sie bemühte. Er besuchte also seine 17jährige Nichte, die gar nicht seine Nichte war, und lud das ganze Mädchenpensionat in Goslars feinste Konditorei ein. Dann fuhr er sie in seinem imponierenden Mercedes wieder heim, und als er nach einigen Wochen wiederkam, lud er Magda mit den Stubengenossinnen zu einer Fahrt in den Harz nach Schierke ins feudale Hotel »Fürst Stolberg« ein.
Man beneidete Magda um den wundervollen Onkel. Günther Quandt spielte seine Rolle ausgezeichnet. Quandt schickte einen

Korb Orchideen an seine Nichte im Pensionat, einen zweiten Korb, nur etwas kleiner, schickte er an die Oberin, Magdas Mitschülerinnen erhielten Pralinen. Es war das Jahr 1919, eine Praline war ein fast unbekannter Luxus. Aber Günther Quandt hatte sich einen Schlachtplan zur Eroberung der 17jährigen Magda zurechtgelegt. Er kam im Mercedes mit Chauffeur in Livree, der zuerst einmal all die Körbe und Schachteln voller Süßigkeiten und Blumen zur Oberin bringen mußte. Wie konnte da Magda widerstehen! Und alles das für eine 17jährige Nichte und ihre Freundinnen? Magda spürte, daß hinter der wohlinszenierten Verehrung ein echtes Gefühl steckte, ein Gefühl, das mehr war als Freundschaft. Während einer Autofahrt durch den Harz legte Quandt den Arm um sie und fragte sie, ob sie seine Frau werden wollte. Sie reagierte sachlich, sie bat sich drei Bedenktage aus.

Magda überlegte. Als Heiratsgrund schied Geld aus. Sie würde immer von dem Geld ihres Vaters leben können. Sie war nicht habgierig, nicht berechnend, aber sie sah die Chance, ein großes Haus zu führen, Geselligkeit und interessante Menschen bedeuteten ihr viel, ja alles. Neue Freundschaften lockten sie, außerdem war Quandt seit einem Jahr Witwer, er hatte zwei Söhne, Helmuth und Herbert. Die Erziehung der beiden Söhne würde ihr Leben bereichern.

Sie versprach ihm die Ehe, und zum ersten Mal begriff sie, daß 20 Jahre Altersunterschied nichts bedeuteten. Doch die beiden Väter warnten, erklärten ihr, daß sie im Begriff war, einen schweren Fehler zu machen. Magdas Mutter weinte, als sie von der Verlobung hörte. Magdas Vater Ritschel erkundigte sich über Quandt, und die Auskünfte waren ausgezeichnet. Zur Verlobung lud man das Paar in das Babelsberger Haus ein. Auch die Verwandten der Quandts in Pritzwalk und Wittstock mußten besucht werden.

Die 18jährige elegante Braut wurde von den märkischen Verwandten wie eine Fremde behandelt, ein familiäres Gefühl erwachte auf keiner Seite. Ein Lichtblick war Ello. Sie war die Frau von Günther Quandts Bruder Werner, genauso alt wie Magda,

also 18 Jahre, hübsch, weltoffen, Magdas Freundin lebenslang, über den Tod hinaus.
In einem Vorort von Godesberg lebten die Großeltern Ritschel, an denen Magda mit besonderer Liebe hing. Günther Quandt besaß ein schönes neues Haus in Berlin-Babelsberg, Luisenstraße, er lud Magda und deren Mutter ein, das künftige Haus zu besichtigen.
Am 4. Januar 1921 fand die Hochzeit in Godesberg am Rhein statt. Im historischen Hotel Dreesen, in dem Hitler viele politische Gespräche führte und das bis in unsere Zeit Schauplatz historischer Ereignisse sein sollte.
Magda hatte also einen genialen, kühlen Geschäftsmann geheiratet. Die klassische Hochzeitsreise führte das junge Paar nach Italien. Doch Günther Quandt sah nicht den Zauber der toskanischen Städtchen, die kleinen Trattorias mißfielen ihm. Magda war entzückt, aber Günther Quandt enttäuscht, er konnte nicht aus Gold Glück machen.
Nun begann das gemeinsame Leben im Haus Quandt. Doch der Hausherr war kein Mäcenas, der großzügig Künstler einlud und förderte, der einen Kreis interessanter Menschen um sich versammelte, so wie Magda sich das vorgestellt hatte. Es waren die leuchtenden fruchtbaren Jahre Berlins, neben dem Elend wurden die neuesten Theaterstücke gespielt die »goldenen zwanziger Jahre«, aber nur die einen waren reich, die anderen arm. Fallada und Bert Brecht haben die Zeit festgehalten, George Grosz hat die Visagen der Habgierigen gezeichnet. Berlin war das tolle, blitzende, unwiederbringliche Berlin. Im Hause Quandt herrschte Ordnung. Magda, die Großzügige, wurde gedemütigt. Ihr Mann verlangte, daß sie ein Haushaltsbuch führte, blau wie ein Schulheft. Hier wurde vermerkt, wie viele Semmeln pro Woche verzehrt wurden. Jahre später, als sie mit Goebbels verheiratet war, schilderte Magda bei einem gemeinsamen Abendessen Hitler den Geiz des reichen Mannes, und ich erinnere mich genau, wie Hitler sagte: »Deshalb sind ja die Reichen so reich, eben weil sie so geizig sind.«

Aber noch schien die Ehe Magda und Günther Quandts glücklich, die beiden Söhne liebten ihre Stiefmutter, und nach dem ersten Ehejahr wurde ein Sohn geboren, Harald. Ganz wie die Mutter hatte auch er ein ungewöhnliches Schicksal.
Nun war Magda 25 Jahre alt. Kühl, faszinierend, eine Frau, die ganz langsam zur Emanzipation erwachte, zum Nachdenken. Sie verstand sich mit ihrem Mann nicht mehr. Der ältere Stiefsohn starb in Paris nach einer Blinddarmoperation. Aber auch der Schmerz um den von Magda sehr geliebten Sohn vermochte die Ehe nicht mehr zusammenzuhalten. Man versuchte sich zu verstehen, die Ehe zu retten. Gemeinsam verreisten sie nach New York und Südamerika. Günther Quandt schloß geschäftliche Verträge ab, man wurde zu den Partys der high-society eingeladen. Magda lernte den Neffen des amerikanischen Präsidenten Hoover kennen. Das Treffen führte zu einer kurzen jähen Liebesgeschichte, die in Berlin fortgesetzt wurde.
Wieder in Berlin erkannte Magda klar, daß ihre Ehe mit Quandt nur ein kühles Nebeneinander bleiben würde. Das war nichts für Magda. Sie wollte sich von Quandt trennen und bat ihn, sie freizugeben. Sie wollte ihren kleinen Sohn mitnehmen, einen Beruf erlernen und auf eigenen Füßen stehen.
Aber warum sollte sie sich scheiden lassen, noch gab es keinen ernsten Anlaß. Da lernte sie auf einem Fest einen jungen Studenten kennen, der sofort ihr Herz gewann. Sie rächte sich für die einsamen Jahre an Quandt und stürzte sich in ein verrücktes Liebesabenteuer. Sie war leichtsinnig, bedenkenlos, und als ihr Mann davon erfuhr, zog sie die Konsequenzen.
Magda packte ihre Koffer und verließ mit dem Kind Harald das Haus Quandt. Die Verbindung mit dem jungen Mann war eine kurze Affäre für sie, aber sie war glücklich.
Sie hat Hitler das alles ähnlich erzählt, wie ich es schreibe. »Es war ein süßes Abenteuer«, sagte sie, »aber man lernt die Welt erst kennen, wenn man liebt.« Und Hitler gab ihr recht. Günther Quandt reichte die Scheidung ein. Durch die Scheidung sollte Magda mit-

tellos gemacht, das Kind dem Vater zugesprochen werden. Da spielte ihr das Schicksal über Ello Quandt Briefe in die Hände, Briefe, die klar bewiesen, daß auch Herr Quandt seine Geliebten hatte, ja daß er längst vor Magda die Ehe gebrochen hatte. Klug geworden, nützte sie die Chance, verwendete die Briefe als Druckmittel gegen ihren Mann und erhielt monatlich 4000 Mark. Sie bekam den Sohn zugesprochen und eine Abfindungssumme von 50000 Mark für eine neue Wohnung, die sie ganz nach ihrem Geschmack einrichtete. Günther Quandt bezahlte lieber, als daß er durch einen »Gesellschaftsskandal« seinen Ruf schädigen ließ.
Magda war also unabhängig. Die Liebesaffäre mit dem jungen Studenten war zu Ende, sie konnte nun in völliger Freiheit, wie es ihr gefiel, leben. Am Reichskanzlerplatz 2 richtete sie sich ein. Allerdings hatte die Sache einen Haken. Günther Quandt hatte ihr die Rente nur unter der Bedingung ausgesetzt, daß sie nicht wieder heiratete. Da war aber noch jener Mr. Hoover aus New York, den sie auf der Amerikareise kennengelernt hatte. Als er erfuhr, daß Magda geschieden war, reiste er nach Berlin, um Magda für sich zu gewinnen. Er war einer der reichsten Männer der Welt, aber Magda wollte nicht wieder heiraten, sie erklärte es Mr. Hoover mit Entschiedenheit. Er war auch einer jener Männer, wie ihr Vater, ihr Stiefvater, ihr Mann es waren – Manager, Herrscher in einer fremden Welt.
Mr. Hoover und die geschiedene Frau Quandt verbrachten einen Abend am Wannsee, dann fuhren sie nach Berlin zurück. Mr. Hoover fuhr schnell, da überschlug sich der Wagen auf der Rennstrecke Avus. Mr. Hoover blieb unverletzt, Magda wurde mit Schädelbrüchen ins Westend-Krankenhaus gebracht. Mr. Hoover sah sie nie wieder.
Nach wochenlanger Krankheit war sie verändert. Sie wußte nun, wieder zum Leben erwacht, was sie suchte, was sie brauchte: Eine Lebensaufgabe, etwas, das ihr das Leben lebenswert machte. Und nun brachte das Schicksal Joseph Goebbels ins Spiel.
Eines Abends besuchte sie eine Veranstaltung der jungen natio-

nalsozialistischen Partei im Berliner Sportpalast. Auf roten Plakaten warb Joseph Goebbels für die Nationalsozialisten. Nationale Sozialisten – das Wort gefiel ihr. Sie hatte den Geiz der Reichen und den Hochmut der Besitzenden kennengelernt. Nun wollte sie sich auf die Seite der Habenichtse stellen und ihr Leben ändern, etwas ganz anderes daraus machen. Im Berliner Sportpalast, in dem auch die Sechstage-Rennen stattfanden, sollte sie den Mann sehen und ihm zuhören, dessen Bild sie bisher nur von Plakaten kannte.

Die ganze Arena mit dem riesigen Oval war gefüllt mit Menschen. Marschmusik. Alle jubelten, als begänne ein Fest. Goebbels betrat den Saal. Er war angezogen, wie ein echter Revoluzzer, kurze schwarze Lederjacke, Reithosen, hohe Stiefel. Er hatte dichtes schwarzes Haar, das ihm ins blasse Gesicht fiel, und dunkelbraune Augen.

Ohne Pose, ganz ernst betrat er die hölzerne Rednertribüne. Tausende von Menschen warteten auf ihn, der Jubel hatte sich gelegt, die Zuhörer waren stumm. Wie ein geschickter Regisseur genoß er diese Ruhe vor dem Sturm. Dann erhob er den Arm zum römischen Gruß und rief nur »Kameraden«. Und damit grüßte er alle, die der Krieg verelendet hatte, die Zerschundenen, die, die nicht mehr weiter wußten, und die anderen, die einen Weg suchten. Tausende antworteten auf seinen Gruß mit einem Jubelchor, der Funke hatte gezündet.

Auch Magda war von diesem Mann, dieser Stimme fasziniert. Sie wollte ihn haben, ihn lieben, es störte sie nicht, daß er schmächtig war, daß er einen Klumpfuß hatte.

Wie sollte sie sich ihm nähern? Da wurde die elegante reiche Frau Mitglied der NSDAP, ja mehr noch, Leiterin der NS-Frauenschaft der Ortsgruppe Westend der NSDAP. Frauenschaft war der Sammelpunkt für Frauen, die caritative Hilfe leisteten, Kochkurse, Kurse für Kindererziehung und Babypflege einrichteten.

In der Geschäftsleitung der Partei, in der Hedemannstraße in einem schäbigen Büro, begegnete ihr Goebbels.

Er fragte die elegante Frau Quandt, wieso sie zu ihm komme. Sie wollte ehrenamtlich für die Partei arbeiten. Dr. Goebbels fand für sie eine Beschäftigung in seinem Büro. Sie sollte als seine Hilfe, seine Archivarin, seine Vertraute bei ihm arbeiten. Sie gab ihre Pläne, ein freies Leben zu führen, auf, und bald war eine Heirat ganz selbstverständlich. Aber der Scheidungsvertrag enthielt doch eine Klausel, daß sie die für sie ausgesetzte Summe nur bezahlt bekäme, wenn sie nicht wieder heiratete. Sie würde also arm sein, wenn sie Joseph Goebbels heiratete, doch bei Magda gab es keine kühlen Überlegungen, sie hatte sich ganz für ihn entschieden. Es störte sie nicht, daß sich die Mutter, die Familie, der geschiedene Günther Quandt, von ihr abwandten. Für Magda war Goebbels der klügste, leidenschaftlichste Mann, und für den raffiniert rechnenden Goebbels war Magda ein Schmuckstück. Hitler lernte Magda Quandt durch ihren Sohn Harald im Hotel Kaiserhof kennen. Magdas geschiedenen Mann, den Industriellen Quandt kannte Hitler schon vorher.

Der zehnjährige Harald stellte sich Hitler im Salon des Kaiserhofs in einer blauen Phantasieuniform vor, die ihm seine Mutter gemacht hatte.

Beim 5-Uhr-Tee in der Hotelhalle traf Hitler auf Magda.

Dr. Wagener, der Hitler begleitete, notierte über dieses Treffen:

»Frau Quandt machte schon auf den ersten Blick einen vorzüglichen Eindruck, der im Laufe der Unterhaltung noch gewann. Sie war eine mittelgroße, wohlproportionierte Erscheinung, blond, helle strahlende Augen, gepflegte Hände, gut, aber nicht übertrieben angezogen, in ihren Bewegungen ruhig, bestimmt, selbstbewußt, in ihrem Lächeln gewinnend, ich möchte fast sagen, bezaubernd.

Ich merkte, welchen Gefallen Hitler an ihrer harmlosen Lebhaftigkeit hatte. Und ich merkte auch, wie sie mit ihren großen Augen am Blick von Hitler hing.

Und wenn die Unterhaltung in eine Verlegenheitsstockung kam, dann bildete immer der junge Harald den Katalysator, der die

Verbindung wieder herstellte. Ich mußte Hitler darauf aufmerksam machen, daß es Zeit war, sich für die Oper zu richten.
Es wurde nichts Besonderes verabredet, aber es war kein Zweifel, daß sich ein enges Band der Freundschaft und der Verehrung zwischen Hitler und Frau Quandt zu knüpfen begann.
Nach der Oper saßen wir zu zweien zusammen im Salon Hitlers. Hitler war nachdenklich. Er lebte zweifellos unter dem Eindruck der Begegnung von heute nachmittag.
Hitler: ›Ich glaube, fertig zu sein, für meine Person, mit der Welt und menschlichen Einflüssen. – Aber es sind ja wohl auch gar keine – wie man so sagt: irdischen Momente, die mich heute berührt haben und jetzt noch in ihrem Bann halten.
Es gibt da noch etwas darüber hinaus, was Menschen untereinander verbinden und gegenseitig beeinflussen kann. Es muß noch etwas Überirdisches in unserem Leben sein. Vielleicht haben diejenigen recht, die es das Göttliche in uns nennen.
Während meiner fürsorglichen Freundschaft mit Geli habe ich es bei ihr, aber nie bei anderen Frauen empfunden. Seit ihrem Tod habe ich es vermißt, und ich glaubte, diese Gefühle mit in ihrem Sarg beerdigt zu haben. Heute umfangen sie mich völlig überraschend, aber mit großer Gewalt aufs neue – ob der Mensch allein nichts ist? Ob er erst in der Verbindung mit einem andern sein Gleichgewicht hat? Der Mann mit der Frau? Das männliche Wesen und das weibliche Wesen, das kraftvoll Zeugende und das leidend Gebärdende?‹
Hitler grübelte, während eigentlich sein Herz sprach«, resümierte Dr. Wagener.
Nach Mitternacht kam Hitlers Begleitung, Schaub, Sepp Dietrich und Julius Schreck, in den Salon zu Hitler, um zu sehen, ob er da sei.
»Wo kommt ihr her?« fragte Hitler.
»Von Frau Quandt«, war die Antwort. Sie schlug wie ein Blitz ein.
»Wieso?«
Die Männer berichteten, daß sie Frau Quandt noch beim Wegge-

hen getroffen hatten, sie waren eingeladen, sie zu besuchen, nahmen die Aufforderung an und kamen nach dem Abendessen in die große Wohnung am Reichskanzlerplatz. Dort tranken sie allmählich den Eisschrank leer. Als sie um 12 Uhr gehen wollten, öffnete sich die Tür, und Goebbels erschien. Erstaunt fragte er: »Ich bin überrascht, so spät abends so fidele Gesellschaft hier zu finden. Wie kommt ihr hierher?«
Die Männer aber sagten, sie seien überrascht, daß Goebbels so spät noch zu Frau Quandt komme. Er hatte einen Hausschlüssel, damit war die Situation geklärt, und die drei Besucher verschwanden.
Hitler war erschüttert. Er wollte offenbar lachen, aber es wurde kein Lachen.
Das Schicksal hatte ihm einen Streich gespielt. Die Frau, die die eingeschlafenen Gefühle in ihm erweckt hatte, war die Geliebte Goebbels'.
Zu Wagener sagte er: »Es war doch nur ein kurzer Rückfall. Die Vorsehung aber war gnädig mit mir. Wir sprechen uns morgen vormittag wieder.«
Hitlers Gefühle für Frau Quandt datierten also aus einer Zeit, ehe er Kanzler, ehe sie Goebbels' Frau war, und aus dieser ersten Begegnung wurde eine tiefe bis in den Tod reichende Freundschaft.
Immer wieder sprach er Wagener auf Frau Quandt an, ob er etwas von ihr wüßte, ob er sie gesehen habe. Goebbels verhinderte nach dem offenbarenden Abend ein Treffen zwischen Hitler und Magda.
Doch Hitler brachte in seinen Gesprächen immer wieder die Rede auf Magda Quandt:
»Diese Frau könnte in meinem Leben eine große Rolle spielen, auch ohne daß ich mit ihr verheiratet wäre. Sie könnte bei meiner Arbeit den weiblichen Gegenpol gegen meine einseitigen männlichen Instinkte bilden.
Sie könnte mir eine zweite Geli sein. – Schade, daß sie nicht verheiratet ist.«

Goebbels bat Wagener, Frau Quandt und Begleitung nach Braunschweig mitzunehmen. Am Tag nach diesem Gespräch holte Dr. Wagener gegen Mittag Frau Quandt und ihre Begleiterin von ihrer Wohnung am Reichskanzlerplatz ab. Er fuhr einen großen 100 PS Horch, so daß der Fahrer, die Damen und er selbst, mit dem Gepäck gut Platz hatten.

In einem Waldstück wurde eine Picknickpause eingelegt, Frau Quandt hatte einen wohl ausgestatteten Picknickkorb dabei. Nach dem Frühstück ging Dr. Wagener mit Magda spazieren, er wollte mit ihr ein ernstes Problem besprechen, er bereitete sie darauf vor, daß sein Gespräch in ihre internsten Angelegenheiten eingreifen würde.

»Ich nehme an, daß es mit Herrn Hitler zusammenhängt«, sagte sie, »ich bitte, daß Sie sprechen.«

»Es hängt mit Hitler zusammen«, erwiderte Dr. Wagener, »Sie wissen, wie ich zu ihm stehe, und daß ich ihn genau kenne.«

»Ich weiß es, Goebbels hat mir das häufiger erzählt.«

»Nun gut«, begann Wagener, »Hitler ist an sich ein Problem, das zu lösen nur wenigen gelingen wird, das zu beherrschen wahrscheinlich niemandem gelingt – außer vielleicht einer Frau. Nicht, daß die Frau seinem Genius folgen, ihn wecken, anregen, bändigen oder zügeln sollte. Dies Recht billigt Hitler einer Frau nicht zu. Dazu wäre auch eine Frau nicht da. Sondern für den *Menschen* Hitler den Kontakt mit dem Leben herstellen, mit anderen Menschen, mit der Welt, in ihm das hellenische Gleichgewicht herbeiführen, *das* könnte einer Frau gelingen, und zwar wiederum ausschließlich einer Frau. Denn wenn Männer das versuchen, Leute aus seiner Umgebung, dann lehnt er es stets ab. Und Männer können das auch nicht. Nun lehnt Hitler eine Ehe für sich ab. Man könnte darüber stundenlang sprechen, weshalb das der Fall ist und ob es gut und zweckmäßig ist. –

Es ist jedenfalls so. Und wir werden daran nichts ändern.«

Magda dachte über Dr. Wageners Worte nach, dann stimmte sie ihm zu:

»Ich kann mir das durchaus vorstellen. Ich möchte sogar behaupten, daß es richtig ist, daß Herr Hitler nicht heiratet. Denn diese Ehe würde nie eine Ehe sein.
Und, wenn ich mir seine Gesichtszüge betrachte, dann könnte ich mir denken, daß er manchmal sehr schwierig sein kann. Er ist auch zu lange Junggeselle gewesen, um seine Person nicht bedingungslos in den Vordergrund zu stellen.
Seine Frau würde manchmal, vielleicht sogar häufig nur Möbelstück sein, ein Schrank, der ihm gelegentlich auch im Weg steht, oder ein Mikrophon, in das er hineinspricht, oder ein Grammophon, von dem er bestimmte Platten hören will und das er anstellen oder abstellen kann, wie es ihm paßt.«
Magda hatte also Hitler so genau studiert, daß Dr. Wagener verblüfft war, er fand es phantastisch, daß sie ihn so tief erkannte, nun fiel es ihm leichter, offen zu sprechen.
»Hitler ist bei aller Genialität und Absonderlichkeit doch nur ein Mensch, und zwar ein männlicher Mensch. Und männliche Menschen brauchen immer eine Anlehnung, und zwar eine Anlehnung an ein weibliches Wesen, an eine Frau und diese Frau fehlt Hitler.«
Magda könnte diese Frau sein, verheiratet mit einem andern Mann, aber Hitlers nahe ergebene, hilfreiche, rettende Freundin.
Er erklärte Magda Hitlers Wesen; Hitlers Anlehnung an einen Mann oder an andere Männer, waren Bindungen, die sich aus der Arbeit, aus gemeinsamen Interessen ergaben. Hitler kannte keine Freundschaften. Nur die Zweckmäßigkeit bestimmte seine Einstellung zu anderen Männern, deshalb war auch seine Beziehung zu Menschen so wechselnd, er benützte Menschen, solang er sie brauchte, dann erlosch sein Interesse, seine Sympathie konnte sich in schroffe Ablehnung verwandeln. Viele seiner Mitarbeiter mußten das erfahren, deshalb konnten ihn viele nicht verstehen, hielten ihn für unaufrichtig.
Dabei ging es ihm nicht um seine Person, sein Leben, Hitler ging

es immer nur um ein Ziel, ein Lebensziel, das war die Zukunft Deutschlands. Deutschland zu dienen, empfand er als Auftrag, als Berufung. Diesem Ziel ordnete er alles andere unter. Hitler benutzte die Männer, soweit sie ihm bei der Erreichung dieses Zieles wichtig waren, ihr Glück, ihr Inneres interessierte ihn kaum. Deshalb war er auch kein Menschenkenner. Er wollte die Menschen gar nicht so tief kennenlernen, ihn interessierte nur der eine Gesichtspunkt.

Es war ihm gleichgültig, ob ein Mensch ein Schmeichler war oder ein Intrigant oder ein treuer Freund, ihn interessierte nur, wie er ihn für die Erreichung seines Zieles verwenden könnte. Er schaute sich die Menschen nur von einem gewissen Gesichtspunkt aus an. Deshalb traf er so viele unverständliche Entscheidungen.

Manche sagten deshalb, Hitler habe einen schlechten Charakter, das mußte auch so scheinen. Aber er empfand es nicht so. Er wollte nicht schlecht sein. Er war nur ganz auf sein Ziel eingestellt.

Selbstbewußte Menschen, Persönlichkeiten, wahre Charaktere ließen sich nicht benützen und dann in die Ecke stellen. Deshalb hatte er so viele wertvolle Freunde verloren, und andere, die vorausdenken konnten, hatte er nicht gewonnen.

So stieß er die wertvollen Menschen vor den Kopf und sammelte Dummköpfe, Kriecher, Heuchler um sich.

»Das muß verhindert werden«, fuhr Dr. Wagener fort, »aber das kann kein Mann, das muß eine Frau machen. Eine Frau, die den Menschen Hitler bindet – so weit er sich binden läßt. Die zu ihm in ein Verhältnis tritt, die ihm auch einmal etwas sagen kann, was nicht aus dem Gebiet der Vernunft hergeleitet ist, die ihn aus seinen Grübeleien, Spintisierereien, aus seiner ewigen Beschäftigung mit sich selbst, aus seinen eigenen Intuitionen, Gedanken, Plänen, Zukunftsträumen und in die nächsten Jahrhunderte hineinreichenden Überlegungen herausreißen kann, um ihm den Alltag zu zeigen, die Gegenwart, das Schöne und das Häßliche am Leben, die mit ihm ins Theater, in die Oper, in die Konzerte geht

und nachher noch mit ihm zusammenbleibt, die mit ihm Tee trinkt, zu Abend ißt, mit ihm in ihrem Haus gute Musik genießt, ich fasse alles in die Worte zusammen: die ihn zum Menschen macht!«
Magda hörte sich Wageners Ausführungen an. Vielleicht hatte sie schon dasselbe gedacht. Nun, da sie es ausgesprochen hörte, spürte sie, daß da ein Auftrag war, eine Berufung. Sie war eine Frau, ein Mitleid empfindender Mensch, und brauchte Hitler nicht Mitleid?
Als nun Wagener sagte: »Und diese Frau sind Sie!«, da huschte ein Rot über ihr schönes Gesicht. »Dann müßte ich aber mit einem anderen Mann verheiratet sein!«
»Richtig«, sagte Wagener, »am besten mit Goebbels. Sie sind mit Goebbels gut bekannt, weil Hitler ihn gern hat, weil Sie mit ihm die schwere Aufgabe für das Wohl des deutschen Volkes zusammen lösen könnten.«
Magda sagte: »Herr Wagener, so hat noch kein Mensch zu mir gesprochen. – Sie dürfen mich nicht überschätzen – aber – für Herrn Hitler wäre ich bereit, alles auf mich zu nehmen.« Wagener beschreibt nun, wie er mit Frau Quandt und deren Begleitung weiterfuhr nach Braunschweig, wo er die Damen im Hotel Kaiserhof absetzte und seine Verwandten besuchte. Am nächsten Tag begleitete er Frau Quandt zum Aufmarsch auf dem großen Platz vor dem herzoglichen Schloß, wo 40000 SA- und SS-Männer sowie Hitlerjugend und BDM in Zwölferreihen an Hitler vorbeizogen.
Sie sprachen nicht mehr über die Unterhaltung des vergangenen Tages. Aber beim Abschied sagte Frau Quandt zu ihm:
»Ich verspreche Ihnen, sie sollen der erste Mensch sein, der es erfährt, wenn ich mich mit Goebbels verlobe. Dann wissen Sie, daß das zugleich ein noch größeres Gelöbnis ist.«
Zwei Wochen darauf wurde Wagener in München von Frau Quandt aus Berlin angerufen. Sie sagte sich für den kommenden Sonntag elf Uhr vormittag zum Besuch in seiner Wohnung an.
Zur angegebenen Stunde erschien sie mit Dr. Goebbels bei Dr. Wagener.

»Ich bin gekommen, um mein Wort einzulösen«, erklärte sie, sie wollte ihm als erstem ihre Verlobung bekanntgeben.
Goebbels sagte: »Ich erfuhr damals in Braunschweig, was Sie mit Frau Quandt besprochen hatten. Ich danke Ihnen und gebe Ihnen darauf die Hand.« Mit einem Glas Sekt wurde die Verlobung gefeiert. Dann fuhr das Paar zu Hitler, um ihm Mitteilung zu machen, und am Abend fand in einem Münchner Hotel eine kleine Verlobungsfeier statt, bei der außer dem Brautpaar nur Hitler, Heß und seine Frau, Dr. Wagener und seine Frau, Schaub, Dietrich und Schreck anwesend waren. Hitler führte Frau Wagener zu Tisch und saß den Verlobten gegenüber.
Es herrschte eine fröhliche, gelöste, gehobene Stimmung, so daß Dr. Wagener das Gefühl hatte, daß drei Menschen glücklich geworden seien. Magda hatte gehalten, was sie in Braunschweig Wagener versprochen hatte. Sie wurde für Hitler das weibliche Wesen, zu dem er Zuflucht nahm vor der nervenzerreißenden Mühle seiner Pflicht, vor dem gewissenlosen Hin- und Hergezerre seiner Umgebung und letzten Endes vor sich selbst.
Sie hat vieles auf sich genommen, vielem entsagt, vieles ausgeglichen, vielem den Weg geebnet.
Sie war so etwas wie die andere Hälfte des Menschen Hitler geworden; die Beziehung wurde gehalten von seiner Seite durch eine unbegrenzte und vertrauensvolle Achtung und Zuneigung, von ihrer Seite durch einen heiligen Willen zum Dienen und zu einer höheren Pflicht. Alle sechs Kinder Magdas hat Hitler auf dem Arm gehalten, er kannte den Charakter jedes einzelnen, alle Namen begannen mit einem H.
Als sich Magda von Goebbels abwendete, da er sie betrog, verhöhnte und der Lächerlichkeit preisgab – »der Mann, den ich für einen Engel hielt, ist ein Teufel« –, schloß sie sich noch enger an Hitler an. Er war die zentrale Gestalt in ihrem Leben. Als Hitler seinen Tod beschlossen hatte, war auch ihr Ende und das Ende der Kinder beschlossen. Ein Leben ohne Hitlers Nähe war nicht lebenswert. Und den Kindern würde man über Hitler Lügen erzählen, wie sie

meinte, das wollte sie verhindern. Der Tod war nur die Einlösung eines Versprechens, das sie 15 Jahre zuvor gegeben hatte.
Am 12. Dezember 1930 heirateten Magda und Joseph Goebbels.
Günther Quandt, Magdas geschiedener Mann, stellte sein Gut Severin für die kleine Feier zur Verfügung.
Magda wünschte eine katholische Trauung.
Adolf Hitler und General Ritter Franz von Epp waren Trauzeugen, Brückner, Hanke, Ello Quandt und Hoffmann Gäste. Der neunjährige Harald trug HJ-Uniform.
Auf dem Altar der Kirche lag eine Hakenkreuzflagge aus der Kampfzeit, darauf stand der Kruzifix.
Ein kleiner Zug von achtzehn Personen, also die Hochzeitsgesellschaft, ging durch die Dorfstraße von der Kirche zum Gutshof.
Hitler führte Magdas Mutter am Arm, doch Magdas Vater, der Ingenieur Ritschel hielt seinen Widerstand gegen die Hochzeit aufrecht, er erschien nicht, erst zwölf Jahre später sollte er seine Tochter wiedersehen.
Granzow, der Verwalter des Gutes, hatte alle zum Hochzeitsessen eingeladen.
Als das Paar nach der Hochzeit nach Berlin zurückfuhr, warnte Hitler: »Sie sind so glücklich, fahren Sie vorsichtig, die Götter werden neidisch.«
Er hatte mit seiner Warnung recht, unterwegs raste der Wagen gegen einen Baum, sie kamen jedoch mit geringen Verletzungen davon.
Goebbels hatte seine Junggesellenwohnung in Steglitz aufgelöst. Harald, Magdas Sohn, wohnte, wie es im Scheidungsvertrag vorgesehen war, bei seinem Vater in der Villa in der Frankenallee, doch mit dem Fahrrad war er in wenigen Minuten bei seiner Mutter.
Magdas Haus wurde zum Mittelpunkt von Hitlers Berliner Gastlichkeit. Für Hitler kochte sie persönlich – vegetarisch.
Magda hatte monatlich tausend Mark. Goebbels' Gehalt war ebenso hoch, Hitler gab Zuschüsse, er kam oft und brachte mei stens Gäste mit.

In Goebbels Wohnung hat Hitler seinen Wahlsieg in der Nacht des 15. September 1930 erlebt, aus dieser Zeit stammte der Satz: »...wir treten heraus aus der Parteigeschichte und betreten die Weltbühne...«

Günther Quandt und Hitler hatten sich soweit ausgesöhnt, daß Hitler nun oft mit seinen Leuten zum Wochenende auf das Quandt-Gut in Mecklenburg fuhr.

Graf Schimmelmann war Goebbels' Adjutant.

Am 1. September 1932 wurde Helga, die erste von fünf Töchtern in der Klinik des berühmten Dr. Stöckel geboren.

Nachdem Goebbels Reichsminister geworden war, suchte das Ehepaar Goebbels eine geeignete Wohnung.

Im Park des Landwirtschaftsministeriums fand sich ein Haus, das 1835 für einen kaiserlichen Hofmarschall errichtet wurde, eine bescheidene ländliche Villa, wie sie niemand im Zentrum des Regierungsviertels vermutete, ein verwilderter Park mitten in der Weltstadt Berlin, ein Dickicht hundertjähriger Bäume.

Der Eingang lag an der Budapester Straße, die später Friedrich-Ebert-Straße hieß und bald Hermann-Göring-Straße heißen sollte. Das Haus wurde um eine Etage aufgestockt, ein großer Filmvorführraum wurde angebaut.

Magda richtete das Haus mit weiß-blauen Rokokomöbeln ein. Damals bekam man in Berlin am Lützowplatz noch echte alte Möbel aus den vielen Schlößchen um Berlin zu kaufen.

Goebbels erschien auf dem Berliner Parkett als der »jüngste Minister der Welt«, ein gewinnender, charmanter, zynisch-witziger Mann. Doch die Witze, die er machte, gingen immer auf Kosten anderer.

Am 13. April 1934 wurde die zweite Tochter, Hilde, geboren.

»Große Männer sollen nur Töchter haben«, tröstete man amüsiert den über die Geburt zweier Töchter enttäuschten Goebbels.

Und Hitler selbst, wollte er keine Kinder? Nein, Hitler wollte keine eigenen Kinder, Magdas Kinder betrachtete er als seine eigenen.

Nach der Machtergreifung wurde Goebbels der Schirmherr des Films, in seiner Rede vom 28. 3. 1933 sagte er: »Die Nationale Revolution wird sich nicht nur auf die Politik begrenzen, sie wird auch auf die Gebiete des Films übergreifen.« So lag es in der Natur der Sache, daß zu seinen Freunden Schauspieler und Schauspielerinnen zählten. Bald sollte er seine Position ausnützen. Seine Liebesaffären wurden stadtbekannt.

Für Goebbels hatte Hitler noch eine andere Aufgabe. Hitler schuf für ihn das »Reichsministerium für Volksaufklärung und Propaganda« im ehemaligen Palais des Prinzen Leopold am Wilhelmplatz, genau gegenüber der Reichskanzlei. Das Palais war ein Bau von Friedrich von Schinkel. Die Bezeichnung »Propagandaministerium« gefiel Goebbels nicht, er meinte, Propaganda dürfe nicht als solche erkennbar sein, er würde sein Amt gern Informationsministerium nennen, aber Hitler bestand auf dem Namen.

Seit 1934 lebten auch Magdas Sohn Harald und Goebbels' Schwester Maria im Haus. Der Goebbels von 1934 war freizügig, suchte den Kontakt zu Künstlern, der Maler Leo Freiherr von König malte die Goebbelstöchter Helga und Hilde. Auf dem Kaminsims in Goebbels' Haus stand eine Bronzeplastik des Bildhauers Ernst Barlach – »Der Mann im Sturm«.

Bei Goebbels trafen sich keine Parteiführer, er lud Künstler, Schauspieler ein. Nie hat Himmler das Haus betreten, doch Ernst Röhm und sein Adjutant Graf Spreti waren Gäste. Zentrum jeder Gesellschaft war Hitler, jede Einladung war auf ihn zugeschnitten.

Magda lud Sir Oswald Mosley mit Frau und Schwägerin ein, Hitler saß bei einer Einladung zwischen zwei Engländerinnen.

Lady Unity Mitford wohnte vierzehn Tage als Gast im Hause.

Goebbels trank keinen Alkohol. Das Essen war spartanisch einfach.

Schon im ersten Jahr seiner Ehe betrog Goebbels seine Frau, in seinem eigenen Haus. Eine der Schauspielerinnen übernachtete nach einem langen Abend im Hause Goebbels in der Hermann-

Göring-Straße. Das Ehepaar Goebbels hatte getrennte Schlafzimmer. Zwischen den Zimmern lag das Bad.
Es stürmte nachts, Magda hörte das Knarren der Badezimmertür, die vom Sturm bewegt hin- und herschlug. Sie stand auf, um die Tür zu schließen, dabei stellte sie fest, daß die Tür von ihrem Schlafzimmer zum Bad von drüben abgeschlossen war. Sie mußte also über den Flur gehen, um von dort aus die schlagende Tür zu schließen.
Gegen Morgen hörte sie, wie ihr Mann leise, vorsichtig den Schlüssel umdrehte, so daß die Tür wieder offen war.
Sie wußte, was das bedeutete. Goebbels betrog sie mit einem Gast im eigenen Haus.
Zum Frühstück erschien der weibliche Gast. Magda ließ sich nichts anmerken, sie machte keine Szene.
Sie frühstückten, dann wendete sich Magda zu dem Gast und sagte: »Mein Wagen wird Sie in die Stadt bringen.«
Magda, die gehofft hatte, die Flitterwochen würden ewig dauern, erkannte nach 3 Jahren, daß es nicht so war.
Es lag in der Natur der Sache, daß Goebbels mit Schauspielerinnen zu tun hatte; wenn aus den Flirts Liebesaffären wurden, erfuhr es Magda als letzte. Als sie aus der ausländischen Presse seine Abenteuer erfuhr, stellte sie ihn zur Rede.
Goebbels erklärte, daß er völlig berechtigt sei, erotische Abenteuer zu haben. Er erinnerte Magda zynisch an die Bedingung, unter der er sie geheiratet hatte. Sie hatte ihm völlige persönliche Freiheit in der Ehe zugestanden.
Magda zog sich zurück. Nach außen hin fand sie sich ab und mußte nun zusehen, wie ihr Mann Frauen um sich scharte und sie als Gäste ins Haus brachte.
Sie resignierte.
Magda war nicht kokett, sie kämpfte nicht, widmete sich ganz den Kindern.
Bei offiziellen Anlässen repräsentierte sie neben Hitler. Hitler verbrachte mit der Familie Goebbels die Wochenenden im Ost-

seebad Heiligendamm, doch Hitlers Popularität war nun so groß, daß er sich nicht mehr frei in einem Hotel bewegen konnte. Goebbels verdiente mit dem Buch »Vom Kaiserhof zur Reichskanzlei«. Er suchte nach einem Landsitz in der Nähe Berlins. Da wurde ihm ein repräsentativer Besitz angeboten: Schwanenwerder. Auf einer Halbinsel an der Havel lag das weiße Haus an einem bewaldeten Hang.

Zum Haus gehörte ein Kavaliershaus mit Diele und Kamin. Es gab Wirtschaftsgebäude, Garage, Gärtnerhaus. In den Pferdeställen wurden die Ponys für die Kinder untergebracht. Das Gebäude bot Platz für die größer gewordene Familie, für Gäste. Die Wochenschau brachte Szenen aus dem Familienleben in Schwanenwerder. Die Kinder, immer in weißen Kleidern, kletterten auf die alten Bäume im Park, Magda und Maria Goebbels sahen zu wie von Fragonard gemalt.

Als Hitler Schwanenwerder besuchte, fuhr er im Motorboot durch die Havelseen.

»So eine Jacht brauchen Sie auch, mein Führer«, sagte Goebbels.

»Möchte ich schon«, entgegnete Hitler, »aber dazu habe ich kein Geld.« Er wußte, daß sich Goebbels finanziell übernommen hatte. Eigentlich hatte Goebbels nicht das Geld, um das Leben zu führen, das er führte.

Er besaß den Haushalt in Berlin und den riesigen Haushaltsbetrieb in Schwanenwerder. Magda hatte Geldsorgen, Goebbels erwartete, daß der Haushalt reibungslos lief.

Internationale Gäste besuchten Goebbels in Schwanenwerder. Lord Vansittard, der große Deutschenhasser, kam mit seiner Gattin und genoß den Park, den weiten Blick über die Havel, das entspannte die Atmosphäre.

Der König von Bulgarien und seine Begleitung kamen und gingen im Park spazieren.

Herzog und Herzogin von Windsor genossen die Ungezwungenheit beim Tee unter den alten Bäumen von Schwanenwerder. Hier machte Goebbels charmant und lächelnd Konversation, hier war er nicht der tobende Demagoge. Die Stadt Berlin stellte Goebbels Schloß Lanke am Bogensee als Wochenendruheplatz zur Verfügung. Das Schloß war ein einfaches Herrenhaus, zu klein für die große Familie. Goebbels baute auf der gegenüberliegenden Seite des Sees ein großes modernes Haus mit Klimaanlage und Heißluftheizung. Als der Reichsfinanzminister Graf Schwerin-Krosigk die Finanzierung ablehnte, gab die Filmindustrie Geld für den Bau. Das Haus wurde zum »Eigentum des Deutschen Films« erklärt. Goebbels nannte es »Haus am Bogensee«. Von Lanke aus gingen die Kinder nach Nikolassee in die Schule. General Rommel wurde von den Kindern geliebt. John Knittel las Magda aus Via Mala vor.

1936 kaufte Goebbels noch das Nachbargrundstück dazu, aus einem Jugendstilgebäude wurde seine »Burg«, aus dem Pferdestall ein Filmsaal. Hier hatte Goebbels eine Einsiedelei, hier wollte er völlig allein sein und meditieren.

Sogar Magda mußte sich telefonisch anmelden, wenn sie ihn dort besuchen wollte.

Magda wollte keine perfekte Hausfrau sein. Oft war das Essen einfach, das kalte Buffett ohne Luxus, nie floß der Sekt in Strömen, oft wurde der Kuchen beim Bäcker im Dorf geholt.

Aber die Unterhaltungen waren anregend, Magda, Maria, Ello Quandt schufen eine Atmosphäre, in der man sich wohlfühlte. Magda lebte diszipliniert, erschien nie im Morgenrock, war immer tadellos frisiert. Zum Abendessen zog sie sich stets um.

Magda war bis zum letzten Augenblick ihres Lebens eine vollendete Dame. Keines der Goebbels-Kinder wurde getauft. Die Kinder wurden ohne Härte, ohne Zwang aufgezogen. Sie waren wohlerzogen, liebenswürdig, sie aßen mit am Tisch, wenn Gäste kamen.

Magda hatte sich schon als junges Mädchen mit der Lehre des Buddhismus beschäftigt. Über Zürich und Lissabon ließ sie sich durch Werner Hewel buddhistische Schriften besorgen. Auf ihrem Nachttisch lagen immer Bücher über die Lehre Buddhas.

Magda versäumte kein Konzert des jungen Herbert von Karajan.
Nach den sportlichen Ereignissen der Olympiade 1936 fanden die nächtlichen Sommerfeste statt.
Göring und Goebbels wetteiferten, das originellste Fest zu veranstalten.
Hans von Tschammer und Osten hatte versprochen: »... den heiteren Spielen sollen heitere Feste folgen...«
In der Olympischen Woche veranstaltete Magda eine »Italienische Nacht« auf der Pfaueninsel.
Die Pfaueninsel lag mitten in der Havel. Einst war sie Sommersitz Friedrich Wilhelms III. und der Königin Luise von Preußen und bis 1918 Privatbesitz Kaiser Wilhelms II.
Die Insel war ein Park, auf dem Pfauen gehalten wurden; das Schlößchen war klein und preußisch einfach.
Königin Luise hatte hier gewohnt, doch das einzige, was noch an sie erinnerte, waren die Empire-Ofenschirme, die sie selbst mit ausgeschnittenen Bildern, im Sinn moderner Collagen beklebt hatte. Zum Fest waren tausend Gäste eingeladen, darunter die Hälfte Ausländer. Es fand im Park statt, das Schlößchen diente als Garderobe.
Die Insel war mit dem Ufer durch eine eigens dafür – von Pionieren der Wehrmacht – gebaute Holzbrücke verbunden. Den Weg hinauf zum Schloß standen junge Tänzerinnen mit brennenden Fackeln in den Händen Spalier. Sie waren wie preußische Pagen gekleidet, in weißen Kniehosen, Spitzenblusen, Rokokoperücken und Schnallenschuhen. Gäste waren Teilnehmer der Olympischen Spiele, Sportler aus der ganzen Welt, die in Berlin akkreditierten Diplomaten, Maharadschahs, arabische Sheiks, Schauspieler, Sängerinnen der Berliner Oper, die Herren des Olympischen Corps, Baron Pierre de Coubertin, der Gründer der Olympischen Spiele, Ritter von Halt.
Unter freiem Himmel fand das Diner statt. Lampions spannten sich über die Wiese auf der Mitte der Insel. Es wurde diniert, getanzt und gedolmetscht. Die Festreden, Trinksprüche, Gespräche

mußten vom Chefdolmetscher Schmidt übersetzt werden: »Monsieur Schmidt, deux mots seulement avec le Docteur Goebbels«, – »Ach, Herr Schmidt, helfen Sie doch mal, ich möchte mit Lord Londonderry sprechen« – »Do you know, where Göring is?«
Viele der Gäste blieben die ganze Nacht, saßen lachend zusammen, redend im Gras, bis die Sonne über der Havel aufging.

Für Goebbels waren die Liebesabenteuer nur kurze Intermezzi, bis ihm eine Frau begegnete, die ihm mehr bedeutete als ein flüchtiges Abenteuer, eine Frau, die er wirklich liebte, für die er seine Familie, seine Karriere, seine Freundschaft mit Hitler aufs Spiel setzte und deretwegen er beinah alles verlor.
Er lernte Lida Baarova kennen.
Lida Baarova war Tschechin, schön, elegant, zierlich, dunkel. Sie lebte mit dem Schauspieler Gustav Fröhlich zusammen, in einer Villa in Schwanenwerder, neben dem Besitz Goebbels'. Kurz vor der Berliner Olympiade 1936 spielten Gustav Fröhlich und Lida Baarova in den Ufa-Ateliers von Neubabelsberg in dem Film »Stunde der Versuchung«. Regie führte Paul Wegener. Goebbels sah sich die Dreharbeiten an.
So lernte er die Schauspielerin näher kennen. Da sie Nachbarn waren, war es selbstverständlich, daß man sich gegenseitig einlud. Goebbels unternahm mit Lida Baarova Autofahrten in die Umgebung, sie besuchte ihn zu Besprechungen in seinem Ministerium.
Als er nach Prag fuhr, nahm er Lida mit, dort erreichte ihn die Nachricht, daß ihm die Tochter Hedda geboren worden war. Doch Magda ahnte nichts, sie hielt die Freundschaft für einen der vielen Flirts ihres Mannes.
Ja, er schwor Magda, daß er der Versuchung, diese schöne Tschechin zu erobern, widerstehe, da er sich ganz an seine Frau gebunden fühle.
Magda war blind, trotz aller Enttäuschungen glaubte sie an seine Beteuerungen, weil sie glauben wollte. In der Öffentlichkeit erzählte man, der betrogene Gustav Fröhlich habe Goebbels eine

41 *Hitler karikierte Eva Braun, aber die Zeichnung gefiel ihr nicht, besonders mit der Nase war sie unzufrieden. »Doch«, sagte Hitler, »ich kann es nicht ändern, du hast eine solche Nase.«*

2 *Eva Braun in jungen Jahren.*

3 *Adlof Hitler und Eva raun besichtigen die Geschenke anläßlich des Geurtstages am 20. April 1943* links oben).

4 *Eva Braun* (oben).

46 *So lernte ich (Henriette von Schirach) Hitler kennen. Die großen Stiefel brachte mir Dietrich Eckart aus Zürich mit. Durch ihn, den Übersetzer Ibsens, wurde mein Vater mit Hitler bekannt* (rechts oben).

5 *Haus Vachenfeld Berghof) auf em Obersalzerg* (links).

7 *Neben mir Henriette von chirach) Eva raun* (Mitte), *amals Lehrng im Fotoabor meines aters, Heinrich loffmann. echts mein ruder Heinrich* echts).

48 *Familie von Schirach. Der Schäferhund ist ein Hochzeitsgeschenk Hitlers* (oben).

49 *Auf der Terrasse des Berghofs 1943, wenig Stunden, bevor Henriette von Schirach* (2. v. l. *Hitler sagt, was sie in Holland an Schrecklichen gesehen hat.*

Ohrfeige gegeben. Das war nicht wahr, Lida hat die Ohrfeige bekommen.
Fröhlich wollte selbst sehen, was an den Gerüchten wahr sei. So wartete er eines Abends in der Dämmerung in geringer Entfernung von der Goebbels-Villa in Schwanenwerder, weil er wußte, daß Goebbels mit Lida aus der Stadt zurückkehren würde.
Als er sah, wie sich Goebbels mit zärtlicher Umarmung von Lida verabschiedete, zog er die Künstlerin aus dem Wagen und schlug sie ins Gesicht.
Goebbels begab sich in sein Haus, ohne einzuschreiten. Fröhlich entfernte sich unangefochten.
Das ist die Geschichte der Ohrfeige.
Fröhlich und Lida Baarova trennten sich daraufhin. Gustav Fröhlich blieb unangefochten, er wurde nicht zur Rede gestellt, nicht verhaftet, er spielte weiter seine Rollen. Goebbels kümmerte sich nicht um den Mann, der die Frau, die er leidenschaftlich liebte, vor seinen Augen geschlagen hatte. Es schien ihm klüger, zu schweigen, vielleicht bewunderte er Fröhlich sogar.
Lida Baarova war weiterhin Gast im Haus Goebbels. Wenn Goebbels sie mitbrachte nach Schwanenwerder, deckte Magda den Teetisch, wenn eine Bootspartie unternommen wurde, nahmen Lida Baarova und Magda daran teil.
Immer noch wollte Magda die Affäre ihres Mannes als vorubergehendes Abenteuer abtun.
Doch sie mußte nun doch begreifen, daß es mehr war als eine flüchtige Beziehung. Goebbels meldete sich eines Tages mit Frau Baarova zum Tee in Schwanenwerder an. Zu dritt saßen sie zusammen, als Goebbels plötzlich sagte: »Ich muß etwas Ernstes besprechen – Lida Baarova und ich – wir lieben uns.« Magda starrte ihren Mann an.
»Du bist natürlich die Mutter meiner Kinder – du gehörst zu mir, aber du mußt einsehen, daß ich eine Freundin, eine feste Freundin haben muß.«
»Ich werde niemals von ihm lassen«, bestätigte Lida Baarova.

Magda war stumm, sie konnte nicht fassen, was sie hören mußte. Goebbels schlug ihr vor, Lida solle als seine zweite Frau, quasi als Familienmitglied, bei der Familie wohnen. Lida solle bei Goebbels in der Einsiedelei, in der »Burg« wohnen, Magda bei den Kindern.

»Du bist ein vernünftiger Mensch«, sagte er, »du wirst das verstehen und es einrichten.« An eine Scheidung dachte Goebbels nicht.

Magda brauchte lange, bis sie sprechen konnte. Dann murmelte sie: »Ich will es versuchen.« Goebbels umarmte Magda. »Ich habe es gewußt, daß du zustimmen wirst«, sagte er.

Dann verabschiedete sich das Paar und fuhr gemeinsam in die Stadt zurück.

Magda war 36 Jahre alt, Lida 24. Als Magda ihrer Schwägerin erzählte, was geschehen war, empörte sich Ello Quandt, sie hielt den Vorschlag Goebbels' für ein bodenlos gemeines Ansinnen. Doch Magda verteidigte ihren Mann.

»Er ist ein außergewöhnlicher Mensch, kein normaler Mann. Vielleicht ist es besser so, er liebt ja die Baarova wirklich, und vielleicht hält ihn eine zweite Frau von seinen vielen unwürdigen Abenteuern ab, die seine Stellung, seinen Ruf ruinieren. Ich will ihn verstehen, vielleicht kann ich ihn durch Großzügigkeit halten, vielleicht wird die Leidenschaft vorbeigehen, und er kehrt zu mir zurück. Wenn ich ihn wegstoße, verliere ich ihn für immer. Vielleicht gehört er mir im Alter ganz.«

Ello wußte, daß sich Magda umsonst erniedrigte.

Es kam zu einer Szene zwischen Lida Baarova und Magda Goebbels. Während einer Unterhaltung, die zwischen Goebbels, Magda, Lida Baarova und Ello Quandt stattfand, griff Lida die Schauspielerin Anni Ondra an. Ello verteidigte sie: Anni habe sich aus eigener Kraft ohne Protektion einen Weltnamen gemacht, sie sei ein wertvoller, begabter Mensch, sie, Ello, kenne Anni, sei mit ihr befreundet. Es stehe Lida Baarova nicht zu, Anni Ondra anzugreifen.

An der Tafel herrschte eisiges Schweigen. Goebbels schwieg. Magda schwieg. Als sie zu sprechen beginnen wollte, wurde sie von Lida und ihrem Mann in verletzender Weise unterbrochen. Magda verließ den Raum. Ihr folgte Ello, folgte ihr auf ihr Zimmer.

»Ich halte es nicht mehr aus, ich lasse mich scheiden«, rief Magda – und die Freundin stimmte ihr zu: »Du hast recht, so kannst du nicht leben, trenne dich von ihm.«

Als die Gäste gegangen waren, kam Goebbels in Magdas Zimmer. Er warf ihr mit scharfen Worten vor, sie habe Lida Baarova beleidigt.

Magda erklärte ihm, daß sein Vorschlag, mit der Frau zusammenzuleben, undurchführbar sei. Sie wünsche nun die Scheidung. Goebbels lachte und nannte seine Frau hysterisch.

Magda mußte aber, um eine Scheidung zu erreichen, den Ehebruch beweisen, sie mußte diesen Beweis vor Gericht führen.

Als man sie darauf aufmerksam machte, sagte sie: »Aber das weiß doch die ganze Welt – im Ausland stehen seine Abenteuer mit allen Details in der Zeitung.«

Sie mußte aber im juristischen Sinn beweisen, was sie selbst wußte.

Mit wenigen engsten Freunden ging sie daran, die Voraussetzungen zu klären, mit denen sie in den Scheidungsprozeß gehen konnte.

Goebbels hatte mit Raffinesse all die Jahre sein Privatleben vor ihr verborgen gehalten.

Aus Adjutanten und Fahrer würde sie nichts herausbekommen. Aber es gab Hanke, Goebbels' engsten Mitarbeiter, Magdas Freund.

Im großen Filmsaal im Berliner Ministerium fand eine private Vorführung des französischen Dreyfus-Filmes statt – »J'accuse – ich klage an«. Goebbels saß mit Lida Baarova in der ersten, Magda in der letzten Reihe. Als sich der Saal verdunkelte, setzte sich Staatssekretär Hanke neben sie. Als der Film zu Ende war und es hell wurde löste Goebbels seine Finger aus der Hand der Baarova. Alle sahen es. Hanke neigte sich zu Magda, er sagte in bezug auf den eben gesehenen Film, auf das, was er wußte: »Moi aussi – j'accuse«. Magda begriff, was die Worte für sie bedeuteten.

Am nächsten Tag begann die Verschwörung gegen Goebbels. Magda, Hanke, Ello Quandt trafen sich in Ellos Wohnung. Hanke wußte, daß ohne ausreichendes Material Magda einen aussichtslosen Kampf führen würde.

Hanke besaß eine Liste mit den Namen all jener Frauen, mit denen Goebbels ein Liebesverhältnis unterhielt. Die Liste war so umfangreich, daß Magda erstarrte; was sie hier erfuhr, war so empörend, so maßlos, so unfaßbar, daß sie es nicht glauben konnte. »Das ist grotesk«, sagte sie.

»Ich weiß, daß es schwerfällt, das zu glauben«, entgegnete Hanke. »Aber ich selbst und noch zwei Personen sind bereit, diese Liste in jedem Punkt zu beeiden.« Hanke las alle Namen vor. Als er schließlich geendet hatte, war Magda so verblüfft, daß sie lachen mußte, laut lachen. Alle drei lachten. Es war die Lösung der Spannung.

Nun erinnerte sich Magda an Hitlers Versprechen, ihr zu helfen. Sie wollte mit der bewußten Liste zu Hitler gehen. Goebbels hatte Angst, wenn Magda ihre Absicht wahr machte, würde es ihm schaden, er mußte verhindern, daß Hitler sich in diesen Konflikt einmengte. Er versuchte eine Versöhnung, mit einem Rosenstrauß in der Hand bat er um Verzeihung. Er schwor, ein neuer Mensch zu werden. Magda war wieder bereit zu verzeihen, wieder hielt sie seine Schwüre für echt.

Goebbels fuhr zurück nach Berlin – zu Lida Baarova. Hanke wollte nicht, daß Magda wieder enttäuscht und unglücklich wurde. Er brachte Magda Fotokopien von Briefen, die sein Chef Goebbels an Lida geschrieben hatte. Aus diesen Briefen ging hervor, daß der Minister seiner Freundin die Ehe zugesichert hatte. Frau Baarova schrieb an ihn: »Gilt es noch, daß ich auf Dich warten darf, wie Du mir versprochen hast?« Goebbels antwortete darauf mit einem kurzen »Ja« – er hatte es mit dem Grünstift, mit dem Minister dienstliche Anweisungen unterschreiben, dreimal unterstrichen.

Magda las alle Briefe, die ihr Hanke gab.

Hanke hatte also an seinem Chef einen beispiellosen Verrat begangen. Goebbels hielt ihn für seinen treuen Gefolgsmann. Hanke hatte Goebbels' private Post in Verwahrung. Die Liebesbriefe der Lida Baarova gingen zuerst an Hanke, er sollte sie an seinen Chef weitergeben.

Hanke hatte also die Möglichkeit, einen ungeheuren Skandal zu entfesseln. Es lag in seiner Macht, ob sich Magda von ihrem Mann trennen konnte, ein einziger dieser Briefe würde genügen, das Scheidungsgericht vom Ehebruch des Ministers zu überzeugen.

Goebbels ahnte nichts von dem, was sich hinter seinem Rücken abspielte. Er hatte ein ruhiges Gewissen: Ich tue doch nur, was jeder andere Mann auch tut. Ich habe eine Freundin, das ist alles.

Aber er war eben kein gewöhnlicher Zeitgenosse. In Berlin beobachtete man alles, was Goebbels tat, mit Mißtrauen. Als Magda mit Bekannten von Schwanenwerder nach Berlin fuhr, um eine Vorstellung im Kabarett der Komiker anzusehen, saß in der Nebenloge Joseph Goebbels mit Lida Baarova. Die Zuschauer sahen es, die Bühne war plötzlich unwichtig – da verließ Magda die Loge.

Bald darauf stellte sie ihren Mann zur Rede. Sie hatte neue Briefe in Händen. Goebbels stritt alles ab, er habe mit Frau Baarova längst gebrochen, er habe sie vergessen. Magda glaubte ihm nicht: »Ich weiß, daß du wieder lügst!« »Aber, was soll ich machen, daß du mir glaubst? Ich gebe dir mein Ehrenwort!«

Das Ehrenwort genügte nicht.

Da schwor Goebbels beim Leben seiner Kinder, daß er mit Frau Baarova nichts mehr zu tun hatte. Er ging zu den Bildern der Kinder, die auf der Kommode standen, und sagte: »Ich schwöre beim Leben unserer Kinder, daß ich keine Beziehungen zu Frau Baarova habe.«

Magda hörte es mit Entsetzen. In ihrer Tasche hatte sie den Brief, in dem Goebbels seiner Geliebten mitteilte, daß er sie am gleichen Abend besuchen würde. Sie wußte, er hatte einen Meineid geschworen, er hatte die Kinder verraten.
»Glaubst du mir jetzt?« fragte er.
»Nein« – Magda schrie ihn an und verließ den Raum.
Nachts um 3 Uhr kam Magda zu Ello Quandt. Ehe sie sprechen konnte, fiel sie ohnmächtig zu Boden.
Als sie zu sich kam, berichtete sie, was geschehen war. »Warum lügt er nur so grauenvoll? Ich will mich ja scheiden lassen. Er ist ein Teufel, den ich für meinen Gott gehalten habe – Es wäre das Beste, wenn ich mir mit den Kindern das Leben nähme.«
Die Beweise des Ehebruchs würden ausreichen, das Gericht zu überzeugen, mehrere Schauspielerinnen wollten sich Magda als Zeugen für den Scheidungsprozeß zur Verfügung stellen. Doch Magda wußte, daß ihr Weg zur Freiheit nur über Adolf Hitler ging.
Sie meldete sich bei Hitler an und wurde mit großer Liebenswürdigkeit empfangen.
Eine Stunde lang schüttete sie ihm ihr Herz aus, zeigte ihm die schriftlichen Dokumente und schilderte den furchtbaren Meineid, den Goebbels auf das Leben der Kinder geleistet hatte.
Hitler konnte es kaum glauben.
Er kannte die Gerüchte, aber er meinte, es wären Seitensprünge, die man einem Mann in Goebbels' Position verzeihen müßte. Er versuchte, Magda zu trösten.
Er ließ Goebbels kommen und wiederholte, was Magda vorgebracht hatte.
Goebbels tat die Vorwürfe ab, als Hysterie einer empfindlichen Frau, deren Nerven überreizt seien.
»Nun gut«, sagte Hitler, »dann kommt eine Scheidung nicht in Frage, aber versöhnen Sie Ihre Frau!«
»Wir müssen uns wieder vertragen, der Führer erlaubt die Scheidung nicht«, sagte Goebbels zu Magda.

Aber nun war Magda nicht mehr zu versöhnen. Sie wandte sich an Hanke.
Nun ging Hanke zu Hitler, es kam also keine hysterische Frau, sondern ein Mann, der Hitlers Vertrauen hatte, er bestätigte alles, was Magda vorgebracht hatte. »Das sind keine Liebesgeschichten – das ist eine Schande, der Doktor hat unsere Idee verraten. Die Welt lacht über uns, derselbe Mann, der den NS propagiert, tritt ihn mit Füßen.«
Hitler ließ sich überzeugen. Goebbels fiel in Ungnade.
Goebbels bat Hitler um eine Unterredung. Dieser lehnte eiskalt jede persönliche Aussprache ab. Er kam nicht mehr zu Goebbels' Abendgesellschaften, lud Goebbels nicht mehr an seine Tafel ein. Man erwartete in Berlin das Ende der politischen Laufbahn Goebbels', man munkelte, daß er Botschafter in Tokio werden würde.
Aber die Ehe Goebbels' wurde nicht geschieden. Magda und die fünf schönen Kinder waren zu bekannt, eine Trennung der Familie würde sensationelles Aufsehen erregen. Ein geschiedener Propagandaminister würde an Glaubwürdigkeit verlieren. Hitler versuchte, Magda zu überzeugen, daß sie im Interesse des deutschen Ansehens von der Scheidung absehen müsse, sie sollte nach außen hin bei ihrem Mann bleiben.
Magda war einverstanden, wenn ihr eine einzige Forderung erfüllt wurde. Sie forderte, daß Lida Baarova Deutschland verließ.
Hitler versprach, dies zu veranlassen, und am selben Abend erschien Julius Schaub in der Wohnung der Baarova und teilte ihr mit, daß sie auf Befehl des Führers Deutschland innerhalb 24 Stunden verlassen müsse.
Frau Baarova erlitt einen Herzanfall. Professor Theo Morell, ein Leibarzt Hitlers, auch der Arzt von Lida Baarova, gab ihr Herzspritzen.
Goebbels kam nicht. Er verreiste und war für seine Freundin nicht zu sprechen. So verließ Lida Deutschland, tief gedemütigt. Den Mann, der ihr alles versprochen hatte, der sie vielleicht wirklich geliebt hatte, sah sie nie wieder.

Goebbels antwortete auf keinen Brief.
Sie ging nach Prag. Doch die Affäre Baarova war noch nicht zu Ende.
Im Jahr 1939 war die Tschechoslowakei zum Protektorat Deutschlands geworden. Im Krieg wurde Prag eine Etappe der deutschen Armee. Lida lernte Himmler kennen, sie bat ihn, bei Hitler für sie zu sprechen. Himmler setzte sich für sie ein, wurde bei Hitler vorstellig und bat ihn, die Verbannung der Baarova aufzuheben. Doch Hitler wollte nichts ohne Magdas Zustimmung tun, er hatte versprochen, die schöne Tschechin von Deutschland fernzuhalten. Er schickte den Staatssekretär Naumann zu Magda Goebbels, er meinte, es seien jetzt andere persönliche und politische Verhältnisse, Magda möge der Rückkehr Lida Baarovas zustimmen. Aber Magda war nicht umzustimmen.
Lida Baarova war also aus Deutschland ausgewiesen. Hitler hatte sich Magdas angenommen, ihre Forderungen waren akzeptiert worden. Dazu wurde ein Vertrag ausgefertigt. Hanke wurde zugezogen, der Vertrag war in seiner Art einmalig.
Es war ein Wartejahr geplant, dann sollte sich Magda entscheiden, ob sie sich von Goebbels trennen wollte oder nicht. Sie verpflichtete sich also für ein Jahr, vor der Öffentlichkeit Frau Goebbels zu bleiben. Bei offiziellen Anlässen sollte sie sich an seiner Seite zeigen. Während des Wartejahres sollte sie in Schwanenwerder wohnen. Nur mit ihrer Erlaubnis durfte Goebbels kommen und die Kinder sehen. Nach Ablauf dieses Jahres stand es ihr frei, sich von Goebbels scheiden zu lassen, sie sollte dann, gleichgültig was inzwischen geschehen war, die gleichen Scheidungspunkte gegen ihren Mann vorbringen können, wie sie jetzt gegeben waren. Würde also Magda nach einem Jahr die endgültige Trennung verlangen, so sollte Goebbels schuldig geschieden werden. Magda sollte die Kinder behalten, eine hohe Rente erhalten und Schwanenwerder als Wohnsitz bekommen.
Hitler erklärte sich bereit, selbst für diese Vereinbarung die Garantie zu übernehmen.

Nach dem Gespräch mit Hitler wünschte Magda, daß die Abmachung noch durch einen Juristen formuliert würde, am besten durch den Anwalt, der sie gegebenenfalls auch im Scheidungsprozeß vertreten sollte.
Der Berliner Anwalt Dr. Dix formulierte die einzelnen Punkte der zwischen Magda und Hitler getroffenen Vereinbarung. Goebbels war also im Falle eines Scheidungsprozesses lediglich beklagter Ehemann, nicht Reichsminister.
Der Vertrag wurde von Magda, Joseph Goebbels und Hitler unterschrieben.
Nach der Unterzeichnung des Vertrags sagte Hitler zu Goebbels: »Wenn man so wundervolle Kinder hat wie Sie, Doktor, und Sie, Magda, dann darf man sich nicht trennen. Das beste ist wohl, Sie leben nun ein Jahr völlig asketisch, Doktor, wie ein Mönch, und Sie, Magda, wie eine Nonne.«
Magda lächelte nicht zu Hitlers Scherz, sie sagte: »Ich lebe bereits seit einem Jahr wie eine Nonne.«
Noch einmal erinnerte Lida Baarova an sich. Sie schrieb einen Brief an Magda.
»Können Sie so hart sein, gnädige Frau, da Sie selbst doch wieder glücklich sind? Mein ganzes Verbrechen ist es doch nur, daß ich einen Mann liebte, der zufällig einer anderen Frau gehört. Dafür habe ich fürchterlich gebüßt. Aber ich liebe Deutschland über alles und habe es doch nicht verdient, so furchtbar zu leiden. Nur an Ihnen liegt es, ob ich wieder nach Deutschland darf. So flehe ich Sie denn an, seien Sie barmherzig, und erlauben Sie mir doch, zurückzukommen.«
Magda verachtete Sentimentalität. Sie beantwortete den Brief nicht, und Goebbels erfuhr nichts davon.

Goebbels gründete 1935 in der feinen ehemaligen Rathenau-Villa am Skagerrak-Platz das Kameradschaftshaus der deutschen Künstler, einen Club mit Bar, Tanzflächen, einem Aquarium mit exotischen Fischen, Wintergarten, Kellerbar.

Reichsbühnenbildner Benno v. Arendt (der nach 1945 in Moskau in seinem Beruf arbeitete) leitete den interessanten Treffpunkt. Hier spielte Parteizugehörigkeit keine Rolle. Für ausländische Besucher war hier ein internationaler Platz, hier spielte man Jazz vom Broadway. Goebbels saß oft hier, zwischen den eleganten Frauen.

Als Goebbels seiner Gefolgschaft ein Fest gab, stand Magda verabredungsgemäß neben ihm, auch Hanke war da, sein Treuebruch schien vergessen.

Hitlers Verhältnis zu Goebbels blieb kühl.

Goebbels wohnte im Palais an der Hermann-Göring-Straße, Magda in Schwanenwerder, wenn er kam, um die Kinder zu sehen, meldete er sich an. Er schickte Blumen, Geschenke. Magda besann sich auf sich selbst. Jahrelang war sie nur Mutter der Kinder gewesen, jetzt wurde sie wieder die mondäne, reizvolle Frau von einst. Sie veränderte sich, zog sich mit raffinierter Eleganz an, ging aus, Hanke begleitete sie. Er hatte sich als ritterlicher Freund erwiesen. Sie genoß es, bewundert und verehrt zu werden. Nun klatschte man in Berlin über Magda Goebbels und Karl Hanke. Das war ihr recht. »Ich will, daß man über mich klatscht«, sagte sie. »Ich habe zu lang als gute Mutter brav zu Haus gesessen, während mein Mann mich betrog.«

Magda lernte Hanke zuliebe reiten.

Sie wurde eine gute Reiterin. Mit Hanke ritt sie im Berliner Tiergarten.

Hanke verliebte sich in die viel ältere Frau, und ihr gefiel es, umschwärmt zu werden. Doch für Hanke war es keine Spielerei, er wollte Magda heiraten, er hatte bewiesen, daß er ihr ergeben war, er wußte, daß sie einen Schutz brauchte.

Im August 1939 war die mit Hitler vereinbarte Wartezeit zu Ende. Magda war zur Kur in Bad Gastein, Goebbels fuhr zu den Salzburger Festspielen und besuchte sie in Gastein, er lud Magda ein, mit ihm an den Festspielen teilzunehmen.

Magda sagte zu.

Er fragte sie lächelnd: »Was soll mit uns geschehen, wollen wir es noch einmal miteinander versuchen?« Magda hatte auf diese Frage gewartet.

»Nein«, sagte sie, »ich heirate!«

»Wen willst du heiraten«, fragte Goebbels, der sich nicht so leicht schockieren ließ.

»Hanke will ich heiraten!«

Goebbels lachte, als er das hörte, Hanke war kein Gegner für ihn.

»Das ist kein Mann für dich, Magda, das weißt du, wir gehören zusammen, das weißt du auch.«

Goebbels mußte seine ganze Überzeugungskraft drei Tage lang aufbieten, um Magda zurückzugewinnen. Er drohte, ihr die Kinder wegnehmen zu lassen. Schilderte Hanke als ungeschickten Mann, der weit unter ihm stünde.

Schließlich erzwang er Magdas Zustimmung, wieder mit ihm zusammenzuleben.

Gemeinsam fuhren sie nach Bayreuth zu den Festspielen. Dort trafen sie mit Hitler und seiner Begleitung zusammen.

Hitler war beruhigt, als er von der Versöhnung hörte. Das Ehepaar Goebbels sah eine Aufführung von »Tristan und Isolde«. Magda machte auf die Gäste im Haus Wahnfried nicht den Eindruck einer glücklichen Frau. Am nächsten Morgen reisten Goebbels und seine Frau ab.

Magda teilte Hanke mit, daß die Romanze, die er ernst gemeint hatte, für sie nur ein Spiel gewesen war, das jetzt beendet war. Hanke rückte ein, nahm als einfacher Soldat am Polenfeldzug teil.

Mit Tapferkeitsorden ausgezeichnet kehrte er heim, wurde Gauleiter von Breslau und heiratete Anfang 1945 die Tochter eines aristokratischen Großgrundbesitzers aus der Breslauer Gegend. Am 1. Mai 1945 ernannte der neue Reichspräsident Karl Dönitz den Gauleiter Hanke zum Innenminister. Doch Hanke war in Breslau eingeschlossen und verteidigte die Stadt.

Magda versuchte, sich mit der neuen Situation einzurichten. Sie stellte eine Liste von Personen auf, die nicht mehr ins Haus Goebbels eingeladen wurden.
Da begann der Krieg. Hitler brauchte nun seinen Propagandaminister. Die gesellschaftliche Situation in der Reichshauptstadt hatte sich verändert.
Festlichkeiten fanden nicht mehr statt. Doch das Familienleben im Haus Goebbels hatte sich normalisiert. Am 29. Oktober 1940 wurde das letzte und sechste Kind geboren, Heide. Das »Versöhnungskind«, nannten es die Berliner, die an Goebbels' Familienleben Anteil nahmen. Magdas Sohn Harald Quandt stand seit Kriegsbeginn an der Front. Wenn er auf Urlaub kam, war er der angeschwärmte große Bruder. Harald war Fallschirmjäger. Er sprang als Fallschirmjäger über Kreta ab, kämpfte in Afrika, in Sizilien, am Monte Cassino und wurde mit dem EK I ausgezeichnet, er wurde verwundet und geriet in englische Gefangenschaft in Ägypten. Er kehrte nach dem Krieg aus der Gefangenschaft zurück, erfuhr vom Tod seiner Mutter und der Geschwister. Er heiratete ein Mädchen, das seiner Mutter ähnlich sah, und auch er hatte fünf Töchter. Bei einem Flugzeugunfall kam er ums Leben.

In all den Jahren war der Frauenarzt Professor Walter Stoeckel aus Ostpreußen Magdas Arzt, Freund, Vertrauter.
In Berlin hieß es: »Operiert wird man von Sauerbruch, Kinder kriegt man bei Stoeckel.«
Professor Stoeckel hat Magda als eine seiner menschlichsten, sympathischsten Patientinnen bezeichnet.
Zum erstenmal kam sie nach der Scheidung von Quandt zu ihm. Sie hatte zwei Fehlgeburten hinter sich. Stoeckel operierte sie am 7. November 1931. Seitdem war er für Magda der liebe Gott.
Am 1. September 1932 hatte sie in Stoeckels Klinik, im Ida-Simon-Haus, die erste Tochter, Helga, geboren. Professor Stoeckel hatte selbst sieben Kinder, die Familien freundeten sich miteinander an, bei Goebbels in Schwanenwerder lernte Stoeckel Richard

Strauss und seine Frau, den Bergsteiger und Filmregisseur Luis Trenker kennen. Im Dezember 1932 veranstaltete Magda ein Essen für zwölf Personen, um Adolf Hitler mit dem berühmten Professor Stoeckel bekannt zu machen. Die Tischunterhaltung ging um moderne Ernährung – eines von Hitlers Lieblingsthemen. Stoeckel meinte, daß der Mensch ein pflanzenfressendes Tier sei und daß sich Männer leichter zur Rohkost entschließen würden als Frauen.

Als Hitler gefragt wurde, warum er nicht heirate und Kinder habe, sagte er: »Man kann seinem Volk auch ohne Söhne dienen – als Vater muß man ja immer fürchten, daß die Söhne von irgendeinem Vorfahren schlechte Eigenschaften geerbt haben.« Zu den Gästen gehörten auch der Preußenprinz August Wilhelm, der »Auwi« genannt wird, Frau von Dirksen, Frau des deutschen Botschafters in Moskau.

Stoeckel gewann sofort Hitlers Sympathie, dieser wandte sich ihm zu: »Sie sollten zu uns kommen, Herr Geheimrat! In die NSDAP eintreten.« »Als Arzt habe ich für alle Patienten dazusein, für die Kommunistenfrau und für die Frau des Nationalsozialisten! Ich kann keiner Partei angehören!«

Hitler trug ihm die Ablehnung nicht nach, er behandelte den großen Arzt mit Auszeichnung und schickte ihm sein Bild »In wirklicher Verehrung!«.

Im Januar 1933 erkrankte Magda nach einer Fehlgeburt an einer Sepsis, es stand schlecht um sie, sie lag in Stoeckels Klinik. Hitler besuchte die todkranke Magda in der Klinik.

Im März 1939 reiste Magda Goebbels nach Süditalien und Sizilien. Unter fremdem Namen schloß sie sich einer Reisegesellschaft an. Albert Speer lud sie dazu ein. Allein hätte sie wohl die Reise nicht unternommen.

Die Bildhauer Josef Thorak, Arno Breker reisten mit und Wilhelm Kreis, Herman Kaspar, Robert Frank mit ihren Frauen, auch Hitlers Begleitarzt Karl Brandt und seine Frau Anni.

Magda war liebenswürdig und bewunderte die Reste der Tempel

von Syrakus und Agrigent, Castel del Monte, das staufische wundervolle Jagdschloß Friedrichs II., Paestum, die ausgegrabene antike Welt in Pompeji. In Rom lud der italienische Propagandaminister Alfiere die illustre Reisegesellschaft in die Oper ein.
Während des Krieges besuchte Magda Goebbels Wien. Sie kam allein, wohnte im Hotel. Magda war krank, ihre Trigeminusschmerzen hatten sich verschlimmert, sie wollte zwei Chirurgen konsultieren. Doch beide Ärzte rieten von der Operation ab. Aber sie hatte sich noch etwas in Wien vorgenommen. Sie suchte ein Haus mit einem Garten, in dem sie – nach dem Krieg – mit den Kindern wohnen wollte. Sie sprach nicht vom Leben mit Joseph Goebbels. Sie suchte ein Haus für sich und die Kinder. Ich half ihr dabei. Wir fuhren zu dem theresianischen Schlößchen außerhalb Wiens, wir sahen uns Jugendstilvillen in Sievering an, aber Magda war zu krank, um sich entscheiden zu können. Sie hatte Depressionen. Von der Buchhandlung Krey ließ sie sich Bücher über den Buddhismus besorgen. Wiens Verlockungen bedeuteten ihr nichts. Sie sah nicht die Lipizzaner in der Hofreitschule, sie besuchte keines der Theater, sie lag im Hotelzimmer mit kalten Kompressen auf ihrem Gesicht. Magda war keine Lebenskünstlerin, die unzerstörbare Heiterkeit Wiens blieb ihr fremd. Der makabre Witz, der in Wien umging »genießt den Krieg, der Frieden wird fürchterlich«, war ihr unverständlich.

Den Tag des Attentats auf Hitler, den 20. Juli 1944, erlebte Magda im Sanatorium »Weißer Hirsch« in Dresden. Die Schmerzen der rechten Gesichtshälfte hatten sich verschlimmert. Sie suchte Heilung. Die Schwägerin Ello Quandt begleitete sie. Magda hörte Hitler sprechen, sie hörte ihren Mann im Rundfunk verkünden, daß die Revolte der Offiziere niedergeschlagen sei, daß der Krieg weitergehen würde. Goebbels wurde nun Reichskommissar für den gesamten Kriegseinsatz.
Er hämmerte den Verzweifelten ein, daß Rettung kommen würde, obwohl er selbst nicht mehr daran glaubte.

Magda dachte den Gedanken zu Ende. Den Gedanken, daß der Krieg nicht gewonnen werden konnte.

Die Wiener Chirurgen hatten die Gesichtsoperation abgelehnt, im August 1944 wurden die Schmerzen unerträglich, und Magda begab sich nach Breslau zu einem Spezialisten, der sie operierte. Sie lag in Breslau in der Klinik.

Hanke besuchte sie, und als Goebbels kam, gab Hanke dem Ehepaar Goebbels ein Essen im Breslauer Stadtschloß.

Nach der Operation in Breslau ging Magda zur Erholung in das Sanatorium »Weißer Hirsch« bei Dresden. Im Sanatorium lebte auch Ello Quandt, Schwägerin und Freundin aus vielen Jahren. Magda blieb im Winter 1944/45 in Berlin. Die Kinder waren in Lanke. Als sich im Februar 1945 die sowjetischen Truppen Lanke näherten, kamen die Kinder mit zwei Erzieherinnen nach Schwanenwerder, dort gab es die besseren Luftschutzkeller. Anfang März 1945 besuchte Magda die Freundin Ello im Sanatorium auf den Elbhöhen bei Dresden.

Magda fuhr im Lieferwagen einer Zigarettenfirma vor. Sie saß vorn neben dem Fahrer. Bei einem Tieffliegerangriff mußte sie zusammengekauert im Straßengraben liegen.

Als sie Ellos Zimmer erreichte, brach sie zusammen. Ello war krank, ihre Beine waren fast gelähmt, sie schilderte Magda das furchtbare Erleben des Untergangs der Stadt Dresden. Im »Weißen Hirsch« hatte sie am 13. Februar die Zerstörung der herrlichen Stadt erleben müssen. Das Sanatorium »Weißer Hirsch« wurde nicht getroffen, aber die Patienten erlebten das furchtbare Schauspiel der völligen Zerstörung von den Fenstern aus mit. Auch der Dichter Gerhart Hauptmann lebte bei Weidner im Sanatorium. In wenigen Stunden war Dresden ausgelöscht.

Mit allen Herrlichkeiten war auch die barocke Pracht des Dresdner Zwingers in die Glut gesunken. Noch drei Tage nach dem Angriff waren die Trümmer Dresdens vom Rauch verhüllt. Der Sturm, den die riesigen Brände entfesselt hatten, tobte um das Haus und rüttelte an den Fensterläden. Flüchtlinge aus der Stadt

kamen zu Hunderten ins Sanatorium. Ihre Gesichter waren grau, ihre Kleider zerfetzt und versengt. Sie konnten nicht mehr weinen.
Magda war gekommen, um der Freundin ihr Herz auszuschütten. Seit 25 Jahren kannte Ello ihr Schicksal. Sie hatte sie überglücklich und tief verzweifelt erlebt. Sie kannte jedes der Kinder. Als sich Magda nach dem Bruch mit Goebbels von ihm zurückzog, war Ello der einzige Mensch, dem sie sich anvertraute. Nur der Freundin konnte Magda den furchtbaren Entschluß, zu dem sie sich durchgerungen hatte, anvertrauen. Das Leben nach dem Krieg würde nicht mehr lebenswert sein, sagte Magda. »Wir werden uns töten«, sagte sie, »es gibt keinen anderen Ausweg. Ich habe so lange an Goebbels Seite gelebt, ich kann ihn jetzt, wo er vor den Trümmern seiner Lebensarbeit steht, nicht im Stich lassen.«
Auch Hitler konnte sie nicht allein lassen. Sie hatte an seine Idee geglaubt, nur hatte sich die Idee ganz anders entwickelt, als sie es gehofft hatte.
»Und die Kinder?« fragte Ello.
»Wir werden die Kinder mitnehmen.« Magda meinte, daß die Menschen nach dem Zusammenbruch die Kinder es büßen lassen würden, daß sie die Kinder von Goebbels waren. »Die Welt haßt Goebbels. Man wird an den Kindern Rache nehmen. Sie sind nicht für die Härten des Lebens erzogen. Sie haben nichts Schlechtes gesehen und getan. Sie sollen sterben, ehe sie das Bittere des Lebens erfahren haben. Sie sollen unschuldig sterben. Sie werden nichts spüren. Sie werden hinüberschlafen.«
Ello hörte fassungslos das Geständnis an.
Magda erschien ihr unheimlich, unmenschlich. Ello wollte sie zur Besinnung bringen, ihr klarmachen wie grausam, wie sinnlos dieses Opfer war. Sie bat Magda, die Kinder in den Süden in Sicherheit zu bringen. Sie erinnerte die Freundin, wie infam sie doch immer wieder von Goebbels getäuscht worden sei, wie hassenswert, wie unehrlich er ihr doch erschienen sei. Seinem Ehrgeiz wollte sie die Kinder opfern!

Magda erschien ihr wie unter einem Bann in einem Trancezustand, aus dem sie nicht zu wecken war. Aber Ello hatte nicht die Kraft, Magdas Wahnvorstellung zu zerstören.
Am nächsten Morgen trennten sich die beiden Frauen. Magda fuhr im Lieferwagen durch das zerfetzte Deutschland nach Berlin. Sie hatte noch zwei Monate zu leben. Ello sollte nach München flüchten.

Das Bild, das die Verbrüderung von Russen und Amerikanern an der Elbe zeigt, ist bekannt. Doch die Russen beanspruchten den alleinigen Sieg über die deutsche Hauptstadt für sich.
Sie hatten die Außengebiete Berlins überrannt, wollten die Reichskanzlei erobern und robbten sich langsam auf das Stadtzentrum vor. Das Hotel Kaiserhof, das der Reichskanzlei gegenüber lag, war schon 1943 ausgebrannt. Die Erstürmung der Reichskanzlei, die nun zum Festungswerk, zur Zitadelle wurde, war von Marschall Schukow für den 1. Mai befohlen, um damit Stalin die große Kriegsbeute zum »Kampftag der Arbeiterklasse« zu präsentieren. In Berlin spielte sich das Inferno der sterbenden Stadt ab. Tief unten, 15 Meter unter den Marmorfußböden der Reichskanzlei, bereitete man sich auf den Exodus vor, nur wenige planten den Ausbruch aus der unterirdischen Hölle.
Die Reichskanzlei wurde zum Sammelpunkt der rückflutenden Soldaten. Diplomaten, Zivilisten hatten sich hierher geflüchtet. Am 11. November 1940 hatte hier der Außenminister des Großdeutschen Reiches, Joachim von Ribbentrop, dem Außenminister der befreundeten Sowjetunion, Herrn Molotow, ein Essen gegeben.
Jetzt fand sich hier zum letztenmal alles zusammen, was auf den Schlachtplätzen Europas gefochten hatte. Die SS-Divisionen, Leibstandarte Adolf Hitler, Skandinavier der Panzergrenadier-Division Nordland, Letten der 15. Waffen-SS Grenadier Division, Franzosen der 33. Waffen Grenadier Division der SS Charlemagne, Spanier aus der blauen Divison, Hitlerjungen, blutjunge Ma-

rine-Kadetten, die zur Verteidigung in die Reichshauptstadt geflogen worden waren. Das Freicorps Hitler kämpfte außerhalb Berlins, es waren 120%ige Nationalsozialisten. Sie waren mit den Fahrrädern unterwegs. Das letzte Aufgebot der Reichskanzlei befehligte der letzte der Prätorianer, der tapfere SS-Generalmajor Wilhelm Mohnke, Hitler hatte ihn zum Befehlshaber der Zitadelle gemacht.

Täglich kamen, solange noch Areale erreichbar waren, Lastwagen mit Munition und Verpflegung.

Gänge, Flure und die riesige unterirdische Wagenhalle, in der noch Hitlers Wagenkolonne und Görings hellblauer Mercedes standen, waren nun von den Truppen des Kampfkommandos besetzt.

Auch Hitlers Arbeitszimmer war ausgeräumt, bis auf den riesigen Schreibtisch. Die Tischplatte war mit einer Intarsie verziert, die ein halb aus der Scheide gezogenes Schwert zeigte. Durch die bis auf den Boden reichenden Fenster konnte man in den alten Park schauen, in dem Hitler zwischen den verbrannten Bäumen mit den Goebbels-Kindern während der Gefechtspausen spazierenging.

Noch arbeiteten die Stadtwerke und versorgten das Gebäude mit Gas und Strom. In der Marmorgalerie waren Feldküchen installiert.

Arno Brekers überlebensgroße Bronzefiguren, die — Partei und Staat darstellend – links und rechts vom Portal des Ehrenhofes standen, wurden abmontiert und lagen im Flur.

Nun standen vor dem Portal der Funkwagen der Nachrichtenabteilung, außer den Telefonen letzte Verbindung zur Außenwelt.

In der Nacht vom 24. auf den 25. April konzentrierte sich schweres Artilleriefeuer auf die Reichskanzlei. Jeden Augenblick konnten die eingelagerten Munitionsdepots hochgehen. Hunderte von Kisten Munition lagerten hier.

Noch hielten Teile der Reichskanzlei. Die Schutzsuchenden, die hier eintrafen, berichteten, daß in den U-Bahn-Schächten bereits sowjetische Soldaten auftauchten.

Doch immer noch hoffte man auf ein glückbringendes Zeichen, auf die versprochene Wende.

An den Ruinenwänden der Berliner Häuser konnte man Inschriften lesen: »Die Stunde vor Sonnenaufgang ist die dunkelste Stunde – wir gehen zurück – aber wir siegen.«

In den großen Räumen hatte Professor Werner Haase ein Notlazarett eingerichtet. Professor Haase war bis 1936 Begleitarzt Hitlers, kehrte aber zur Chirurgie zurück. Nach ihm wurde Dr. Stumpfegger Begleitarzt.

Am 20. April war er nochmals in die Reichskanzlei gekommen, um Hitler zu seinem Geburtstag zu sehen. Hitler freute sich, ihn zu sehen, bat ihn zu bleiben. So übernahm Professor Haase das Revier. Haase war einer der besten Chirurgen Berlins, ein großer, freundlicher Mann. Die Verwundeten wurden von der Straße zu ihm hereingebracht. Haase operierte bis zur völligen Erschöpfung.

Zu ihm traf Professor Ernst-Günther Schenck; er sollte einen Lebensmittelvorrat für 6 Wochen für 3000 Mann anlegen. Als er einen Arzt im Notlazarett in den Kellerräumen operieren sah, bereitete er in stummem Einverständnis die Schwerstverletzten dem Chirurgen zur Operation vor. Schließlich riß sich der operierende Arzt die Schutzmaske von Nase und Mund, und die beiden Ärzte machten sich miteinander bekannt.

In diesen Tagen und Nächten kämpften sie gemeinsam verzweifelt um Menschenleben.

Es arbeiteten mit ihnen zwei Krankenschwestern aus dem Auguste-Victoria-Krankenhaus. Zwanzig BdM-Mädchen, die in der Reichskanzlei Schutz gesucht hatten, wurden als Krankenschwestern eingestellt.

Während man hier ums Leben kämpfte, bereitete man sich nebenan auf den Tod vor.

Am 20. April rief Magda vom Bunker aus ihre Mutter, Frau Behrend, in Schwanenwerder an und bat sie, die Kinder zu ihr zu bringen. Die Mutter wehrte sich gegen diese Bitte. Sie ahnte Schreckliches und wollte die Kinder nicht hergeben.

Doch Magda sagte, die Kinder sollten Hitler zum Geburtstag gratulieren. Frau Behrend mußte nachgeben und ließ schweren Herzens die Kinder nach Berlin fahren.
Die Kinder hatten ganz wenig Wäsche dabei. Jedes hatte ein Spielzeug mitnehmen dürfen.
So täuschte Magda ihre Mutter.
Jetzt lebten die Kinder im Bunker. Magda kochte für sie, wusch die Wäsche.
Zwischen den Gefechtspausen ging Hitler mit den Kindern zwischen den angebrannten Bäumen im alten Park spazieren, es waren die ersten milden Frühlingstage. Hitlers Schäferhündin Blondi hatte sechs Junge, die Kinder spielten mit den jungen Hunden. Heide, die jüngste der Goebbelstöchter, war vier Jahre alt und wurde von allen verwöhnt. Es waren schöne, intelligente, liebenswerte Kinder, die Menschen im Bunker wußten, warum man sie hierher gebracht hatte. Wenn sie in den Gängen der Bunkerwohnungen lachten und sprangen, mußten sich kampfgewohnte Soldaten abwenden, der Anblick der Kinder griff ihnen ans Herz.
Als die Fliegerin Hanna Reitsch mit Ritter von Greim in den Bunker kam, besuchte sie Magda. Sie spielte und sang mit den Kindern, brachte sie zu Bett und las ihnen Geschichten vor. Die Kinder schliefen in drei Doppelbetten. Der Begleitarzt, Professor Theo Morell, war am 22. April abgereist, er hatte die Zurückbleibenden mit Blausäure-Giftkapseln versorgt.
Doch immer noch bestand die Möglichkeit, die Kinder in Sicherheit zu bringen.
Hanna Reitsch hatte Magda gebeten, ihr die Kinder mitzugeben, wenn sie zum letztenmal aus der zerstörten Stadt herausflog. Doch Magda lehnte jedes Angebot zur Rettung der Kinder ab.
General Krebs, der sich wenig später auch im Bunker das Leben nehmen sollte, bot an, die Familie Goebbels im Panzerwagen aus Berlin herauszubringen, aber Goebbels antwortete nur: »Ich bin am Leben nicht mehr interessiert.« Goebbels meinte, wenn die Kinder am Leben blieben, würden sie den Russen in die Hände

fallen. Stalin würde sie zu Kommunisten drillen, und eines Tages würden sie – gegen die Eltern erzogen – ihre Eltern verdammen.
»Wenn Deutschland stirbt, hat es keinen Sinn zu leben. Es ist besser, wir nehmen sie mit.«
Albert Speer kam noch einmal in den Bunker. Goebbels erzählte ihm, daß seine Familie nur deshalb im Bunker wohne, um hier zu sterben.
Magda lag mit Herzanfällen im Bett. Speer ließ sie bitten, ihn zu empfangen.
Speer schilderte diesen Abschied:
»Ich hätte sie gern allein gesprochen, aber Goebbels wartete bereits in einem Vorraum und führte mich in die kleine Bunkerkammer, wo sie in einem einfachen Bett lag. Sie war bleich und sprach nur leise Belangloses, obwohl zu spüren war, daß sie unter dem Gedanken an die unvermeidlich näherrückende Stunde des gewaltsamen Todes ihrer Kinder litt. Goebbels blieb beharrlich an meiner Seite, so beschränkte sich das Gespräch auf ihren Zustand. Erst gegen Ende deutete sie an, was sie wirklich bewegte: ›Wie glücklich bin ich, daß wenigstens Harald am Leben ist.‹ Auch ich war gehemmt und fand kaum Worte – aber was konnte man in dieser Situation schon sagen? Wir verabschiedeten uns schweigend und befangen. Ihr Mann hatte uns nicht einmal einige Minuten des Abschiedes gegönnt.«
Inzwischen hatten die sowjetischen Truppen Lanke und Schwanenwerder überrannt und geplündert.
Noch einmal tauchte ein Rettungsplan auf: Staatssekretär Dr. Werner Neumann hatte den Plan, die Kinder während der chaotischen Zeit in einem großen Lastkahn zu verstecken, der in der Havel, in der Nähe von Schwanenwerder bereitlag. Auch Albert Speer hatte einen Vorschlag gemacht, die Kinder zu retten, wie er ja auch seine sechs Kinder in den Süden in Sicherheit brachte.
Am 22. April bat Hitler Magda, die Kinder dem Flugzeug anzuvertrauen, das in der Nacht zum 23. April vom Flughafen Gatow aus nach Bayern startete. Die Kinder sollten nach Hitlers Wunsch

nach Berchtesgaden gebracht, dort sollte die Entwicklung abgewartet werden. Noch am 26. April überlegte Goebbels, ob man doch Kinder und Frauen in der schwedischen Botschaft auf exterritorialem Boden unterbringen sollte, aber keiner der Rettungspläne wurde realisiert. Maria, Goebbels 12 Jahre jüngere Schwester, hatte im Januar 1945 ein Kind geboren. Sie liebte Magdas Kinder, kannte sie, sie beschwor Magda, die Kinder zu retten, aber Magda wollte nicht ein einziges der Kinder gerettet wissen. Alle sechs sollten sterben. Man war sich nur noch nicht klar, wie das Schreckliche geschehen sollte.

Man erzählte den Kindern, sie würden in den nächsten Tagen Berlin verlassen; um den Flug gut zu überstehen, würden sie eine Spritze bekommen. So wollte man sie auf eine Injektion vorbereiten, aber Hitlers Begleitarzt Dr. Stumpfegger riet, sie mit einem Schlaftrunk einzuschläfern und sie dann mit Blausäure zu töten.

Jetzt rückte die Todesstunde heran.

Die Kinder wurden von Magda gewaschen, im Obduktionsbefund, der später von den Russen erstellt wurde, war zu lesen, daß die Kinder hellblaue Nachthemden trugen.

Rochus Misch, einer der Telefonisten des Bunkers, sah die Kinder in der letzten Stunde ihres Lebens. Er schilderte James O'Donnell minutiös das Ende im Bunker:

Misch: »Es war nach meiner Erinnerung zwischen 17 und 18 Uhr, die genaue Zeit kann ich nicht mehr angeben.

Frau Goebbels, in einem grünen Kleid mit weißem Besatz, stand sehr blaß in dem Zimmer vor der Telefonzentrale, das auch als Waschraum diente. Frau Junge, Hitlers Sekretärin, hatte dort die Testamente getippt. Die Kinder saßen in ihren Nachthemden auf Stühlen, die kleinen auf dem Tisch.

Helga kamen die Tränen. Sie ahnte, was ihr bevorstand. Magda Goebbels kämmte sie alle sehr sorgfältig und liebkoste sie dabei, wie sie es wohl an jedem Abend tat. Dann zog sie sich mit den Kindern wieder in den Vorbunker zurück. Irgend jemand kam zu mir in den Vermittlungsraum – ich glaube, es war Dr. Naumann – und sagte: ›Stumpfegger wird ihnen gleich Bonbonwasser geben, sie müssen eben sterben.‹ Mir krampfte sich das Herz zusammen...«

Magda hatte sich ganz der buddhistischen Religion zugewandt, sie glaubte also an eine Auferstehung der Kinder, an eine neue Existenz, sonst hätte sie wohl nicht die Kraft gehabt selbst die Kinder zu töten. Es waren ihre Geschöpfe, und sie fand sich befugt, diese Leben wieder auszulöschen.

Magda führte exakt durch, was sie sich vorgenommen hatte. Sie brachte die Kinder zu Bett. Dann gab sie ihnen einen Schlaftrunk, möglicherweise Schlafmittel in Fruchtsaft aufgelöst.

Als die Kinder eingeschlummert waren, öffnete sie ihnen den Mund und schob ihnen eine Glasampulle mit Blausäure zwischen die Zähne, dann preßte sie die Zähne der Kinder zusammen. Blausäure wirkt augenblicklich.

Dr. Stumpfegger stellte den Tod der Kinder fest.

Nun begab sich Magda in die den Schlafzimmern gegenüberliegende Küche. Sie kochte Kaffee und sprach mit Bormann und Artur Axmann, dem Reichsjugendführer; sie und Joseph Goebbels verabschiedeten sich von der Bunkerbesatzung, vom Chefpiloten Hans Bauer, von Kempten, von den Sekretärinnen, Botschafter Hewel, von Werner Naumann.

Goebbels' Ministerium, das »Promi« am Wilhelmsplatz, arbeitete noch im Keller, als letzte Dienststelle in Berlin bis zur letzten Stunde. Bis zur letzten Minute telefonierte Goebbels mit seinen Mitarbeitern.

Der Starkommentator Dr. Hans Fritzsche (»hier spricht Hans Fritzsche«) des Deutschen Rundfunks schrieb, während sich sein Chef Joseph Goebbels auf den Tod vorbereitete, einen Brief an Marschall Schukow, in dem er die Kapitulation Berlins anbot.

Der Dolmetscher Junius vom Deutschen Nachrichtenbüro und der Regierungsrat Hermersdorf sollten das Schreiben Generaloberst Tschuikow übergeben. (Später führten die Russen Dr. Fritzsche zu den Leichen von Goebbels und seiner Frau. Fritzsche konnte Dr. Goebbels und seine Frau noch genau erkennen. Dann wurde Fritzsche nach Moskau in die Bartyka gebracht und erschien erst wieder als Hauptangeklagter im Nürnberger Prozeß. Da sein Chef tot war, sollte er für ihn aussagen.)

Goebbels bat den Großadmiral Dönitz, der Hitlers Nachfolger werden sollte, über die letzten Tage in der Reichskanzlei und im Bunker zu berichten: »Sagen Sie, daß wir nicht nur verstanden haben zu leben und zu kämpfen, sondern daß wir auch zu sterben wußten.«

Zwischendurch ging Magda zu den toten Kindern. Als sich Mohnke verabschiedete, meldete er militärisch: »Herr Reichsminister, wir brechen jetzt aus, ich möchte mich von Ihnen verabschieden.« Goebbels legte einen Arm um Mohnkes Hals: »Lieber Mohnke, machen Sie's gut.« Als sich Mohnke zu Frau Goebbels wendete, sagte sie leise: »Unsere Kinder sind schon kleine Engel, wir folgen ihnen jetzt nach.« In der Hand hielt sie eine Giftampulle, die sie nun von der rechten Hand in die linke nahm. Mohnke verabschiedete sich von Magda mit einem Handkuß.

Goebbels hatte seinem Adjutanten, dem SS-Hauptsturmbannführer Günther Schwägermann, das Versprechen abgenommen, seine und die Leiche seiner Frau zu verbrennen. Schwägermann erfüllte den letzten schaurigen Dienst an seinem Herrn. Goebbels' Fahrer Rach besorgte das zur Verbrennung nötige Benzin. Er wandte sich dazu an Cheftechniker Hentschel. Hentschel gab Rach zwei volle Kanister.

Die Leichen des Ehepaars Goebbels wurden mit Benzin übergossen und angezündet. Naumann und Schwägermann überwachten, wie versprochen, die Einäscherung.

Aber zwei Kanister Benzin reichten nicht aus, zwei Menschen zu verbrennen. Als sich Naumann und Schwägermann vom Brandplatz entfernten, um den Ausbruch zu wagen, züngelten noch kleine Flammen an den Leichen. Sie blieben im verwüsteten Garten liegen. So wurden sie von den Russen gefunden.

Warum hat Magda die Kinder getötet? Weil sie sie mitnehmen

wollte. Sie hat sich nicht aus Liebe zu ihrem Mann ums Leben gebracht. Sie war von Goebbels zu oft, zu maßlos enttäuscht worden. Sie hielt die Fiktion einer Ehe nur aufrecht, weil sie es Hitler versprochen hatte.

Ich vermute, sie hat ihre Liebe Hitler zugewandt, er hat an ihrem Schicksal Anteil genommen, die Beziehung zu Hitler hat sich in dem Maß verstärkt, als die Bindung zu Goebbels abnahm. Eigentlich waren beide einsam und unglücklich. Jetzt da das Leben dem Ende zuging, wurde es ihnen ganz bewußt, daß nur sie sich gegenseitig verstanden. Vielleicht hat sich Magda in diesen Wochen, in denen Berlin starb, an das Versprechen erinnert, das sie vor Jahren Dr. Wagener gab – immer für Hitler da zu sein, auch in extremen Situationen.

Sie war konsequent, fanatisch. Hitler war für sie die Inkarnation all dessen, was sie liebte.

Jetzt brauchte er sie. Sollte sie ihn jetzt allein lassen, um selbst in ein ungewisses Schicksal zu stürzen?

Magda hat einen Brief an den Sohn Harald der Fliegerin Hanna Reitsch mitgegeben. Der Brief gelangte in Haralds Hände, darin stand:

»Das Leben, das nach Hitler kommt, wird nicht lebenswert sein.«

Also legte sie das Leben weg. Die Kinder starben nach Hitlers Tod. Mit Hitlers Tod war der Krieg zu Ende. Die Kinder starben als sinnlose Opfer.

Hans Carossa schreibt in »Ungleiche Welten«: »Dachte ich an die Begegnung mit Goebbels zurück, so war jedenfalls zwischen dort und hier (in Wien) ein großer atmosphärischer Unterschied, und dies lag nicht nur an den Männern, sondern auch an der Art der Frauen. Den Propagandaminister hatte Infernoluft umgeben; wer sich ihm näherte, blieb nicht ganz frei von jenem Grauen, mit dem man eine Hochspannungsanlage betritt, wo auf dem Warnungsschildchen steht: Vorsicht! Lebensgefahr!, und seine sanft blik kende Frau war weder seelenhaft noch geistig genug, um die schwergeladene Umwölkung auch nur aufzulichten. Sie fühlte sich geborgen im Bann der dunklen Geister, die ihr Leben über die Abgründe trugen. Jenseits dieses Machtkreises begann für sie das Nichts, und als er später zusammenstürzte, fiel ihr nicht ein, sich nach einem andern umzusehen, sondern sie stürzte samt ihren Kindern freiwillig mit.«

Nach Hitlers und Goebbels' Tod schwand langsam der Bann, der über dem Bunker lag. Unter Mohnkes Führung gelang einigen der Ausbruch.

Einige töteten sich selbst, auch Botschafter Hewel, heiterster Mann an Hitlers Tafelrunde. Er erschoß sich, in der Hand hielt er eine Fotografie seiner Frau. Professor Ernst-Günther Schenck kam in ein Gefangenenlager in Sibirien und kehrte erst nach vielen Jahren zurück.

Professor Haase starb in der Lubljanka, dem berüchtigten Gefängnis in Moskau.

In der Zelle neben ihm lebte die junge Kathi Heussermann. Sie war Assistentin von Hitlers Zahnarzt Dr. Blaschke. Die Sowjets holten sie, damit sie Hitlers Zahnersatz identifizierte. Sie kam in ein sibirisches Lager und kehrte nach vielen Jahren nach Deutschland zurück.

Goebbels' Schwester Maria war mit dem Filmregisseur Kimmich verheiratet. Sie flüchtete mit dem Kind, dem verwundeten Mann und der 76jährigen Mutter Katharina Goebbels aus dem umkämpften Berlin nach Bayern. Goebbels' tiefreligiöse Mutter erfuhr die Nachricht vom Tod ihres Sohnes und ihrer Enkelkinder durchs Radio.

IX.

Eva Braun

Am 20. April 1945 wurde Hitlers 56. Geburtstag, sein letzter, gefeiert, fünfzehn Meter unter der Erde, im Bunker der Reichskanzlei, nicht oben in den hohen Marmorhallen, die für ein Fest wie geschaffen waren, nein, tief unten.
Eva war die erste, die gratulierte, dann folgten die Feldmarschälle Dönitz und Göring.
Als hätten sich die Sowjets das Datum ausgesucht, setzten um Mitternacht die Großangriffe der Russen ein. Nun wurden alle Flugzeuge zum Abtransport der Frauen und Kinder eingesetzt. Hitler stellte allen Mitarbeitern frei, Berlin zu verlassen. Auch Stenografen, Sekretärinnen, Mitarbeiter und Hitlers Arzt, Professor Morell, verließen die verlorene Stadt.
Die ersten russischen Granaten waren schon im Garten der Reichskanzlei eingeschlagen, doch immer noch lebte die Stadt unter dem Bombenhagel. Durch das Dröhnen der Geschosse gingen die Männer und Frauen Berlins zur Arbeitsstätte – jeden Tag.
Am 16. März 1945 war Hitler ein letztes Mal mit seinem Fahrer Kempka an die Front gefahren. Er sprach mit Offizieren, mit Frauen und Soldaten. Immer noch wirkte seine Persönlichkeit, immer noch hofften die Menschen, daß er ihnen Rettung bringe, immer noch umringten sie seinen Wagen und versuchten, seine Hände zu fassen, wenn er anhielt. Doch auf der Heimfahrt sprach er kein Wort. Er wußte, daß es die letzte Fahrt seines Lebens war. Sein Haar war grau, sein Gesicht verfallen, mühsam bewegte er sich. In nichts mehr glich er dem Hitler, der Europa bezwungen hatte.

Eva Braun befand sich auf dem Berghof. Noch hatten keine Angriffe auf den Obersalzberg stattgefunden. Hitler hatte Eva dringend abgeraten, nach Berlin zu kommen, aber nun mißachtete sie seinen Befehl, auf keinen Fall den Berghof zu verlassen. Sie flog in der ersten Hälfte des April nach Berlin. Hitler bat und bedrängte sie, doch wieder zum Berghof zurückzukehren, aber sie gehorchte nicht. Sie blieb im Bunker. Auch Speers Angebot, sie könne in seinem Kurierflugzeug einen Platz bekommen, lehnte sie ab.
Für die Anwesenden brachte sie die Gewißheit mit, den Bunker nicht mehr lebend verlassen zu können. Der Todesengel war eingeflogen, und alle wußten es.
Eva hat sich nie um Politik gekümmert, weder im Guten noch im Bösen hat sie ihre nahe Verbindung zu Hitler benutzt. Wenn man ihr einen tragischen Fall schilderte, um ihre Fürsprache zu erbitten, legte sie wie der Erzengel den Finger auf die Lippen, um zu zeigen, daß sie nicht bereit sei, eine Bitte weiterzugeben. Sie hat nicht intrigiert, sie war an allem unbeteiligt. Aber nun, in ihren letzten Lebenstagen zog das Schicksal den Vorhang weg, der alles bisher so gnädig verhüllt hatte, sie erlebte die grausame Wirklichkeit. Erlebte, wie Himmler Hitler verriet, wie die Generäle und Armeen dem übermächtigen Druck weichen mußten, wie die heiß erwartete Armee des Generals Wenk, von der sich Hitler die letzte mögliche Rettung versprach, ausblieb.
Am 15. April 1945 schrieb Eva Braun einen letzten Brief an ihre Schwester: »Jeden Tag und jede Stunde erwarten wir das Ende, aber wir werden nicht lebend in die Hände des Feindes fallen.« Die letzten Ordonnanzen nahmen den Brief mit nach München. Doch ein furchtbares Erlebnis stand Eva noch bevor.
Evas jüngere Schwester Gretl hatte im Mai des vorigen Jahres den General der Waffen-SS, Hermann Fegelein, geheiratet, einen schlanken, jungen Offizier, einen in internationalen Sportkreisen bekannten Rennreiter. Trotz des Krieges hatte man damals eine festliche Hochzeit oben auf dem Kehlstein veranstaltet. Wenn es auch für Eva bitter war, daß nun die jüngere Schwester vor ihr hei-

ratete, so war es doch ein Trost, daß Hitler die Hochzeit zu einer Art Familienfest machte und selbst dazu erschien. Man hatte damals Musik gemacht, getanzt und für ein paar Stunden den Krieg vergessen. Nun, im April 1945, sollte Gretls Kind auf die Welt kommen.

Ihr Mann war als Adjutant bei Hitler im Bunker. Fegelein wußte, daß seine Frau nur den einen Wunsch hatte, daß er bei ihr war. Er sah den Zusammenbruch klar vor sich. Er bat Hitler, ihn nach München zu entlassen. Hitler lehnte ab, er wollte keine Ausnahme machen. Aber der Rennreiter Fegelein war gewohnt, Hindernisse zu nehmen, er wollte nicht mit Hitler sinnlos hier untergehen. Sein Optimismus bäumte sich gegen die Selbstmordstimmung im Bunker auf. Er sah nicht ein, warum für ihn das Leben zu Ende sein sollte. Er beschaffte sich Zivilkleider, versuchte Eva zu überreden, mit ihm nach dem Süden zu fliehen.

Entrüstet lehnte Eva ab, sie forderte Fegelein auf, zu Hitler zurückzukehren.

Fegelein überlegte, wie er sich retten konnte. Hitler befahl Fegelein zu sich. Fegelein wurde im Bunker nicht gefunden, er war in seiner Privatwohnung Bleibtreustr. 4 in der Nähe des Kurfürstendamms. Am 27. April rief ihn dort SS-Brigadeführer Rottenhuber an.

Fegelein meldete sich, er war betrunken, er konnte in diesem Zustand nicht antreten.

Hitlers Adjutant Günsche schickte ein Kommando in die Bleibtreustraße. Fegelein versprach, zu kommen, sobald er nüchtern war. Fegelein kam nicht. Nun erschien Kriminalrat Högl mit Offizieren in Fegeleins Wohnung.

Inzwischen war Fegelein in Zivil, bei ihm war eine Frau. Högl brachte den noch immer betrunkenen Fegelein in die Reichskanzlei. Högl stellte einen Koffer sicher, in dem sich über hunderttausend Mark, dazu Schweizer Franken, Schmuck und Gold befanden. Fegelein hatte fliehen wollen.

Als Hitler der Fall vorgetragen wurde, ließ er seinen Schwager

zum SS-Mann degradieren und ein Kriegsgerichtsverfahren vorbereiten.
Fegelein konnte der Verhandlung nicht folgen, er war zu betrunken. Er wurde vom Gestapochef Heinrich Müller verhört. Hitler hatte befohlen, ihn scharf zu vernehmen. Fahnenflucht galt als erwiesen, nun ging es noch um Verrat im direkten Sinne des Wortes. Man hielt die bei Fegelein angetroffene Frau für eine englische Agentin.
Hitler lehnte Fegeleins Wunsch, ihn zu einem Gespräch zu empfangen, ab.
Eva Braun wollte das Leben ihres Schwagers retten, sie hatte keinen Erfolg.
Am Abend des 28. April verbreitete Radio Stockholm die Reutermeldung, daß Himmler mit den Westmächten in Kapitulationsverhandlungen eingetreten sei. Hitler wußte also, daß Himmler ihn verraten hatte, nun gab es auch keine Rettung für Fegelein, den Vertreter Himmlers.
Hitler gab Rottenhuber den Befehl, Fegelein erschießen zu lassen. Um 11 Uhr nachts wurde Fegelein von Angehörigen des Reichssicherheitsdienstes im Ehrenhof der Reichskanzlei erschossen.
In der Apokalypse des Endes war Fegeleins Tod nur eines der vielen Schicksale.
Eva hatte nur einen Wunsch, nachdem man ihr Hermanns Tod gemeldet hatte: Ihre Schwester sollte nie erfahren, daß Hitler Fegeleins Bitte, am Leben bleiben zu dürfen, abgelehnt hatte. Gretl sollte glauben, er sei im Kampf um Berlin gefallen. Aber Gretl erfuhr doch die volle Wahrheit.

Am 30. April 1945 wurde Hitlers Tod über alle Sender der Welt verkündet. Der Radiosprecher machte eine Pause, als glaube er selber nicht, was er nun zu sagen hatte – dann fuhr er fort: »Vor seinem Tod hat Hitler Eva Braun geheiratet, sie ging mit ihm in den Tod.«

Millionen Menschen hielten die Meldung für eine alliierte Lüge, aber es war die reine Wahrheit. Kurz vor dem Zusammenbruch des Großdeutschen Reiches fand im Bunker der Reichskanzlei in Berlin eine gespenstische Hochzeit statt. Mit einem aus dem brennenden Berlin herbeigeholten Standesbeamten, mit Trauzeugen, Dokumenten, bei denen sich Eva in der Aufregung verschrieb, mit dem ganzen bürgerlichen Zeremoniell, das zu einer Hochzeit gehört. Die in die Bunkerunterwelt dringende »Musik« der Stalinorgel ersetzte den Hochzeitsmarsch.

Eva hatte also ihren Kopf durchgesetzt und Hitler geheiratet. Für ein paar Stunden war sie Eva Hitler. Wie aber begann diese tragische Liebesgeschichte?

In München wohnte in den zwanziger Jahren der Zeichenlehrer Fritz Braun mit seiner Frau und drei Töchtern, Ilse, Gretl und Eva. Die mittlere Tochter Eva (sie wurde am 6. Februar 1912 geboren) besuchte das Internat der Katholischen Klosterschule in Simbach, Marienhöhe, am Inn. Als die Ausbildung beendet war, suchte der Vater für Eva eine Lehrstelle.

Der Fotograf Heinrich Hoffmann hatte in der Schellingstraße seine Werkstätten. Hier wurden Porträtaufnahmen gemacht, Bilder entwickelt, Vergrößerungen hergestellt, Zeitschriften redigiert, die wichtigsten Bilder des Tages lagen da und wurden an die Redaktionen verschickt.

Im Parterre des Hauses befand sich, wie ich schon berichtet habe, das weltberühmte Café Stefanie.

Nun, in den frühen dreißiger Jahren saß hier Hitler mit seinen Leuten in den roten Samtnischen, auch er bestellte Kaffee, der immer mit einem Glas Wasser serviert wurde, dazu die Blätterteighörnchen, die man Kissinger nennt.

Vater Fritz Braun suchte also für seine Tochter Eva eine Lehrstelle. Fotografie war ein aufstrebender Erwerbszweig mit vielen Möglichkeiten. Braun kam zu meinem Vater und fragte nach einer Lehrstelle für Eva. Vater sagte, das Mädchen möge kommen und sich vorstellen. Am nächsten morgen kam Eva, sie gefiel und wurde angenommen. Sie hatte hellblonde kurzgeschnittene Haare, blaue Augen und obwohl sie in einem katholischen Kloster erzogen worden war, hatte sie sich weibliche Tricks angeeignet: einen verwirrenden Blick und einen wippenden Gang, der die Männer veranlaßte, sich umzudrehen. Schnell verwandelte sie sich in das damals gefragte süße Mädel.

Hugo Männer, einer der Fotografen, hatte sie oft fotografiert, sie war Modell als Neger, als Apache, als »Al Jolson«, und einmal saß sie als lachender Nackedei zwischen Leitzordnern auf einem Schreibtisch.

So habe ich Eva schon als junges Mädchen gekannt, jede von uns hatte ein Rad und oft sind wir die Leopoldstraße hinuntergeradelt zum Ungererbad. Wir schwammen im eiskalten Mariensee und tauchten unter dem Wasserfall, den es damals noch gab, hindurch. Eva sprang vom Drei-Meter-Brett in elegantem Bogen ins Wasser und konnte auf den Händen laufen. Sie besuchte Tanztourneen und bekam einen Preis.

Als Hitler Eva kennenlernte, fiel sie ihm nicht besonders auf. Auch sie bekam, wie ich, von ihm Theaterkarten, und sie dankte mit einem Knicks. Hitler war damals schon ein Begriff. Er hatte die erste historische Begegnung mit Mussolini gehabt, die Welt interessierte sich für ihn, und wo die Menschen auf der Straße seinen Wagen erkannten, liefen sie zu ihm, um ihn zu sehen. Hitler imponierte ihr. Die Zeitungen berichteten über ihn. Er hatte einen schwarzen Mercedes, einen Schäferhund und einen Chauffeur und konnte, wenn er wollte, so reizende Komplimente machen: »Darf ich Sie in die Oper einladen, Fräulein Eva? Sehen Sie, ich bin immer von Männern umgeben, da weiß ich das Glück zu schätzen, mit einer Frau zusammen zu sein.« Eva hatte Geduld; eine Wahrsagerin hatte ihr gesagt, daß sie »einmal weltberühmt« werden würde.

Hitler kannte alle Mitarbeiter Hoffmanns, die Reporter und die Mädchen, die im Labor arbeiteten, und interessierte sich für ihr Leben. Einmal hörte er aus der Dunkelkammer eine wundervolle

Stimme ein Lied singen. Er bat, die Sängerin sehen zu dürfen. Es war Anna Hünn, sie war sehr groß und schlank, das rote Haar trug sie aufgesteckt, und in ihrem weißen Mantel stand sie scheu vor Hitler. Er war immer auf der Suche nach Stimmen, die er ausbilden lassen konnte, er wußte, wie gering der Nachwuchs an kostbaren Stimmen war. Anna Hünn hielt er für ein Naturtalent. Er förderte ihre Ausbildung, bezahlte ihre Gesangsstunden und sah sie vorausschauend schon auf den Brettern des Bayreuther Festspielhauses. Aber Anna Hünn verliebte sich, bekam ein Kind, heiratete und vergaß ihre großen Pläne. Auch Eva sang, sie sang die Lieder, die in der Luft lagen, Lieder von Bert Brecht. »Soldaten wohnen auf den Kanonen.«

Hitler saß im Bürostuhl und hörte geduldig zu. Hitler kaufte oft morgens zwei Theaterkarten, wobei er die Oper bevorzugte, denn er meinte: »Wenn es auch ein schwerer Tag wird, wenn man enttäuscht wird oder wenn man kämpfen muß – man weiß, der Abend wird schön – man hat ja eine Versicherung – die Musik. Solche Freuden muß man sich durch Tricks verschaffen.«

Kam ihm etwas dazwischen, verschenkte er die Karten.

Eva hatte damals ein Verhältnis mit einem jüdischen Medizinstudenten. Sein Bild befand sich noch in ihrem Fotoalbum, als es in die Hände der Amerikaner fiel: Ein junger Mann in Knickerbokkern.

Auch Geli kam in die Fotowerkstätten. Sie sah sich in dem gleichen hohen Spiegel, in dem sich Eva jeden Morgen bewunderte. Aber Geli war Oper, Eva war Operette.

Geli war für Hitler lebensnotwendig, Eva nannte er »ein Tschapperl«, das ist ein österreichischer Ausdruck für ein kleines Dummerchen. Da erschoß sich Geli in Hitlers Wohnung. Damit verwandelte sie Hitlers Leben, nicht nur sein Privatleben.

Mit Gelis Tod war vorläufig das weibliche Element aus Hitlers Leben verschwunden, die liebenswürdig mahnende Stimme verstummte.

Hitler war allein.

Darin sah Eva ihre Chance.
Sie schrieb Hitler kleine Briefe, in denen sie ihr Mitgefühl für Hitlers verzweifelte Seelenlage ausdrückte, und schmuggelte diese Liebesbriefe in die Tasche seines Trenchcoats, der, ihr leicht erreichbar, am Garderobenhaken hing. Hitler mußte diese Zettel in der Tasche fühlen. Natürlich las er sie.
Ein Mensch kann nicht immer traurig sein, sein Selbsterhaltungstrieb ist stärker, und schließlich wird der Schmerz sanfter. Und nun schrieb ihm ein junges Mädchen, daß es teilhaben möchte an seinem Schicksal, daß es sein größter Wunsch sei, mit ihm in die Oper zu gehen. Es schmeichelte ihm. Und Hitler, der so mißtrauisch war, der sich jeden Schritt hundertmal überlegte, der keinen persönlichen Freund hatte, mit dem er sich besprechen konnte – er verband sich mit Eva Braun, dem »Tschapperl«.
Ein paar Wochen nach der Geli-Tragödie, also im Winter 1931/32 lud er sie in den »Troubadour« ein, und damit begann eine Liebesaffäre, für die sich eines Tages die ganze Welt interessierte.
Die Möglichkeiten eines prominenten Mannes, der sich ungesehen vom Scheinwerferlicht der Presse ein illegales Liebesleben aufbauen will, sind sehr gering. 1931 war das noch schwieriger als heute, und für Hitler war es fast unmöglich.
In Hitlers Wohnung herrschte nach Gelis Tod Frau Winter, die sehr streng auf gute Sitten achtete. Hitler mußte also vorgehen wie ein Gymnasiast, der ein Mädchen in der elterlichen Wohnung mit aufs Zimmer nimmt. Er mußte Theaterkarten für Frau Winter und ihren Mann besorgen, um in der Wohnung ein Schäferstündchen mit Eva ungestört genießen zu können.
Und auch wenn er Eva im Wagen an ihre Haustür zurückbrachte, mußte er wie ein erfolgloser Liebhaber nach einem flüchtigen Kuß im Dunkel des Hauseingangs wieder abziehen, denn Eva hatte strenge Eltern, die über ihre Tochter wachten.
Der Liebhaber mußte sich wohl oder übel in seine Rolle fügen. Er, der von Zehntausenden umjubelt wurde, der Menschen zur Begeisterung hinriß und vor dem Fanatismus seiner Anhänger flie-

hen mußte, war zu Heimlichkeiten und kleinen Intrigen gezwungen. Da bot sich der Obersalzberg als Ausweiche an. Er nahm Eva zu den Wochenendfahrten nach Berchtesgaden mit. Das fiel nicht weiter auf, er nahm immer Mädchen mit.

Hitlers Schwester Angela führte den Haushalt im Haus Wachenfeld. Gelis jüngere Schwester Friedl lebte mit der Mutter im Haus.

Friedl war nicht so vital, nicht so ansprechend wie Geli, aber eigentlich war sie die liebenswürdigere. Als Angela, die eben die geliebte Tochter Geli so tragisch und eigentlich durch Hitlers Schuld verloren hatte, bemerkte, daß Hitlers Beziehung zu Eva weit über den üblichen Flirt hinausging, verließ sie mit Friedl das Haus und ließ Hitler mit dem Haushalt allein. (Später hat Angela Raubal den Dresdner Professor Hamitzsch geheiratet.)

Hitler mußte sich eine neue Betreuerin für Haus Wachenfeld suchen. Er fand sie in Elsa, einer erstklassigen Kellnerin seines Stammlokals »Osteria«. Er spannte Elsa dem Wirt Deutelmoser aus, bezahlte ihr ein hohes Gehalt und sorgte für ihre lediggeborene Tochter.

Nun also konnte Eva auf dem Obersalzberg Fuß fassen. Als später aus dem Haus Wachenfeld der »Berghof« wurde, baute man für sie eine kleine Wohnung ein.

Zurück ins Jahr 1932. Hitler wollte in vielen verschiedenen Welten leben, so war er wie ein Familienmitglied in den Münchner Familien Hanfstaengl, Bruckmann, Troost, Hoffmann ganz aufgenommen. Er kannte die Kinder und die Dienstboten, feierte Kindergeburtstage mit. Wenn ich meine Freundinnen zu einem Faschingsfest eingeladen hatte, kam er zum Schluß auch und schaute sich alles an.

Nun schalteten sich auch die Eltern Braun ein. Ein Vater, der drei unverheiratete Töchter hat, macht sich Sorgen, wie er seine Mädchen unter die Haube bringt. Der Lehrer Fritz Braun war kein Parteimitglied, aber er hatte den Weg des Politikers Hitler verfolgt, er sah eine Chance für sein Lieblingskind. Er hatte sich einen Plan zurechtgelegt, er wußte, daß Hitler auf seiner Fahrt zum Obersalzberg im Gasthof Lambach Rast machte. Dort würde er ihn erwarten und ihn in aller Form darauf aufmerksam machen, daß die Ehre, die Sicherheit, die Zukunft seiner Tochter auf dem Spiel stehe, wenn sie mit Hitler auf seinem Berghof lebte. Braun traf Hitler tatsächlich. Die Unterhaltung fand in einem Nebenzimmer des alten Gasthofes statt. Es gibt jedoch keine Zeugen für das Gespräch, das Hitler als »das unangenehmste seines Lebens« bezeichnet hat.

Das Ergebnis war günstig. Eva erhielt ein kleines Haus in München, Wasserburgstr. 12, und eine monatliche Summe, die ihr ein normales Leben garantierte. Heiraten würde Hitler nicht, das erklärte er Herrn Braun klipp und klar. So war also Eva eine bequeme Geliebte, ohne Widerspruchsgeist. Sie würde nicht intrigieren, sie würde ihn nicht mit einem Rivalen betrügen und – das war sehr wichtig – Eva wollte keine Kinder. Denn der Gedanke, Nachkommen zu haben, war für Hitler erschreckend. Hitler wollte keine persönlichen Bindungen, auch nicht die Bindung zu einer einzigen Frau, und sei sie noch so wundervoll, er wollte in vielen Welten leben. Überall hatte er Refugien, in denen er sich wohl fühlte, und überall gab es Frauen, die er einladen konnte.

Im Jahre 1938 flog Hitler alles zu. Innere und äußere Erfolge, Triumph und Ruhm! Auch die große Italienreise, die das Band Deutschland–Italien für ewige Zeiten festigen sollte, fand im Mai 1938 statt.

Diese monumentale Schau durfte Eva mit Schwestern und Frau Morell inkognito mitmachen. Auch die Ministerfrauen reisten nach Italien. Schon wochenlang vorher waren die Damen mit der Reisegarderobe beschäftigt, mehr noch die männlichen Italienbesucher. Denn zu diesem grandiosen Ereignis gehörten zuallererst Uniformen. Die Mitglieder des Auswärtigen Amtes sollten in Admirals-Uniformen erscheinen, Benno von Arent, Hitlers Bühnenbildner, entwarf die Uniformen, und die Teilnehmer der Reise verbrachten eine Menge Zeit bei den besten Berliner Schneidern zur Anprobe. Frau von Ribbentrop begutachtete die Prachtuniformen. Der dunkelblaue Tagesanzug hatte goldene Knöpfe, Ärmelstreifen und für feierliche Angelegenheiten silberne Fangschnüre, dazu Feldbinde und einen reizenden kleinen Dekorationsdolch, ferner einen nachtblauen Galafrack, dessen Aufschläge bei den höheren Chargen so reich mit silbergesticktem Eichenlaub geschmückt waren, daß er von Hitlers klugem und witzigem Dolmetscher Dr. Schmidt mit dem Stichwort »Menschen hinter Blättern« belegt wurde. Hinzu kam ein Diplomatendegen, den man, im Gegensatz zum militärischen Degen, den man an der Garderobe abgab, auch in geschlossenen Räumen, z. B. bei Banketten, nicht ablegte, da er fest anmontiert war. Hitlers Dolmetscher Dr. Paul Schmidt und der Dolmetscher Mussolinis, Dr. Eugen Dollmann, begleiteten den Zug der fünfhundert Personen. Es war die halbe Reichsregierung, die da in drei Sonderzügen nach Italien fuhr. Von denen, die jeder Sache eine heitere Seite abgewannen, wurde das Unternehmen der »Einfall nach Italien« genannt.

Der Vertreter des Königs von Italien, der Herzog von Pistoia, begrüßte die deutsche Abordnung mit ebenso bunten und prachtvollen Uniformen. Die ganze Strecke hindurch bis nach Rom wurden die deutschen Reisenden mit brausendem Jubel begrüßt. In Rom hatte man einen eigenen Bahnhof errichtet, König Viktor Emanuel erschien mit Mussolini und großartigem Gefolge. In vierspännigen Prunkkutschen fuhren die Gäste durch Roms nächtliche Straßen. Es ging an der Pyramide des Cestius vorbei, und Fürst Colonna, der Gouverneur von Rom, hieß sie am alten Stadttor von Rom willkommen. Mussolini hatte die alte Prachtstraße zu einer wahren Via Triumphalis erweitert. Leuchtfontänen erhellten die Szene bis zum Fuß des Palatin. Mit bengalischem Feuer war das Kolosseum erleuchtet. Die Fahrt ging weiter durch den Triumphbogen Konstantins, zu beiden Seiten erleuchteten Feuer aus riesigen Pfannen auf Pylonen die Straße taghell. Es war eine sommerlich milde Nacht. Der Beifallsjubel der Römer kannte

keine Grenzen. Hitler wohnte im Königsschloß, seine Begleitung in den feudalen Hotels von Rom. Niemand wurde enttäuscht, die römischen Imperatoren hätten den großartigen Besuch nicht besser planen und durchführen können.
Eva erlebte diesen Triumph als Zuschauerin. Sie und ihre Begleiterinnen fuhren dann mit einer Polizei-Eskorte von Rom nach Neapel, von einem Adjutanten begleitet. Von einem Luxusdampfer aus betrachtete sie durch ein Zeissglas die Flottenmanöver. Sie sah hundert U-Boote auf einmal in den Fluten verschwinden und nach einigen Minuten wieder auftauchen und Schüsse abfeuern. Hitler, Mussolini und der italienische König befanden sich dabei auf dem Schlachtschiff Cavour.
Eva stand auf dem Dampfer zwischen Herzoginnen und Fürstinnen, und die römische Gesellschaft zerbrach sich den Kopf, wer wohl das blonde Mädchen war, das ununterbrochen mit seiner Schmalfilmkamera filmte. Auch die Festaufführung von Verdis »Aida« im Theatro Carlo in Neapel sah Eva. Als Mussolini erfuhr, daß Hitlers Geliebte die Reise mitmachte, ließ er Eva Braun einen kostbaren kleinen Krokodillederkoffer mit allen möglichen Toilettengegenständen überbringen.
Eva besaß eine Schmalfilmkamera, bei Hoffmann hatte sie gelernt, damit umzugehen. So filmte sie, was sie außer den offiziellen Begebenheiten in Rom und Neapel noch sah. Im Herbst führte sie ihre Filme in der Berghof-Halle vor. »Jetzt siehst du das richtige Italien«, sagte sie zu Hitler. So sah er Capri und die Villa des Tiberius, die braungebrannten Mädchen Italiens und das Grabmal des Theoderich in Ravenna.
Auch auf dem Berghof filmte Eva. Nach dem Krieg wurden mit ihren Filmen ausgezeichnete Geschäfte gemacht. Daß diese Filme erhalten blieben, war dem Umstand zu verdanken, daß Eva sie nicht mit nach Berlin genommen hatte. Denn alle persönlichen Dinge und Dokumente aus Evas Besitz, die sich in Berlin befanden, wurden vernichtet. Aber die Filme waren auf dem Berghof und wurden vor Kriegsende mit vielen anderen Dokumenten und

Gegenständen in Kisten verladen und in die Villa Reale nach Bozen gebracht. Sie bildeten einen kleinen Teil der berühmten, oft gesuchten »Schätze des Dritten Reiches«. Dort standen die Kisten bis zum 13. Mai 1945. Dann begannen neue Transporte und Plünderungen. Jahre später tauchten die Filme in der Schweiz auf und wurden in Spielfilme mit erfundener Handlung eingeblendet. So blieben seltsame Dokumente erhalten, denn Eva filmte, was ihr in den Weg kam, eine Zensur war nicht zu befürchten.

Einmal reiste Eva nach Stockholm, besah sich den lustigen Betrieb im Tivoli und kaufte mit ihren Freundinnen Souvenirs. Hitler wollte ihr einen Kriminalbeamten zum Schutz mitgeben, aber sie lehnte ab: »Mich kennt niemand, wer sollte mir was tun.«

Eva war nie Mitglied einer Parteiorganisation. Sie dachte kaum darüber nach, was der Mann, mit dem sie lebte, im Sinn hatte, vielleicht war er ihr unheimlich. Sie kannte nur eine Seite von Hitlers facettenreichem Wesen.

Hitler hat sie auch nicht um Rat gefragt, als er sich überlegte, ob er ein so gewagtes Bild wie Paduas »Leda mit dem Schwan« dem Publikum zumuten konnte. Er fragte nicht Eva, sondern Frau Gerdy Troost, Innenarchitektin, Witwe des Architekten vom Haus der Kunst in München.

So lebte Eva neben Hitler auf dem Berghof, griff nicht in die Unterhaltung ein, stellte keine Fragen außer der, welcher Film am Abend vorgeführt würde. Sie hatte keine ausgefallenen Wünsche, ein Geschenk für sie machte Hitler geringes Kopfzerbrechen, er ließ so etwas durch Bormann erledigen: mittelmäßiger Schmuck, ein unauffälliges Gemälde.

Hitler hatte ein Standardgeschenk für Künstlerinnen und Diplomatenfrauen. Es war die Kopie eines orientalischen Kästchens, gold mit blau-grünen Emaille-Bildchen eingelegt; drückte man auf einen Knopf, den man erst durch geschicktes Suchen fand, sprang aus dem Deckel ein winziger goldener Vogel, schlug mit den Flügeln, zwitscherte eine kleine Melodie und verschwand nach der kleinen Vorstellung so geheimnisvoll, wie er erschienen war. Sicher hatten sich schon seit Jahrhunderten Haremsfrauen an dem Spielzeug erfreut. Hitler ließ es von einem Goldschmied herstellen, und auch Eva besaß eines der arabischen Zauberkästchen.

Auch in Hitlers Berliner Reichskanzlei hatte Eva eine kleine Wohnung, aber sie mußte die Hintertreppe benutzen. Sie nahm an keinem der großen Empfänge in der Reichskanzlei teil, die Marmorsäle mit den kostbaren Gobelins sah sie nie im Glanz der Gäste, obwohl es ihr großen Spaß gemacht hätte, ihre großen Abendkleider zu zeigen und die Komplimente der Menschen zu hören.

Erschien ihr Gesicht wirklich einmal auf einer Fotografie neben Hitler, so erhielt das Bild auf der Rückseite den Stempel »Veröffentlichung verboten«.

So empfand sie allmählich ihr Leben als das einer gedemütigten Geliebten. Sie war zornig und gekränkt, daß Hitler sie nicht mehr beachtete. Sie wußte, daß er nicht in der Liebe zu ihr die Welt vergessen würde. Sie begriff, daß ihm das Jubeln der Massen immer kostbarer sein würde als ihre Liebesworte, daß seine wahre Geliebte immer die Macht blieb.

Doch sie hatte jede Möglichkeit, sich zu bilden. Auf dem Berghof befanden sich die modernsten Treibhäuser, sie hätte Pflanzen züchten können, aber in ihrem Zimmer befand sich immer nur ein trauriges Alpenveilchen. Sie hätte sich jedes Buch der Welt beschaffen können, aber sie las nur Romane. Sie hatte die modernsten Filmkameras, aber sie filmte fast nur ihre Schwestern, nie ist sie aus dem engen Bereich der Familie, der Freundinnen ausgebrochen. Sie brauchte nur eine halbe Stunde zu fahren und war in einer der schönsten Städte der Welt, in Salzburg, und wenn sie weiter gefahren wäre, wäre sie in Wien gewesen und hätte die großartigsten Theateraufführungen sehen können, aber diese Dinge bedeuteten ihr nichts. Sie saß da und wartete, und das Leben rauschte vorbei.

So konnte sie auch Hitler nichts geben, keine Anregung, die seine Isolierung durchbrochen hätte. Sie hätte eine Aufgabe gehabt, die

Aufgabe einer Frau, die neben einem so schwierigen, mißtrauischen Mann lebte. Sie hätte ihn menschlicher, aufgeschlossener machen können.

Wenn ich Hitler auf dem Berghof besuchte, traf ich auch Eva Braun. Alles Äußere an ihr war perfekt. Sie zog sich mehrmals am Tag um, die Frisöse kam und frisierte sie. Aber wenn es interessant wurde, wenn Gäste eintrafen, blieb Eva unsichtbar, das war eine der Abmachungen zwischen ihr und Hitler. Hitler dachte nicht daran, sie zu ändern. Als z. B. der Herzog und die Herzogin von Windsor ihren historischen Teebesuch bei Hitler am Obersalzberg absolvierten, mußte Eva verschwinden. Sie fuhr nach Berchtesgaden, ging zum Friseur und kam erst wieder, als das Herzogspaar sich entfernt hatte. Eva wußte, daß der Herzog seiner Frau zuliebe auf den englischen Thron verzichtet hatte. Hitler würde ihr zuliebe auf nichts verzichten, das wußte sie auch. Die kluge Herzogin gewann Hitlers ganze Sympathie.

»Sie wäre eine gute Königin geworden«, sagte er, als die Gäste sein Haus verlassen hatten. Als Eva erfuhr, daß die Herzogin in Berlin nach einem Fest, das der Außenminister Joachim von Ribbentrop ihr zu Ehren im Restaurant »Horcher« gab, sich mit der Frau von Gustaf Gründgens, Marianne Hoppe, unterhalten habe, meinte sie nur verbittert: »Und mit mir hat sie nicht gesprochen!«

Das alles nahm sie schließlich ergeben hin, sie klammerte sich an Hitlers persönliche Zukunftsvision. Nach dem Krieg würde er sich zur Ruhe setzen, in einem nach seinen Plänen erbauten Haus in Linz würde er leben, mit ihr, von Linz aus könnte er die Arbeit seines Nachfolgers kontrollieren. Dann war nicht mehr Deutschland »seine Geliebte«, dann, ja dann hätte er Zeit für sie. Eva tat, was alle liebenden Frauen tun. Sie wartete und vergaß ihr eigenes Leben. Im Krieg unternahm sie keine Reisen, also blieben ihr nur die Berghofabende mit dem knisternden Kaminfeuer. Waren neue Filme eingetroffen, war der Abend gerettet. Manchmal fiel Hitler ein Film ein, den er vor Jahren gesehen hatte und wiedersehen wollte. Elefantenboy, Bengali, Metropolis oder Alraune mit Bri-

gitte Helm – sie war eine seiner Favoritinnen. Er hat den Prozeß gegen Brigitte Helm, wegen eines tödlich verlaufenen Autounglücks, niederschlagen lassen. Manchmal kam der Zauberer Kalanag, der eigentlich ein großer Film-Mann war, und zauberte, er zersägte seine schöne Frau und verblüffte Hitler und seine Gäste.
Einmal brachte ich ein großes Tuck Puzzle-Spiel mit. Der ganze große Tisch war mit den kleinen Teilen bedeckt, auch Hitler spielte mit und suchte die passenden Stücke zusammen; bis lang nach Mitternacht saßen wir zusammen, bis das Bild fertig war: eine Pferdekutsche, in die ein kleiner Junge einsteigt – »David Copperfield on his way to school.«
Ich sah Eva Braun zum letzten Mal auch bei einem Besuch auf dem Berghof. Sie lud mich ein, auf ihr Zimmer zu kommen, sie wollte mir ihre Kleider zeigen. Ich kannte so ziemlich alle Räume des Berghofs, das große gemütliche Gästezimmer mit dem Kachelofen, den getäfelten Wänden, in die kleine Spitzweggemälde eingelassen waren, die Bibliothek, aber Evas Wohnung kannte ich noch nicht. Ich war enttäuscht. Eine Einrichtung wie aus einer mittleren Fremdenpension, tiefe Sessel mit bäuerlichem Stoff bezogen, Keramiktöpfe und Blumen, Wandschränke mit Enzian bemalt, ganze Jahrgänge von Filmzeitschriften. Sie ließ sich die Kleider der Filmstars kopieren, kannte die Sternzeichen, unter denen sie geboren waren, nahm Anteil an ihrem Schicksal. Aber was war in den vielen Ordnern auf dem Regal? Eva arbeitete wie ein Archivar. Über jedes Kleid, über jeden Mantel wurde eine Akte angelegt, wo es gekauft wurde, welchen Preis es hatte, dabei lag eine Skizze des Modells sowie eine Bemerkung über Schuhe, Tasche, Schmuck, Handschuhe, die dazu getragen wurden. Auf jedem Blatt klebte ein Stückchen Stoff des Modells. Eine unglaubliche, sinnlose Fleißarbeit. Stasi und Negus, die beiden Terrier, saßen links und rechts von Eva. Sie rauchte hastig und nervös, wie immer, wenn sie wußte, daß Hitler nicht in der Nähe war.
Sie hatte eine Wohnung in der Berliner Reichskanzlei, ein Haus in der Wasserburger Straße in München und die kleine Wohnung im

Berghof. Ihr Leben war ohne Sorgen, sie hatte weder Vater noch Bruder, noch einen Mann an der Front, ihr Geliebter war der mächtigste Mann Europas. Jeden Abend um 10 Uhr schrillte das Telefon, und Hitler fragte, wie es ihr ginge. Aber ihr Leben war ohne Kampf, sie spielte nicht das Spiel des Lebens. Sie hatte sich ihr Los ertrotzt, erzwungen, aber glücklich war sie nicht. Zudem erfuhr sie jetzt mehr und mehr vom Leid der Welt: Die Männer von Evas Schulfreundinnen fielen, die jungen Ordonnanzen, die sich von ihr vor dem Fronteinsatz verabschiedet hatten und denen sie zum Abschied Armbanduhren schenkte, kehrten nicht zurück. Wurde Eva in der Stadt vom Fliegeralarm überrascht und mußte sie schnell in einem öffentlichen Luftschutzkeller Unterschlupf suchen, hörte sie, was die gequälten Menschen über den Krieg dachten. Das alles veränderte sie. Das süße Mädel wurde bitter.
Mich bedrückte die ganze Umgebung, und ich sagte, was ich eigentlich gar nicht sagen wollte: »Eva, was machst du, wenn der Krieg zu Ende geht?« »Zu Ende? Du meinst, wenn wir den Krieg verlieren?« Sie sah mich mit traurigen Augen unter den getuschten Wimpern an. »Dann werde ich mit ihm sterben«, sagte sie ganz ruhig, holte eine Flasche Cognac aus dem Wandschrank und stellte Gläser vor uns hin. »Ich weiß, was uns bevorsteht, wenn wir den Krieg verlieren«, sagte sie.
»Es wird nicht schwer für dich sein, ins Ausland zu gehen«, meinte ich. »Da du ja auf keiner offiziellen Fotografie erscheinst, kennt man dein Gesicht nicht. Du kannst mit falschem Namen und echten Devisen irgendwo untertauchen, in Spanien oder Portugal!
»Nie – nie würde ich das tun«, rief sie und sprang auf. Sie sah mich eindringlich an. »Meinst du, ich lasse ihn allein sterben? Ich bleibe bei ihm, bis zum letzten Augenblick, ich habe mir das genau überlegt. Niemand kann mich davon zurückhalten.« Darauf konnte ich nichts antworten. Eva erwartete auch keine Antwort. Endlich hatte ihr Leben, ihr Warten einen Sinn, ein Ziel. In den Jahren der Macht hatte sie unbeachtet neben Hitler gelebt, nur der engste Kreis der Mitarbeiter kannte ihren Namen. Nie hatte sie an Hitlers

Tafel gesessen, nie an seiner Seite gestanden, wenn er die berühmten Gäste empfing, nie erschien ihr Bild in einer Zeitschrift. Sie hatte kein Kind, nichts würde an sie erinnern, nach ihrem Tode würde sie vergessen sein. Aber sie würde ihm wenigstens im Tode Gefährtin sein können.

Sie hatte es selbst erlebt, wie sich sein Gesicht verklärte, wenn er von Winifred Wagner sprach, sie wußte, daß er Lenis Anmut und Intelligenz weit höher schätzte als ihre Eigenschaften. Sie kannte seine Sympathie für Edda Ciano, für die Herzogin von Windsor. Aber nun, den Untergang vor Augen, war er allein, jetzt hatte er nur sie. Nun endlich konnte sie, sichtbar für alle, neben ihm stehen.

Auch Eva kannte die Reutermeldung, wonach Claretta mit Benito Mussolini starb. Die ganze Welt erfuhr von diesem Liebesdrama, sie sollte auch von ihrem Liebestod erfahren. Um aber das zu erreichen, mußte sie sich in Hitlers Tod drängen, so wie sich 1889 die Comteß Mary Vetsera in den Tod des österreichisch-ungarischen Kronprinzen Rudolph gedrängt hatte, so wie sich Claretta Petacci in Mussolinis Tod gedrängt hatte.

Für Hitler war der selbstgewählte Tod ein Akt der Selbstbefreiung aus einer ausweglosen Situation. Er bewunderte die germanischen Feldherrn, die sich nach verlorener Schlacht in ihr Schwert stürzten, und die germanischen Frauen, die sich selbst das Leben nahmen, um der Knechtschaft zu entgehen. Er hat den Tod seiner Nichte Geli erlebt und den mißglückten Selbstmord seiner englischen Freundin Unity. Er hat den Selbstmord von seinem Freund Ernst Röhm gefordert und ihm die Waffe in die Gefängniszelle geschickt. Er hat General Paulus in Rußland zum Selbstmord bringen wollen und Rommels Freitod erzwungen. Nun stand ihm selbst der Tod durch eigene Hand als einziger Ausweg vor Augen. Aber der Tod war für ihn eine Angelegenheit, die man allein erledigen mußte. Er hielt sich an Wagners Wort – »gestorben wird einsam«.

Doch nun kam, weder ersehnt noch erwünscht, ungerufen, Eva

Braun im Bunker an. Sie wollte mit Hitler sterben. Aber hier war keine Tristan-und-Isolde-Stimmung, keine Verschmelzung in Lust. Hier war nur Tragödie und Untergang.

X.

Henriette von Schirach

Ich weiß nicht mehr genau, ob ich volle neun Jahre alt war, als ich Hitler kennenlernte. Mein Vater war der Fotograf Hoffmann, sein Atelier lag in der Schellingstraße, über dem berühmten »Café Größenwahn«, dem Treffpunkt von Literaten und Künstlern. Knut Hamsun war hier gesessen und hatte an seiner »Victoria« geschrieben sowie Henrik Ibsen an seiner »Nora«.

Während der Revolution trafen sich hier auch die Revoluzzer, entwarfen ihre Flugblätter und Zeitschriften, spielten Billard oder warteten, bis ein Schachspiel frei war. Dann, in den zwanziger Jahren, kam Hitler mit seinen Leuten. Auch er saß in den kleinen Kabinen mit den samtenen Plüschbänken, auch er griff nach den täglich frischen Zeitschriften, die an einem leichten Bambushalter befestigt waren. Wer ihn treffen wollte, wußte, daß er hier verkehrte.

Damals ging ich noch zur Schule. Manchmal wurde ich mit einem Telegramm oder sonst einer wichtigen Botschaft zu meinem Vater ins Café geschickt. Meistens traf ich ihn beim Billardspielen. Auch ich genoß die unvergleichliche Duftmischung aus Kaffee, Vanille und guten Zigarren und empfand das blitzende Bufett, die wohlfrisierten Kellnerinnen in Schwarz mit den weißen Schürzen, die Torten hinter Glasvitrinen wie einen Feenpalast.

Das Messing blitzte nicht mehr so hell wie vor dem Krieg, die Marmortischchen waren durch das viele Zeichnen zerkratzt, der Oberkellner Anton und auch der Piccolo fehlten, der rote Plüsch war abgewetzt, aber immer noch war es ein Paradies, es war ein Ort der Begegnung, wie wir ihn heute nicht mehr haben. Oscar Wilde

hat gesagt, als man ihn fragte, wie man am besten der Kunst dienen könne: »Gründet Caféhäuser!«
Unten also war das sagenhafte Caféhaus und oben die Fotowerkstätten. Hier geschah alles, was mit Fotografie zu tun hatte, man konnte sich aufnehmen lassen oder eine Kamera kaufen; die Reporter brachten ihre Filme zum Entwickeln; auf einer ungeheuerlichen Maschine, wie ich nie wieder eine gesehen habe, wurden Postkarten hergestellt; in einem Raum wurde retouchiert, und in den dunklen Räumen, den »Dunkelkammern«, wurde bei einem roten Lämpchen entwickelt. Alles, was mit Fotografie zu tun hatte, geschah hier.
Mein Vater brachte immer den Menschen, der ihn interessierte, mit nach Hause. So auch den jungen Hitler. Ich traf ihn eines Tages. Als ich ihm die Hand gab und ihn begrüßte, sagte mein Vater: »Mach einen Knicks!« Und dann fragte Hitler mich etwas, was mich überhaupt noch kein Mensch gefragt hatte: »Was liest du denn?« Da holte ich sofort meine Bücher herbei, ich habe damals sehr viel gelesen, nur Ritter- und Heldengeschichten, von einem, der auszog, das Fürchten zu lernen, von Robinson Crusoe, von 1001 Nacht, von dem, der da auf der Planke im Meer schwimmt. Da sagte er: »Von den Griechen weißt du überhaupt nichts?«
Ich habe mir mal eine Liste über alle Bücher gemacht, die er mir geschenkt hat, z.B. »Benvenuto Cellinis Leben«, von Goethe übersetzt. Dieses Buch hat er mir geschenkt, als ich vielleicht zwölf oder dreizehn Jahre alt war. Er kontrollierte mich später, ob ich es wirklich gelesen hatte.
Dann schenkte ich ihm 25 Jahre lang, solange kannte ich ihn ja, immer wieder Bücher, natürlich auch Schallplatten. Was sollte man ihm sonst schenken! Ich schenkte ihm von Orff die ganze »Carmina Burana«, die bei uns in Wien uraufgeführt wurde.
Hitler kam jeden Nachmittag zu uns. Mein Vater schlief, er mußte sehr früh aufstehen, und ich mußte im Zimmer nebenan Klavier üben. Hitler klingelte einmal, und ich machte ihm auf. Er setzte sich an unseren riesigen Arbeitstisch (mein Vater hat Illustrierten-

beilagen gemacht, er war Fotograf bei A-Press). Hitler schaute alles durch, es war für ihn ein großes Vergnügen. Ich übte derweil auf dem Klavier und bemerkte: »Klavierspielen ist einfach das Langweiligste auf der Welt.« Er erschrak fast und sagte: »Das darfst du nie mehr sagen.« Dann nahm er einen Hocker, setzte sich neben mich an das Klavier und spielte die »Annenpolka« von Strauß. Er hatte ja Klavierunterricht gehabt. Ich fing gleich an zu tanzen. Er wollte jedoch nicht, daß ich tanzte, und sagte: »Du mußt zuhören.« Dann spielte er mir das Allerschönste vor und erzählte danach die Geschichte der Nibelungen, die Sage vom Schatz am Grunde des Rheins, von den Rheintöchtern und vom Zwergkönig Alberich. Ich gab kein Urteil über sein Spiel ab, ob es schlecht oder gut war, ich fand es einfach wundervoll. Schließlich fragte er: »Was kennst du denn an Musik?«

Er nahm mich also ganz ernst, obwohl ich noch ein Kind war. Es gab für ihn nichts Schöneres – das hat er oft gesagt –, als einen Menschen zu erziehen. Nachdem er mir vorgespielt hatte, kam mein Vater zu uns und sagte: »Wir zwei gehen jetzt weg ins Caféhaus.« Ich wollte Hitler festhalten, aber er machte sich frei und schlug mir vor: »Weißt du was, wir machen jetzt einen Vertrag, ich komme jetzt jeden Tag, und während ich lese, übst du, und dann spiele ich dir etwas vor.« So verbrachten wir den ganzen Winter. Dann nahm er mich mit nach Bayreuth, damals war ich vielleicht zwölf Jahre alt. Da habe ich den »Parsifal« und den ganzen »Ring« gesehen.

Hitler spielte mir gegenüber nie eine Vaterrolle. Er behandelte mich wie einen Kameraden, absolut gleichwertig und überhaupt nicht überheblich – nie mit erhobenem Zeigefinger. Er sah zum Beispiel einmal, wie schlecht meine Schulbücher waren, und bemerkte nur beiläufig: »Na, da mußt du eben viel anderes lesen.« Im Zeichenunterricht mußten wir einen Küchenhocker in der Perspektive zeichnen. Ich kriegte das nicht hin. Er lachte nur und sagte: »Du kannst doch Tiere zeichnen, das ist viel besser!« Ich hatte ziemlich viel freie Zeit und machte ihm jede Woche eine

»Zeitung«. Ich hatte zugesehen, wie mein Vater lauter »Zeitungen« machte. Da schnitt ich Bilder und Texte aus und klebte sie zu Zeitungen zusammen. So stellte ich z. B. interessante Tiernamen, etwa wie die Tiere von Kaiser Maximilian hießen, seine Hunde, sein Papagei und sein Falke, oder auch Automarken zusammen und machte daraus ein buntes Blatt für Adolf Hitler. Er war ein guter Spielpartner für mich.

Ich erinnere mich an eine andere Szene:

Wir hatten geringes Taschengeld. Hitler sagte, er kenne die Kinder der Reichen, er wolle nicht, daß wir undankbar würden. – Als ich ein Kind war, hatte ich, wie die meisten Kinder, ein Sparschwein, das man allen Familienmitgliedern vor die Nase hielt, um Münzen zu erhalten. Meines stammte von der Auer Dult, aus braunem Ton mit aufgemalten weißen Kringeln an der Seite und einem Schlitz auf dem Rücken. Nun hielt auch ich es allen Bekannten hin und klapperte mit der Beute, und auch Hitler wurde nicht verschont. Aber er reagierte ganz anders, er sagte: »Schämst du dich nicht, mit so einem dummen Schwein herumzubetteln?« Ich sagte, daß ich das Geld brauchte, um mir Tiere zu kaufen. Aber er hatte mir den Spaß an dem Schweinchen verdorben. Ich ging auf den Balkon und zerschlug es mit einem Hammer.

Ich kannte einige Zimmer in München, die Hitler bewohnte, auch die engen, ganz miserabel möblierten Buden in der Thierschstraße, in der Schleißheimer Straße, da mich mein Vater überallhin mitnahm.

Besonders aber erinnere ich mich an das Zimmer in der Thierschstraße. Damals kamen wir nach einem Regensturm im offenen Wagen an. Das Auto durfte nie geschlossen werden, und so nahm Hitler meinen Vater und mich mit hinauf in sein Zimmer. Er gab mir ein Handtuch, damit ich meine langen, nassen Haare trockenrubbeln konnte. An einer leeren Schreibtischecke bereitete er Tee. Er hatte eine alte, weißblaue Teekanne, Tassen aus verschiedenen, sicher längst verschollenen Servicen. Alles war sehr primitiv, und doch wärmte er die Kanne an und benahm sich feierlich wie ein japanischer Teemeister. Aus einer Blechdose holte er Zwieback, und der Tee war dunkel und duftend. Ich durfte mir alle Bücher, die herumstanden, ansehen. Eines ist mir noch in Erinnerung. Eigentlich war es eine Broschüre mit schlechten Illustrationen nach frühen Fotografien. Als Autor war Sir Galahad genannt, hinter dem Pseudonym verbarg sich eine Frau Berta Diener. Das Buch hatte eine dynamische Wirkung, es zeigte die faszinierenden Reste des Palastes von Knossos auf der griechischen Insel Kreta.

Viele Jahre später, als ich selbst zwischen den Ruinen des Palastes herumstöberte und die »wohlgeglätteten Wannen«, die schon Homer beschrieb, selbst berühren konnte, kam mir der Gedanke, daß vielleicht – bewußt oder unbewußt – die Bauten des Minos auf Kreta Hitler beeinflußt haben, auf dem grünen Berghang des Obersalzbergs einen ebenso gigantischen Palast mit breiten flachen Treppen aus edlem Stein anzulegen.

Ein Ereignis auf einer Silvesterfeier hat mich tief beeindruckt. Anfang der zwanziger Jahre war eine Silvesterfeier in einer Münchner Privatwohnung eine großartige Angelegenheit. Es war keine Party, es war ein Fest.

Seit Weihnachten wurde vorbereitet. Die großen Doppeltüren, die die Zimmer verbanden, wurden ausgehängt und in den Keller gestellt, so daß die vier Zimmer aussahen, als wären sie ein kleiner Saal. Die Lampen wurden mit rotem Seidenpapier umwickelt, um Haremsstimmung vorzutäuschen, die Teppiche hatte man zusammengerollt, um Tanzflächen zu schaffen.

Schachteln mit farbigen Papierschlangen wurden gekauft, Kartons mit kleinen Bleifiguren, die innen geheimnisvolle Sprüche hatten und um Mitternacht verteilt wurden, genau um Schlag Zwölf, wenn draußen die Böller und Raketen losgingen, wurden sie geöffnet. In Zinnlöffeln wurden Figürchen geschmolzen und in Schüsseln mit Wasser gekippt, und nun entstand ein kleines, zackiges bleiernes Wunderwerk, aus dem man die Zukunft herauslesen konnte. – Es gab Türkenmützen mit schwarzen Quasten für die älteren Herren, Matrosenmützen für die jungen Mädchen.

Es kamen Maler, Zeitungsleute, Fotografen, der alte Herr Holzweißig, der so meisterhafte Schmetterlinge malte, die böhmischen Tarockfreunde, der italienische Schnitzer Graputo, der die Bilderrahmen aus den Uffizien kopierte, der Prager Glasbläser Neeb, der in seinem kleinen elektrischen Brennofen in der Georgenstraße die fein geblasenen Gläser brannte und der nach Hitlers Entwürfen Stehlampen anfertigte. Er hatte es so fein eingerichtet, daß der Stiel seiner Gläser einen feinen Bogen hatte. Außerdem waren die Gläser in zarten Farben getönt. Er ließ niemanden sein Geheimnis wissen, aber da ich die kleineren Finger hatte, durfte ich die Gläser, wenn sie abgekühlt waren, herausnehmen. Dann gravierte sie Neeb sorgfältig mit seinem Namenszug. Hitler hat einmal einen Satz dieser Gläser gekauft.
Es kamen auch wunderschöne Mädchen mit engen Kappen auf kurzem Haar und langen Zigarettenspitzen, Modelle, die mein Vater fotografierte. Manche brachten Schallplatten mit toller, nagelneuer Musik mit. Wir hatten ein blaues Koffergrammophon, das man mit einer Kurbel aufzog. Man kann sich vorstellen, daß sich alles auf den Höhepunkt, das neue Jahr, zubewegte.
Die Wohnung war mit Illexsträußen geschmückt, und im Türrahmen zwischen zwei Zimmern hing ein großer wilder Busch Misteln mit den schimmernden Beeren. Dieser Mistelbusch wurde Hitler zum Verhängnis. Aber noch ahnte er nichts. Er kam wie die anderen Gäste, sah auch die Marzipanschweinchen und die vorbereiteten Wiener Würstchen, trank ein Glas von dem duftenden Punsch, um sich zu erwärmen. Er war damals 34 Jahre alt, schlank, und amüsierte sich über die Veränderung der vertrauten Räume, und genau unter dem Mistelbusch blieb er stehen. Nun ist es ein alter Brauch, daß man denjenigen, der unter einem Mistelbusch steht, küssen darf. Das wußte Hitler nicht. Aber Else sah es. Else war eines der schönsten Mädchen mit einem Kleid mit goldenen Fransen und den ersten Seidenstrümpfen. Zielbewußt ging sie auf den jungen Hitler zu, der sie ahnungslos betrachtete. Sie umarmte ihn und küßte ihn zärtlich auf den Mund. Die Umstehenden sahen zu. Sie

fanden es sehr lustig, daß Hitler, den damals schon jeder kannte und über den es keine Liebesaffären zu berichten gab, so offen geküßt wurde.

Es wäre nun das Natürlichste gewesen, wenn er das Mädchen wieder geküßt hätte, aber das tat er nicht. Als sie von ihm abließ, sah er sie ernst an, wandte sich um und holte seinen Trenchcoat. (Hitler besaß keinen Wintermantel, er sagte, ein Pullover und schnelles Gehen ersetze einen dicken Mantel.) Er nahm den schwarzen Hut und ging ohne Gruß in die Nacht hinaus.

Mein Vater lief ihm nach und wollte ihn zurückholen. Er wußte ja, daß Hitler nun durch die Kälte bis zu seinem Zimmer nahe der Isar laufen würde. Er hatte das kleine Fest eigentlich für ihn veranstaltet. Aber Zärtlichkeit in aller Öffentlichkeit – das war für den schüchternen Mann unerträglich.

Die Schüchternheit und Scheu des kühnen Revolutionärs, wo es um die Beziehung zu Mädchen und Frauen ging, läßt auch eine andere Szene erkennen, die ich mit ihm erlebte. Es gab eine Gesellschaft bei uns. Die Gäste verabschiedeten sich, mein Vater ging mit, ich blieb zurück.

»Vergiß nicht, ›Wiski‹ rauszuführen« – ›Wiski‹ war ein Terrier, ein Geschenk von Göring. Ich vergaß es nicht. Dann ging ich schlafen, aber wenig später klingelte es. Raus aus dem Bett und an die Tür, sicher hatte Vater etwas vergessen.

Aber es war Herr Hitler.

»Ich habe meine Peitsche vergessen.«

Ja, da hing sie am Garderobenhaken, die kurze, lederne Peitsche, die gleichzeitig Hundeleine war. Hundeleine und Talisman. Ich gab sie ihm. Er stand auf dem kleinen Vorplatz auf dem roten Teppich. An den Wänden hingen Zeichnungen aus dem Simplizissimus, Originale von Ringelnatz.

Herr Hitler trug den englischen Trenchcoat und hielt seinen grauen Veloursḥut in der Hand. Und nun sagte er etwas, das gar nicht zu ihm paßte; und er sagte es ganz ernst: »Wollen Sie mich nicht küssen?«

Er sagte Sie.
Was für eine Vorstellung: Herrn Hitler küssen!
Ich mochte ihn gern, denn er war für meine Ideen zu haben, auch half er mir, wenn ich bei Vater etwas erreichen wollte, zum Beispiel Tennisstunden oder Skilaufen mit den Müller-Töchtern (Müller und Sohn, Verlag des »Völkischen Beobachters«). Aber küssen? »Nein, bitte, wirklich nicht, Herr Hitler, es ist mir unmöglich!« Er sagte gar nichts, klopfte mit der Peitsche auf seine Handfläche und ging ganz langsam die Stufen zur Eingangstür hinunter. Der Türöffner surrte.
Viel später kam Vater. Wieder sprang ich an die Tür, als ich seine Schlüssel hörte.
»Vater, Herr Hitler war noch mal hier, er hatte seine Peitsche vergessen, und stell dir vor, wie komisch, er wollte mich küssen!«
Vater fand das gar nicht komisch. Er starrte mich an und zweifelte am Geschmack seines Führers. Da stand ich, in meinem Flanellnachthemd, die Haare zu kleinen abstehenden Zöpfchen geflochten.
»Dich küssen, einen Fratz mit einer Schweineschwänzchenfrisur! Du bildest dir wohl Schwachheiten ein.« Und je länger er mich ansah, desto ärgerlicher wurde er. »Du sprichst zu keinem Menschen darüber, verstanden? Und du vergißt das ganze, verstanden? Und nun marsch ins Bett!«
Das war alles...
Im Jahre 1937 fand die Ausstellung »Entartete Kunst« in München statt. Im Gebäude am Hofgarten, an der Galeriestraße neben dem alten Kunstverein. Die Ausstellung war kostenlos, und an manchen Tagen kamen Tausende von Menschen. Die Ausstellung war im Obergeschoß, durch eine alte Treppe zu erreichen.
In ein Buch mit einem an einer Schnur angehängten Bleistift, sollten die Besucher ihre Eindrücke einschreiben.
Die Ausstellung selbst war grotesk. Bilder und Graphik nebeneinander, am Boden stehend Negerplastiken, Skizzen, Bilder von

Nolde, Hofer, Pechstein, Schmidt-Rottluff, Kirchner, Corinth und – was ich sofort wahrnahm – Skizzen von Franz Marc.
Die Bilder hatten rote Preiszettel mit horrenden Summen angehängt, darauf stand – »Bezahlt von den Steuergroschen des Deutschen Volkes«.
Ich nahm nicht wahr, daß von Max Beckmann ca. 10 Bilder aus öffentlichen Galerien ausgestellt waren, man hatte dazu die Galerien geplündert. Ich sah nur Franz Marcs Zeichnungen. Daß auch sie hier standen, empörte mich am meisten.
Im Hofgartencafé Annast, also unterhalb des Ausstellungsraums, saßen Hitler und seine Leute beim Nachmittagskaffee. Ich ging zu Hitler und sagte ihm, daß die Ausstellung eine offene Gemeinheit sei. Ich wußte, daß er Lovis Corinth bewunderte und stets auf seine Meisterwerke hinwies. Und nun war Corinth verdammt.
Hitler sagte: »Das ist die Idee eines Nürnberger Schullehrers, das ist ohne Wichtigkeit – solche Sachen schleifen sich ab.« Aber als ich dringender wurde und ihm darauf hinwies, daß Franz Marc da verhöhnt werde, war er beunruhigt, er war ja oft in Marcs Atelier, Schellingstraße 33, gewesen.
Ich erinnerte Hitler, daß Marc, wie Macke und Weisgerber, im I. Weltkrieg gefallen sei. Das bewog ihn, die Bilder sofort entfernen zu lassen.
»Im April des Jahres 1943 besuchte ich Freunde im besetzten Holland. Da ich auf eigene Faust da war und zuerst auch nicht an den allnächtlichen Fliegeralarm glauben wollte, quartierte ich mich im Amstelhotel am Fluß ein. Dann ging ich durch die Straßen bummeln, sah Rembrandts Haus, kaufte, weil es in der toten Stadt nichts anderes zu geben schien, große Ausschneidebogen und lange, bemalte Tonpfeifen, besuchte eine kleine Insel, wo Männlein und Weiblein das Haar in der gleichen komischen Art in die Stirn frisiert trugen und wo die Kinder in breiten Schubladen schliefen, die man tagsüber in die Schränke zurückschob. Ich ahnte nicht, daß hinter einer Tapetentür in Amsterdam eine

kleine Anne Frank saß, die stumme Anklagen ins Tagebuch schrieb.
In der Nacht erwachte ich durch lautes Schreien und Rufen. Ich stürzte ans Fenster und versuchte im Finstern zu erkennen, was los war. Unter mir, auf der Straße, standen, offenbar hastig zusammengetrieben, ein paar hundert Frauen mit Bündeln, bewacht von Männern in Uniform, man hörte Weinen und dann eine helle Kommandostimme: »Arier zurückbleiben!« Daraufhin setzte sich der Zug langsam in Bewegung und verschwand über die Brücke hinweg in der Dunkelheit.
Am nächsten Morgen wollte mir niemand über den geheimnisvollen Aufmarsch Auskunft geben, nicht der Portier, nicht der Nachtkellner. Aber mein Freund Miedl, der mich abholen kam, wußte Bescheid: »Das ist ein Abtransport von Jüdinnen. Die Frauen kommen in ein Frauenlager, die Männer in ein Männerlager.«
»Und die Kinder?«
Er zuckte mit den Schultern.
»Tun das die Deutschen?«
»Wer sonst!?«
»Weiß Hitler das?«
»Du kannst es ihm ja erzählen, wenn er es nicht weiß!«...
Als ich Miedl von meinen wenig erfolgreichen Einkäufen berichtete, lachte er nur: »Man muß die Quellen kennen! Komm!«
Wir fuhren zu einer Schule. Die Turnhalle war von unten bis oben mit den seltsamsten Dingen vollgepackt, Gemälde, antike Möbel, orientalische Teppiche, Gobelins, kostbar eingebundene Bibeln, alte Münzen, Schmuck. Alles war mit Preisschildern versehen, alles war spottbillig.
»Das ist das Eigentum von ... das gehörte denen, die gestern nacht weggetrieben wurden?« fragte ich Miedl verstört.
»Sicher...«
Gleich nach meiner Rückkehr nach Wien rief ich im Berghof an. Baldur und ich konnten immer fragen, ob unser Besuch Hitler an-

genehm wäre. Man sprach entweder mit einem seiner Adjutanten, oder er kam selbst an den Apparat, und immer sagte er: »Ja, selbstverständlich, kommt, sobald ihr könnt.«
So war es auch diesmal. Ich hatte Baldur gesagt, was ich vorhatte, aber ich hatte kein Konzept. Meine Gedanken waren durcheinander. Ich war Mitwisserin von Verbrechen geworden, doch ich war eine Frau ohne jedes Amt, meine einzige Legitimation war meine Freundschaft zu Hitler.
Ich konnte immer offen mit ihm reden: Ich war für ihn eine Freundin aus den Jahren, die er die »seligen Zeiten« nannte. Wenn ich mich für die moderne Kunst einsetzte oder ihn warnte, österreichische Klöster zu schließen, schimpfte er mich scherzhaft »Kassandra«. Ich gab zurück: »Aber Kassandra hatte recht, Troja ging unter«, worauf er erwiderte: »Troja ging unter, aber darauf wurde die griechische Welt errichtet...«
Und doch, ich wußte, diesmal war es nicht gleich. Alles, was mit Juden zusammening, war bei Hitler als Gesprächsthema verboten. Aber wie konnte ich darauf Rücksicht nehmen? Mein Entschluß war gefaßt, und so fuhren Baldur und ich nach Berchtesgaden.
Als wir im Berghof eintrafen, kamen wir gerade zu einem kleinen Spaziergang zurecht, den Hitler mit seiner Begleitung unternahm; es war ein milder, föhniger Vorfrühlingsabend. Später wurde auf der Terrasse eine Aufnahme gemacht, und dann zog sich Hitler mit seinen Offizieren zu einer Lagebesprechung zurück.
Gegen Mitternacht ließ er, wie üblich, das Abendessen auftragen. Hitler aß damals fast nichts, nur etwas rohes Gemüse mit Haferflocken. Nach dem Essen wechselten wir gemeinsam vom schmalen, holzgetäfelten Speisezimmer in die große Halle hinüber, wo wir grobe Scheite und Wurzelstöcke ins offene Kaminfeuer warfen. Hitler wachte eifersüchtig darüber, daß keiner ihn vorzeitig verließ. Er konnte nachts nicht mehr schlafen und wollte nicht allein sein.
Ordonnanzen brachten einen langen Bogen aus dem Fernschrei-

ber, Frontberichte, die in besonders großen Lettern getippt waren, damit Hitler sie ohne Brille lesen konnte. Aus der Art, wie er jedesmal sein Taschentuch gegen die Augen preßte, wußten wir, daß die Nachrichten besonders schrecklich waren: Meldungen der gefallenen Offiziere und Mannschaften, über bombardierte Städte und versenkte Schiffe.

Hitler saß zwischen Eva und mir; solange sie anwesend war, konnte ich nicht sprechen. Doch nach einiger Zeit erhob sie sich, nickte uns allen zu, ließ sich von Hitler die Hand küssen und verließ den Raum. Nun kam Blondi, Hitlers Schäferhündin, zu uns her. Hitler kraulte ihren Kopf und wandte sich dann freundlich zu mir: »Sie kommen aus Holland?«

»Ja, deshalb bin ich hier, ich wollte Sie sprechen, ich habe schreckliche Dinge gesehen, ich kann nicht glauben, daß Sie es wollen ...!«

Er sah mich erstaunt an: »Es ist Krieg«, sagte er.

»Aber es waren Frauen, ich sah, wie ein Trupp von Frauen, ich sah, wie arme, hilflose Frauen weggeführt wurden, abtransportiert in ein Lager. Ich glaube nicht, daß sie zurückkommen werden, man hat ihnen ihr Eigentum weggenommen, ihre Familien gibt es nicht mehr ...«

»Sie sind sentimental, Frau von Schirach!« Hitler stand auf und stellte sich mir zur Seite. »Was gehen Sie die Jüdinnen in Holland an!« Da ich aufgesprungen war, ergriff er meine Handgelenke und umspannte sie mit beiden Händen – wie früher, wenn er wollte, daß ich mich auf ihn konzentrierte. Dann ließ er mich los und bildete mit seinen Händen zwei Schalen, die er, während er laut und eindringlich auf mich einsprach, wie eine Waage auf und ab bewegte: »Verstehen Sie, jeden Tag fallen zehntausend meiner kostbarsten Männer, Männer, die es nie wieder gibt, die Besten. Die Balance stimmt dann nicht mehr, das Gleichgewicht in Europa stimmt nicht mehr. Denn die andern fallen nicht. Sie leben, die in den Lagern, die Minderwertigen leben, und wie schaut es dann in Europa in hundert Jahren aus? In tausend? Ich bin nur meinem

Volk verpflichtet, niemandem sonst. Sollen sie mich vor der Welt zum Bluthund machen, wenn der Bolschewismus siegt. Was schert mich das, ich lege keinen Wert auf Nachruhm! Sie müssen hassen lernen. Ich mußte es auch...«

Hitler hatte mir schon früher einmal gesagt, ich solle hassen lernen, und ich hatte ihm erwidert, Hassen sei so anstrengend – und unproduktiv. Aber jetzt war alles ernst. Mir fielen Iphigeniens Worte ein und ich sagte: »Nicht mitzuhassen, mitzulieben bin ich da!« Dabei sah ich ihm fest in die Augen, er hatte mir einmal gesagt, wenn man einen Menschen bezwingen will, muß man ihm in die Pupille schauen.

Es waren siebzehn Männer, die um den Kamin saßen und die wie ich nichts von den Schandtaten wußten, die in Hitlers Namen geschahen? Wenn sie jetzt alle aufspringen, wenn alle sagen würden: Wir sind Soldaten, wir sind bereit, im Kampf zu töten, aber mit solch gemeinem Geschäft wollen wir nichts zu tun haben! Hitler war eingekreist, was hätte er tun können? Nach Bormann rufen?

Aber die Männer sahen krampfhaft ins Feuer oder zu Boden. Unter den starren Blicken Hitlers nahm ich mein Schildpattkästchen an mich. Er kannte dieses Kästchen, es war ein Geschenk Mussolinis und er hatte bei unseren Gesprächen oft mit ihm gespielt, indem er mechanisch den Verschluß auf und zu machte. »Ich gehöre nicht mehr an Ihren Tisch!« sagte ich leise, daß nur er mich verstehen konnte. Dann drehte ich mich um und ging zum Ausgang der Halle. Als ich die drei Stufen zum Vorraum erreicht hatte, begann ich zu rennen.

Einer von Hitlers Begleitern war mir nachgeeilt. »Warum haben Sie das getan? Der Führer ist zornig. Fahren Sie sofort ab, heute noch, gleich, er darf Sie nicht mehr sehen!«

Ich bat ihn, Baldur aus der Kantine zu holen, wo er mit den Fahrern saß. Wir packten hastig unsere Sachen zusammen, holten den Wagen aus der Garage und fuhren so leise wie möglich los. Während wir in der Morgendämmerung den Serpentinenweg herunterrollten, war mir, als ob sich das ganze Berchtesgadener Tal in ein

altmodisches Bühnenbild zu Parsifal verwandelte. Der junge Hitler war auch ein Parsifal gewesen. Unwissend war er von zu Hause weggelaufen, auch seine Mutter war, wie Parsifals Mutter, vor Herzeleid gestorben, als er sie verließ. Aber Wagners Parsifal war schließlich »durch Mitleid wissend« geworden. Hitler versagte sich diese Gnade...«
(Aus: »Preis der Herrlichkeit«)